日本史研究叢刊 26

中世説話の宗教世界

追塩千尋 著

和泉書院

目次

第二編　仏教説話に現れた神 —その機能を中心に—

第三編　中世説話集の構成

はじめに

本書は、前著『日本中世の説話と仏教』（一九九九年、和泉書院）以後の説話関係の論考を集めたものである。それぞれの論考は一書にまとめることを目指して書かれたものではなかったため、重複があったり統一性などには欠けるものがあろう。ただ、一書にまとめるための構想を意識し始めた頃から、一定の構成になりうるようにテーマの選択を配慮したのは事実である。結果として三編構成としたが、第二編が分量的にやや突出する形となった。以下各編に即して簡単に執筆意図などを述べていきたい。

第一編「高僧・寺院をめぐる史実と伝承」では、聖徳太子・達磨・達磨寺、鑑真、徳一、重源をめぐる史実と伝承の問題を検討した。第一章は、聖徳太子と達磨が邂逅したという伝説に基づき、達磨の墳墓の上に建立された達磨寺の変遷を扱った。本章のもともとの狙いは日本における達磨崇拝の変遷を探ることにあり、達磨寺はそのことを解明するための一素材である。ただ、達磨寺は聖徳太子信仰とも深く関わる寺であるため、達磨崇拝は太子信仰との関係で論ずることになった。両者の関係の分岐点は十三世紀半ば以降で、それ以前は太子信仰に包含される形で達磨崇拝が一定の進展を見たが、禅宗が宗派として自立化の道を歩み始める十三世紀半ば以降は徐々に達磨は太子信仰の傘の下から離れるようになっていく。それは達磨寺が史上にその姿を明確に現す時期の動向と奇しくも一致することになる、というようなことを論じた。

太子信仰は筆者の卒論以来のテーマであるが、本章の考察を通じて太子信仰の持つ融通無碍性、他の信仰との抱き合わせによりその機能を発揮する点、それらは太子信仰自体が自立性に欠けることから生じた特質でもある、などの思いを改めて強くした次第である。

第二章は従来話題にされることがほとんど無かったといっても過言ではない、鑑真をめぐる伝承を取り上げたものである。鑑真には高僧につきものの人々の耳目を引く奇瑞や法験を示す伝承が無い訳ではないが、史上に表面化することは余りない。むしろそれらは律宗内部に止まっている感がある。その理由として、鑑真を宗祖とする律宗は宗派性・教団性に乏しいため、鑑真を神格化して組織化を進める必要がなかったこと。さらに、鑑真がもたらした戒律・天台は最澄の天台宗に吸収されてしまい、戒律・天台将来などに果たした鑑真独自の意義が希薄になっていったこと、などを述べた。また、鑑真（及びその弟子ら）開基伝承を有する寺院の分布を見ると、鑑真の足跡の史実を補えることや鑑真以後の各宗の鑑真との関わりの動向が看取されるとした。

第三章は、最澄との間にいわゆる三一権実論争と呼ばれる激しい議論を展開した法相宗の徳一をめぐる伝承について、寺院開基伝承を中心に検討したものである。徳一の伝記は未詳な部分が多いが、活動の場としていた常陸・陸奥（現福島県）には徳一開基と伝える寺院が数多く存在する。それらの伝承を整理することにより、奈良のみに限定されると見なされがちな南都仏教の地域的展開の諸相にも迫ろうとしたものである。その結果、寺院の分布は福島に集中していること、宗派は真言宗が多いこと、寺院の開基年を大同二年（八〇七）を中心とする大同年間（八〇六〜八一〇）とするものが多いこと、東北・関東地域の分布が顕著な慈覚大師伝説とはほとんど重ならないこと、などが明らかとなった。こうした特質の意義を考える際に、奈良長谷寺や京都清水寺信仰の伝播やその推進主体の動向を踏まえるべきであること、などを述べた。

付章は重源の土木事業の実態に関して、その技術・組織の実態や事業を支えた信仰などの解明を主としたものである。東大寺を再建した勧進聖としての重源をめぐる伝承は多く残されており、本章でも部分的に触れてはいる。

本来であれば重源伝承を全面的に検討した論考を準備すべきであったが、それは今後の課題としたい。ただ、重源伝承について多少なりとも取り組んだ印象的なことを述べるなら、重源伝承には高僧につきものの奇瑞・霊験譚は多くはない。特徴的なのは、重源が開創・再興したとされる寺院や尊像制作伝承などが、全国的というよりも重源が設置した七つの別所を中心に分布していることである。すなわち、山口・岡山・兵庫県などに多い。そうした一定の地域性をもっている点は全国的分布を見せる聖徳太子や行基伝承とは異なる点で、本書で取り上げた鑑真や徳一伝承と共通するところでもある。それらは伝承ではあっても、不明なところも少なくない重源の行動・足跡を補完する資料になり得ると思われる。すなわち、重源伝承の多くは現実離れしたものではなく、事実に近いといえそうなのである。そういう意味でも本格的検討が求められるテーマといえよう。

そうしたことはともかくとして、本章は伝承を中心テーマにしていないため本編の他章とは異質になったため「付章」とし、他の編と分量的にバランスをとるためあえて配置した次第である。もとは啓蒙的な書に掲載した論考であったため、概説的色彩の濃い記述になっている。本書収録に当たって論旨は変更していないが、多少なりとも論文風の体裁に改めた。

第二編は説話集に現れた神について、特にその機能面に焦点を当てた論考からなる。量的にも本書の中心をなすものである。本編は六章から構成されているが、初出一覧に示した執筆年代から知られるように、第二章がこのテーマに関わり始めた出発点となる。その第二章は『今昔物語集』本朝編にみられる神々の存在形態や役割・機能、及び『今昔』には本地垂迹思想がほとんど見られないことなどを論じた。この論考を補完すべく、神々の機能を中心として考察したのが他の章の論考である。考察対象とした時期は院政期から鎌倉期にかけてであり、各論考は執筆順ではなく時代順に配列した。章の順番どおりに読み進めることにより生ずる各論考間の不整合や重複などは、できる限り調整するようにした。それでも、幾分不整合部分が残される形になったが、そのことは執筆順を確認することにより了承して頂きたい。

さて、考察対象とした時期の神々は、本地垂迹との関わりが問題となる。しかし、すべての神々が本地垂迹の対象となったわけではないので、神々の特質を論ずる際には垂迹神と非垂迹神に分けて考えねばならない。本編に収めた論考ではその辺の区別を明確にしていないものもあるが、一・二・三章は非垂迹神、五・六章は垂迹神、四章は両者を睨みながらも結果として非垂迹神の特質を論ずる形となっている。

これらの論考を通じて明らかにし得た神の特質を残された課題も含めて列挙するなら、次の通りである。

①神は地域神であるので、神威の及ぶ範囲はその祭祀圏内に限られる。祭祀圏を超えて機能を果たすには、神自らがその場に移動しなければならない。その移動形態は「人に随行」「神輿に乗る」などが主なものである。「勧請」という形態は神が本拠を残したまま他地域に移動する行為と捉えることも可能であるので、広義の移動に含めて良いと思われる。

②神は日本民族固有の地域神であるので、日本国及び祭祀されている地域では通用するが、異国では通用せずその機能は果たせない。ただ、海は国と国とを遮断もするが、一方では両者をつなぐ境界領域であるためか、航海に際して船上に祀るなどして随行すれば航海中は一定の機能を果たし得る。

③神の利益は共同体のみならず個人の禍福にも関わる。ただ、本地垂迹の関係にない非垂迹神の場合、その利益は現世利益に止まる。さらに、神は前世の行いの結果得ている現世の境遇（業力）を変えることはできない。その点では仏も同じである。ただ、業には定業と軽業があり、軽業ならば仏法の力により除去可能とされる。

④神には序列があり、序列の格により果たす（果たし得る）役割も異なる。さらに、実類神などの下位レベルの神々は本地垂迹の対象にはなっていないように、すべての神が本地垂迹の対象となるわけではない。また、本地垂迹説が確立した時代ではあっても、時代思潮としてその説をすべての階層が認識・理解していたわけでは

ない。また、理解していた知識人であってもその説を受容するかどうかは別問題であった。⑤本迹関係にある神（垂迹神）は本地である仏菩薩の機能をそのまま継承するのではなく、一定程度弱められた機能を果たしていた。それが和光同塵の実態であった。

⑥神仏が習合することにより、神のみならず本地である仏菩薩も神の機能を得るなどの影響を被ったはずであるが、その辺の解明は今後の課題である。しかしながら、本来普遍的に機能を果たすべき仏菩薩が、例えば長谷の観音、清水の観音などのように特定寺院（地域）に貼り付けられたかのような様相を帯びるのは、仏菩薩の地域神化という現象の現れという解釈が可能かもしれない。いわゆる霊験寺院が現れてくる問題ともからめた検討が必要である。

以上である。具体例も含めて細部に関わることは、各章で確認して頂きたい。これらの指摘の中には今更と思われる点もあろうが、改めて確認した上で今後議論を深める必要があると思われる。さらに、今後の事例の掘り起しにより②⑤などは評価を変える必要があるかもしれない。また、④の本地垂迹説の受容に差があることの意味や、⑥の点などの解明は今後進められねばならないであろう。

第一・二編は説話を史料として中世の宗教世界の一端に迫ろうとした試みであるとするなら、第三編はその説話を収録する説話集選者の編纂意図・編集意識などを通じて、その説話集が描く宗教世界なるものを探ろうとしたものである。歴史研究者が説話を史料として利用する場合、往々にしてその説話が収められている説話集の特質を考慮せずに利用しがちである。説話集の特質や評価などを考慮するということは作品論を論ずることになるため、そうしたことは国文学研究にゆだねがちになる。それで支障が無い場合も多いが、説話集の選者が個々の説話にどのような意図を込めていたのかを踏まえるためには、やはり自分なりの作品観を持っておく必要がある。そればかりではなく、説話集という作品自体が選者の思想的営みの産物であるから、選者のものの考え方・価値観・秩序意識などを探れる思想史・宗教史等の有益な素材でもある。以上の視点で、本編では『古事談』『続古事談』『古今著聞集』『私聚百因縁集』の四作品を論じた。

第一章は『古事談』を取り上げた。『古事談』の各説話には選者の評語が記されることは無く、序文・後書きも無いことから選者の主張がはなはだ不明瞭な書とされている。そこで本書全六巻のうち巻五「神社・仏寺」の分析を中心に行い、本書には王法仏法相依相則論の法則が流れているとした。

第二章は『続古事談』巻四「神社・仏寺」の分析を通じて、『続古事談』における寺社世界なるものを描き出し、その結果を踏まえて『続古事談』の組織構成の特質や編者の意図を探ろうとした試みである。本書では全体としてあるべき君臣関係が強調されているが、巻四は君臣関係が営まれる場である平安京及びその周辺の宗教世界の特質を描こうとした巻であること。巻四の冒頭説話である広隆寺建立譚は宗教の世界における君臣関係（聖徳太子と秦河勝）を示す話と捉え得る点で、全体に流れている構成上の特質が貫徹されているとした。また、『続古事談』は内容的には『古事談』の亜流ではないにも拘わらず、題名に「続」なる語が冠せられていることは作品の評価にも関わることでもあるだけにその意味することについては今後の課題とした。

第三章は非仏教説話集ではあるが、整った仏教の部立てがなされている説話集の一つである『古今著聞集』巻二「釈教」編の分析を中心に、『古今著聞集』が描く日本仏教史や選者の仏教の捉え方の特質を考えようとしたものである。巻二は僧侶が示した霊験譚の集積というスタイルが取られている。したがって、仏教の構成要素をなす宗派・教義・経典・寺院・法会などに関わる話であっても霊験に関わらなければ巻二には採録しない、という方針が貫かれている。こうした選者の仏教観あるいは日本仏教史に対する認識は特異なものではなく、後の体系的仏教史ともいえる『元亨釈書』の中核部分とも通じるものである、といったことを論じた。

第四章は『私聚百因縁集』の和朝編のいくつかの説話に見える、ある出来事を起点として『私聚百因縁集』成立の正嘉元年（一二五七）に至るまで「～年経過した」、という類いの記載に注目して編者の時代認識に迫ろうとしたものである。『私聚百因縁集』には末法意識が濃厚であるが、選者住信は最澄・円仁らが活動した九世紀を第二の仏法伝来期と捉えているようである。そして、末法においても日本では仏法が盛んで、その状況が編者の時期まで継続していることを強調する意図で、正嘉元年に至るまで「～年」という記載がなされた可能性を述べた。

いずれの論考も各説話集全体を丸ごと捉えたものではなく、特定の視点からアプローチを試みたもので、作品の全体像を捉えるという点ではまだ不十分であるのは確かである。しかしながら、説話を史料として使用する際に心掛けておくべきこととして、いくつかの作品に対して自分なりの作品観を示したものであることを了承願いたい。

前著『日本中世の説話と仏教』に対する書評において、評者生駒哲郎氏は拙著は説話を史料として活用する際の方法論的・史料論的な側面をあわせ持つ書、とされた（『古文書研究』五十四、二〇〇一年十一月）。前著においてはこのように評されるほど自覚的にテーマに取り組んでいた訳ではなく、かつ史料論的なことを直接論じた論考はなかったというのが実態であった。その点本書では第三編を設けることにより、説話集の史料としての有効性や限界性について前著よりは意識的に考えたつもりである。また、第二編第三章は『今昔物語集』の一説話の分析ではあるが、『今昔』という作品の特質にアプローチを試みている点で、第三編の課題意識と通じているといえる。

前近代の典籍類のうち、量の多少は別としても説話・伝承類を含まない書物を探すのは恐らくは容易ではないであろう。どこまでを説話集と見るか、その範囲の線引きが難しいのである。戦前に刊行された平林治徳他編『日本説話文学索引』（一九四三年、一九七四年増補改訂、清文堂）が対象とした説話集は、記紀や風土記、徒然草なども含んだ古代・中世に限定された四十種程であった。戦後は新発見のものも含めて、対象が拡大されることにより説話集（含説話資料）の数が増加した。長野甞一編『説話文学辞典』（一九六九年、東京堂出版）付載の「説話文学研究文献総覧」（志村有弘編）では、前近代の一三二一点の作品が対象とされており、説話集の範囲の広さが既に示唆されていた。戦後の説話研究の一つの到達点を示す『日本の説話』全七巻の別巻『説話文学必携』（一九七六年、東京美術）でも時代が近世まで広げられ、一〇七点の作品解説がなされている。さらに、大曽根章介他編『研究資料日本古典文学』③「説話文学」（一九八四年、明治書院）では、個々の作品の解説以外に「打聞と聞書」「唱導文芸」「縁起物」「本地物」「絵巻」などのいわゆる説話資料関係項目がコラム風に取り上げられ、それぞれの項目の解説がなされている。こうした対象が広げられている状況を踏まえた研究のありようは、『説話の講座』全五巻（一九九一〜一九九三年、勉誠社）でうかがうことができる。

近年は、聖徳太子関係、中世日本紀類や聖教類に対して説話的関心が寄せられていることが一つの特徴といえる。そうした分野から今後も作品としての説話集というよりも、説話関係資料が増加していくことが期待される。一九八〇年代の中頃であったと思うが、説話文学大系なる企画が持ち上がっているので収録予定書目のリストを作成するようにと、小泉弘先生が高橋伸幸先生に依頼したことがあった。その担当予定者付の作品リスト案を拝見したが、古典的な説話集のみならず多くの説話資料が上げられており、高橋先生の先見の明に改めて感心したものであった。実現していたら後学のために益するところ大であったであろう。小泉先生による企画案は北海道説話文学研究会例会終了後の酒席の場で紹介されたことだったので、どれだけ実現性のある企画であったのか今となっては不明である。結局は今に至るまでそれらしいことは実現していない。ただ、右記の研究状況を鑑みると、当時においても収録範囲に恐らく苦労したであろうし、現在であれば議論を収拾させるのが一層困難であろうことが予想され得る。

戦後に限っても、朝日新聞社の日本古典全書を初めとして、今日（二〇一三年時点）に至るまで各出版社からいくつかの大型の古典全集ものが刊行された。ただ、収録された説話集はそれぞれの企画において重複が多く、収録作品が大幅に増えたとはいい難い。筆者の見る限り、各種全集類収録作品を寄せ集めさらにそれ以外に単著として刊行されたものを加えても、注釈が付された説話集（説話資料）は今日では四十点ほどである。その数はこれまで説話集（説話資料）としてリストに上げられたものの三割弱ほどである。注釈等が付されていない、手付かずの説話集がまだ多く残されているのである。物語や和歌文学に関しては大系化がなされていることを鑑みるなら、注釈が付された説話集の大系化が急がれよう。

説話集をめぐる昨今の状況に触れたが、本書が取り上げた説話集は比較的配列が整然としている作品で、いわゆる説話資料といわれるものの分析は行っていない。古代・中世の説話集は仏教説話集が多いが、それらの書の筆者自身の作品観を打ち立てることが今後の課題になる、という思いを抱いているところである。同時に、説話を通じて仏教史の諸相を描くために残された作業課題の多さを改めて実感しているところである。

第一編　高僧・寺院をめぐる史実と伝承

第一章　片岡山飢人説話と大和達磨寺

――古代・中世達磨崇拝の一面――

はじめに

奈良県北葛城郡王寺町所在の達磨寺（現臨済宗南禅寺派）は、『日本書紀』に見られる俗にいう片岡山飢人説話（推古天皇二十一年〈六一三〉十二月一日条）を前史に持つ禅宗寺院である。片岡山飢人説話とは、聖徳太子が片岡山で邂逅した飢人に慈悲を施す著名な話である。飢人は死後太子と邂逅した場に葬られるが、遺体が消えたため飢人は尸解仙であったと当初は理解された。飢人はその後の説話の展開の中で文殊とも達磨ともされるが、達磨であることに因んで建立された寺院が達磨寺である、ということになっている。

達磨寺は一般的には鎌倉初頭に慶政により創建されたとされるが、明確に史上に現れるのは十四世紀に入ってからである。それ以前は達磨寺に関する確実と思われる史料は数えるほどで、大部分は伝承的史料なのである。しかしながら、その伝承は聖徳太子及び達磨に対する崇拝の様相や、達磨寺の実態を探る上で重要な素材であることは間違いない。本章は達磨寺の淵源となる七世紀の片岡山飢人説話を起点とし、史上に明確にその姿を現す十四世紀までの時期を中心として、達磨寺をめぐる史実と伝承の関係性を検討していきたい。

達磨寺は大和における禅宗の先駆け的寺院であったため、その勢力拡大を抑制するためか興福寺等を中心とした南都寺院による圧力があり、その出来事に対しては戦前から関心が寄せられていた(1)。木戸忠太郎・福山敏男・田中重久諸氏の研究は、戦前における代表的な達磨寺研究といえよう(2)。達磨寺は片岡山飢人説話や日本における達磨崇拝の展開を語る際に避けて通れない寺院であるため、それらの研究において部分的ながらも触れられることは多い(3)。

また、達磨寺は達磨の墓と認識されていた六世紀築造とされる古墳の上に建てられており、その発掘調査も一九三〇年から二〇〇四年に至るまで十四次にわたって行われた。そうした成果も踏まえた『新訂王寺町史』本文編（二〇〇三年、王寺町）や発掘調査報告書は達磨寺研究の現時点での到達点を示すものである。さらに、達磨寺関係の史料がまとめられている『新訂王寺町史』資料編（二〇〇三年、王寺町）は有益で、かつ達磨寺の古文書調査報告書は町史の資料編を補う意味で価値が高い。なお、達磨寺修築に伴って寺の所蔵品が展示された際の図録『達磨寺の美術』（二〇〇三年、奈良国立博物館）も、コンパクトながら達磨寺の概要を知るうえで便利である。(4)(5)

以上のように達磨寺をめぐる研究環境は整えられており、寺史に関しては改めて付加すべき知見はほとんどないともいえる。しかしながら、前述のように十四世紀以前の伝承に彩られているともいえる時期に関しては、聖徳太子・達磨信仰の展開とも絡めてまだ論ずる余地がありそうである。前述の研究に導かれながら、以下論じていきたい。なお、「達磨寺」の寺号が明確になるのは十四世紀以降で、それ以前は簡単な施設はあったらしいが基本的には墳墓（塚）・廟であった。したがって、十四世紀以前のことを述べる際に「達磨寺」なる表記を使用することはふさわしくないが、本章では必要に応じて便宜的に使用することを了承されたい。

一、飢人＝達磨説の展開

（一）飢人＝達磨説の登場

片岡山飢人説話に関しては数多くの研究があり、ここで改めて論ずる必要もないので、とりあえずは田村圓澄・飯田瑞穂氏の研究で代表させておきたい。(6) 最近のものでは、福沢健氏は、「片岡」という地は異界との境界と認識され、神聖な土地であるというイメージが付随していたことを明らかにした。(7) また、頼住光子氏は『日本書紀』において描かれる政治家・仏教家・神格化された聖徳太子の三つの位相は統一されているとし、「死を超えて永遠に利他行をなし続ける存在としての聖徳太子像を確立したことが『日本書紀』の片岡山説話をはじめとする聖徳太子関連記事の達成であった」と、片岡山飢人説話を単なる挿話とは扱わず新たな意義付けをしている点が注目される。(8)

この飢人が達磨とされた経緯などについても既に指摘されていることではあるが、一応の確認をしておきたい。初見は、四天王寺僧敬明（教明）により宝亀二年（七七一）に作られたとされる『七代記』（『寧楽遺文』下巻所収）の太子伝部の片岡山説話に見られる「彼飢者盖達磨歟」という注記である。同じく『七代記』に引用されている『大唐国衡州道場釈思禅師七代記』に、達磨が天台第二祖とされる南岳慧思に東方教化を勧め、達磨自身は一足先に東方に去ったことが記されている。慧思は聖徳太子として再生すること、達磨は教化のために日本に渡来したことが示唆されており、そのことを踏まえて「彼飢者盖達磨歟」という注記が付されたことが知られる。

飢人は『日本書紀』においては太子の問いかけなどに答えることもなく、また容貌なども描かれてはいない。しかし、平安初期成立と考えられる『上宮聖徳太子伝補闕記』（『大日本仏教全書』一一二巻所収）では「飢人之形。面長頭大。両耳亦長。目細而長。開目而看。内有金光異人」と幾分神秘化された容貌が描かれ、太子の歌による問いかけに対して返歌をしている。

飢人＝達磨説は、古代においては主に天台宗で継承されていったようである。最澄の弟子光定はその著『伝述一心戒文』下巻では、それまでの「達磨歟」という表現を一歩進めて「彼飢者盖達磨也」と断定的な表現を使用している。(9) 天台で達磨説が継承されたのは天台の構成要素の一つに禅があるからで、最澄に続く円仁・恵運・円珍らの入唐天台僧は達磨関係の禅籍を将来している。(10) 中でも円仁にとって達磨は、聖徳太子とともに天台・禅の法脈上の重要人物以上の意味合いがあったらしいことがうかがわれる。(11)

飢人＝達磨説は、その後十世紀初頭成立と考えられている太子伝の集成である『聖徳太子伝暦』（『大日本仏教全書』一一二巻所収）下巻に、「七代記云。飢人者。若達磨歟」と注記され、太子伝において確固たる位置を占めることになる。そこでは、「若達磨歟」と再び留保条件が付された表現になっていることに注意しておきたい。飢人は達磨と断定できないこともあってか、十世紀末の『日本往生極楽記』『三宝絵』などに収められた太子伝中の片岡山説話には達磨は登場しない。ただ、藤原後生の「奉加村上天皇四十御算和歌序」（九六五年）に「達磨和尚、至富緒河寄於斑鳩宮太子」（『本朝文粋』巻十一）とあるのが、天台以外の文献に達磨説が登場する早い時期の例といえる。十一世紀の『和漢朗詠集』には達磨からの太子に対する返歌が収録され（六七三番）、十二世紀の『袋草紙』上巻（藤原清輔撰、一一五九年二条天皇に奏覧）では飢人は文殊の化身としての達磨とされる。ただ、『袋草紙』に先行する『俊頼髄脳』（源俊頼撰、一一一一〜一一一四年の間か）では、飢人は文殊ではあっても達磨とはされていない。それは飢人に対する認識の揺れを示すものと考えられ、飢人＝達磨説が必ずしも定着していなかったことが知られる。

飢人＝文殊説は、成立時期がほぼ明確である『俊頼髄脳』を基準とするなら十二世紀初頭に至り確認することができる説といえる。それ以前では、喜撰法師作とされる『喜撰式（倭歌作式）』（『日本歌学大系』一所収）に見えるのが早い例である。そこでは、飢人が詠んだ歌は文殊の作であることが語られている。喜撰は多分に伝説的人物で生没年も不詳であるが、本書が喜撰の真作であるなら、飢人＝文殊説は十世紀辺りには成立していたことになる。しかしながら、本書は喜撰法師に仮託された偽書で、小沢正夫氏によるとその成立は十世紀後半と考えられている。(12)ただ、十世紀後半とする根拠が必ずしも説得的ではなく、飢人＝文殊説の起源をその辺りに設定するには躊躇を覚える。もっとも、『日本霊異記』上巻第五話では聖徳太子が文殊に仕えていたことが示されており、太子と文殊は九世紀初頭には既に関係付けられていたことが知られる。(13)慈善救済行為と結び付いた文殊会という公的法会が九世紀前半には全国的に広がっていたことを踏まえるなら、飢人に対して示した太子の慈悲は文殊のそれと通じるものである、という認識が形成される条件は九世紀には整っていたとも考えられる。そうであるなら、飢人＝文殊説の成立を九世紀に求めても不都合は無いと思われる。

（二）達磨崇拝の展開

平安末までの飢人＝達磨説の展開は前項で述べたとおりであり、それは日本における達磨崇拝の一面でもあった。しかしながら、それは太子信仰に包摂される中での一面であり、達磨自身が自立した崇拝の対象となっていたわけではない。達磨が禅宗の祖師であるという認識が天台内部に止まらず、一般に広がっていく様を確認しておく必要があろう。それは片岡に所在する古墳が外ならぬ達磨の墓である、という認識が形成される背景をうかがう上でも必要な作業であろう。

平安末に大日能忍らが広めていた「達磨宗」が取り締まりの対象となり、栄西もその動きに巻き込まれたことは周知のことである。(14)その頃、禅の教えは達磨という人名を冠せられた宗派名になっていたことが知られるのである。

その「達磨宗」という名称で注目したいのが、『今昔物語集』(以下『今昔』)巻二十―三十四の話である。その冒頭の上津出雲寺の由来を語る一節に、「伝教大師震旦ニシテ、達磨宗ヲ立テム所ヲ撰ビ遺シテヤリケルニ」とある。最澄は天台宗を立てようとしたのであり、この『今昔』と同話である『宇治拾遺物語』第一六八話ではこの部分は「天台宗」となっているにもかかわらず、『今昔』では「達磨宗」と表記されていることに諸注は押しなべて解釈に苦慮している。(15)

このことに定見を示し得ないが、この話において最澄の弘宗の意向が示されたのが在唐中のことであることに注目すると、禅も学びそれを天台の構成要素の一つとしたことが、天台の別称的意味で「達磨宗」なる表現が使用されたと考えておきたい。撰者の意図は恐らく「天台達磨宗」ということであったと思われるのである。そうしたことよりもここで注目したいのは、禅の呼称が「達磨宗」とされていることである。能忍の達磨宗のことも含めて、十二世紀には禅の別名として達磨宗という呼称が一定の広まりをみせていたことが知られ、それは取りも直さず達磨崇拝の一面を物語るものといえよう。

『今昔』には、インド・中国で活動する達磨の説話が収められている(巻四―九、巻六―三)。巻四―九では三人の修行者の行動を通じて悟りの本質を自覚する達磨が描かれ、巻六―三では以心伝心で法を伝える達磨の弟子、武帝や慧可へ伝法する達磨、屍解の達磨、などのことが語られる。すなわち、『今昔』においては達磨は禅宗の初祖として重視されているのである。(16) 禅宗が達磨宗と呼ばれる伏線は、天竺・震旦編の達磨説話において既に張られていたといえるのである。

達磨が禅宗の祖であるという認識が定着する中で、祖師崇拝の一環として達磨自身の画像・彫像が日本で作成され始める時期が問題となる。その起源は定かではないが、明確になるのは鎌倉期に入ってからのようである。画像に関して木戸氏は、『参天台五台山記』熙寧六年(一〇七三)一月二十八日条に注目する。(17) そこでは、成尋が達磨などの画像の版木を借りて何枚も摺りとっている様が記されている。このことは、入宋僧らにより十一世紀半ばには達磨の画像などが日本にもたらされていたらしいことを示唆する。

木戸氏はさらに源為朝（一一三九～一一七〇又は一一七七）筆とされる伊豆八丈島の宗福寺（浄土宗）の達磨画に触れ、為朝真作であれば本朝最古の達磨画となるが、恐らくは永享年間（一四二九～一四四一）に宗福寺が一時曹洞宗になった頃の偽筆と推測している。(18)宗福寺は源為朝の子である為宗により建立されたという伝承をもつ寺である。関係史料は近藤富蔵（一八〇五～一八八七）の『八丈実記』に収録されているが、(19)そこには達磨画のことは見られないので木戸氏の推測は正しいと思われる。

その他入宋僧によりもたらされた達磨画像として、重源が上醍醐寺に維摩・窺基らの像とともに安置したものが知られる（『南無阿弥陀仏作善集』）。重源は入宋三度とされており、その実否は議論があるところではあるが、十二世紀において宋からもたらされた達磨画像の一例として加えておきたいが、時期は特定し難い。

入宋僧らにより日本にもたらされた年代が判明する最古の達磨画像と考えられるのが、大日能忍の弟子錬中・勝弁らが阿育王山広利禅寺拙庵徳光から託された相承物の一つで、通称「朱衣達磨像」（個人蔵）と呼ばれるものである。『元亨釈書』巻二「栄西伝」によると、それは文治五年（一一八九）のことで、能忍が主張する達磨宗に対してなされた「師承に乏しい」という批判に答えるため二人の弟子を代行入宋させた。二人の弟子は広利禅寺の住持拙庵徳光に相見し、印可証明を与えられいくつかの相承物を託された。その一つが「朱衣達磨像」で、その像には淳熙十六年（一一八九）の年号が付された徳光による賛文が記されている。(20)その賛文にはこの像は能忍の求めに応じて与えたものであることが記されている。高橋秀栄氏は能忍が達磨像を「求めた」点に注目し、それは達磨宗という宗名呼称の所依にあてるためではなかったかと推測されている。(21)

能忍による達磨宗の動向が、達磨崇拝における一つの画期をなしたことが知られるが、同宗では達磨礼拝が定式化していたらしい。鎌倉期に刊写された『成等正覚論』[22]は達磨礼拝に関する講式で、惣礼・着座・三礼・如来唄に続き啓白が記される。その啓白文は仏照大師こと拙庵徳光に至る見性成仏者が記され、続いて達磨伝が述べられる。中でも達磨は中国に仏法が伝来してから四八四年後に法を伝え、日本では聖徳太子による仏法弘通以来六一八年経過した淳熙十六年＝文治五年（一一八九）八月十五日に達磨の法が伝えられたとする。この記述は右記の能忍の行為の事を示していることが知られる。

啓白文は続いて衆生の即心即仏や成仏により得られる現世利益のことがのべられている。『成等正覚論』の成立年は不明であるが、鎌倉期における達磨宗の実態の一面を探るうえで興味深い。この講式に基づく講会が能忍らによりもたらされた達磨画を前にして行われていたのであれば、禅宗における達磨崇拝の様を示す早い例といえよう。

十二世紀末において禅宗の祖師としての達磨が崇拝の対象とされていたらしいことが達磨宗の動向から推察し得た。とはいえ、この像は日本製ではなかった。その点で現在のところ最古の日本製の達磨図と思われるのが、蘭渓道隆の賛が付された向嶽寺（山梨県塩山市）の達磨図（国宝）である。賛によると「朗然居士」に与えたものであることが知られる。「朗然居士」が誰であるのか特定できない現在[23]、この図の製作年代は道隆が来朝した一二四六年から没年の一二七八年の間、としかいえない。日本で達磨図が描かれるようになるのは、道隆らを初めとする宋からの禅僧来朝以降ということになろう。その製作主体が来朝僧であるから、太子信仰からは自立した達磨崇拝ということになる。片岡山飢人の達磨は太子信仰の枠内で意味をもっていたといえるので、達磨崇拝の自立化は、太子信仰のしがらみがない来朝した禅僧により推進されたと考えられる。

達磨の彫像についても木戸氏が言及しているが、最古のものは明示してはいない[24]。しかしながら、達磨寺と円福寺（京都府八幡市）の達磨像が古いものに属するようである。円福寺の木造達磨像（重文）は室町時代のものとされるが[25]、もとは達磨寺のもので兵乱により八幡に遷されたという伝承を持つ[26]。

達磨寺の木造達磨像（重文）はその銘文によると永享二年（一四三〇）四月に足利義教の命により椿井仏師集慶が旧像を修補して造立し、周文が彩色したとある。しかしながら、現存のものは外見上、修補の箇所は見つけにくく、旧像の形に倣ったものと見る方が現状に適っているとされる(27)。ここで、旧像の製作年代が問題になるが、その存在の有無自体がそもそも問われねばならないであろう。後述のように、貞慶・慶政らが修補あるいは造立したとされ、そうであれば鎌倉期に達磨像が存在していたことになるが伝承的なことなので確定できない。しかしながら、達磨の影像が崇拝の対象として日本で作成されるようになるのは、画像と共に鎌倉期以降ということに一応はしておきたい。

達磨崇拝に関してもう一つ触れておきたいのが、十三世紀後半辺りから見られる達磨後身説についてである。達磨後身説が意味を持つためには、達磨が単なる高僧であるばかりではなく仏菩薩などの化身である、という認識が一定程度広まっていることが必要であろう。その一つが、前述した文殊の化身説であった。加えてもう一つが達磨＝観音説であろう。

日本における仏法の隆盛という視点から片岡山説話をみると、致命的ともいえる問題があった。それは飢人が死んでしまった、ということである。飢人が死なずに仏法弘通の上で一定の役割を担ったのであれば問題はないが、そういうことをしないまま死んだことになる。飢人が達磨であったとしても、達磨自身仏法弘通の役割が果たせなくなるのである。たとえ飢人は現実には死んだとしても、仏法弘通の役割を果たし続けるためには達磨が仏菩薩などの化身である必要が生じたのである。文殊・観音の化身説はそうした必要から本地垂迹説が適用され主張されるようになったと考えられる。菩薩の化身となった達磨は仏法弘通の役割を果たすために再生することになり、それが達磨後身説なのである。

達磨を観音の化身とする説は、九～十世紀において中国で既に確立していた(28)。日本における達磨＝観音説の流入時期は定かではないが、中世には明確に現れるようである。そのことは、『沙石集』（梵舜本）巻五末―十「権化ノ和歌ヲ翫給事」で知られる。そこでは「達磨大師ヲバ、禅門ノ家ニハ、観音ト云ヘリ」とあるので、禅家では当時既に常識になっていたのであろう。日宋交流の中で達磨画などが十一世紀には日本にもたらされていた可能性を指摘したが、達磨＝観音説もそのころには日本に流入された可能性は高いと思われる。無住がいう禅家の伝統的認識は、十一世紀以来継承されていたと考えておきたい。

達磨後身説の例を二つほど紹介しておきたい。一つは北条時宗が道隆を称えて達磨の後身としていることである。それは大休正念（一二一五～一二八九）の語録である『念大休禅師語録』「仏祖讃頌」中の、「為相模守殿（＝時宗）請讃建長開山大覚禅師」と題する道隆を称える讃頌に、「東海宗仰為西来之祖（＝達磨）」と記されている。[29]

次は栄西（一一四一～一二一五）である。このことに関しては牧野和夫氏の論考に詳しいが、[30]伯耆国の大山寺の縁起である『大山寺縁起巻』下二十八段に「人皇八十二代後鳥羽院御時、達磨再誕玉ヒテ、葉上僧正被云給」とある。『大山寺縁起巻』の成立は論者により若干の幅はあるが、十四世紀初頭とする点では一致している。[31]

牧野氏によると、縁起のこの箇所は聖徳太子伝の一環として語られていた。氏は醍醐寺蔵『聖徳太子伝記』（文保元年〈一三一七〉から二年に成立か）により縁起巻の文意不通の部分を補っている。それによると、片岡山に葬られた達磨は姿を隠すがその後五六二年経過して再び日本に再来し、興法利生の本懐を遂げる旨の御記文を遺体が収められた石棺の蓋の裏に書き残していた。その達磨の後身が栄西であり、建仁寺の建立が興法利生の行為である、という運びになっている。

歴史的に見ると、建仁寺建立は一二〇五年で、それから五六二年前は西暦六四四年ということになるから、六一三年の片岡山説話の時期とは合わないことになる。しかしながら、達磨死去五六二年後は栄西の活動時期とは重なるので大きな問題ではない。片岡山飢人説話の展開の一環として、栄西＝達磨後身説が鎌倉末期には臨済宗において主張されるようになり、それが太子伝に取り入れられていったことが知られるのである。[32]

以上の達磨崇拝の展開を見ると、臨済禅において達磨崇拝が顕著で道元の曹洞禅にはその形跡が見られないことが知られる。達磨が禅宗の祖であることは栄西・道元共に認識していたことは確認し得るが、[33]達磨自身への崇拝の兆候は両者ともに顕著ではない。また、片岡山飢人説話についても道元は触れることはない。一方栄西は、『七代記』や『伝述一心戒文』に依拠して、南岳慧思が達磨に値遇して教示を蒙るという知識を示している（『興禅護国論』第四「古徳誠証門」）。栄西は飢人説話を語ることはなかったようであるが、慧思・達磨の関係をめぐる中で必然的に太子説話に及んだものと考えられる。道元においては太子信仰自体確認できないので、それに付随していた達磨への崇拝も高揚することはなかったと思われる。以上のことが臨済と曹洞における達磨崇拝の違いの一因とも思われる。

（三）達磨崇拝への批判

前項で達磨崇拝の様相を略述したが、達磨崇拝が高揚するのはやはり十三世紀中期以降に禅宗（臨済禅）が興隆することと関係していることが知られる。達磨崇拝の一面を別な角度から探るという意味で、ここでは禅宗が隆盛していた状況に対してなされた批判の様子をみてみたい。

一つは、日蓮の「禅天魔」に象徴される禅宗批判である。日蓮の禅批判についてはこれまでにさまざま論ぜられているが、それらにより特徴的なことを確認するなら次のようになる。[34]すなわち、日蓮遺文中、禅宗批判の最も早いものは弘長二年（一二六二）の「教機時国鈔」で、批判は主に大日能忍・円爾・道隆らの禅僧に向けられていること、日蓮の禅の批判は祖師禅（達磨を本尊とし慧能を開祖とする）に向けられているが禅への造詣はさほど広くも深くもないこと、などである。

日蓮は自身の布教の妨げになる宗派などを批判するが、幕府への接近という点では道隆らと競合するので禅そのものというよりも人物批判が中心になったものと考えられる。達磨自身に対しては、聖人・賢人である（「法華取要抄」一二七四年）としながらも、法華経の教えを知らない（「顕謗法鈔」一二六二年）、一乗誹謗の科ある人物（「光日上人御返事」一二八一年）などと批判する。そして日蓮真蹟の遺文ではないので扱いに注意は必要であろうが、「禅宗の人々は経と仏とをば閣《さしおき》て達磨を本尊とす」（「新池殿御消息」一二七九年）といっているのである。(35)

日蓮の禅宗批判を通じて、ここでは日蓮在世時には達磨が本尊として崇拝の対象とされていた、という現象が確認できた。それは真蹟の遺文で語られたものでない点で難はあるかもしれないが、前項で述べた達磨の画像や彫像が作られ始める頃と時期的に符合するので、あり得たことであると受け止めたい。

また、鎌倉後半成立とされる歌論書『野守鏡』下巻で述べられた禅宗批判の立場からの片岡山説話の解釈は興味深い。この点も藤田氏が既に触れているので、(36)多くを述べる必要はないであろう。『野守鏡』は片岡山で太子と達磨が詠み交わした歌について、太子の歌は日本においては禅の受容は困難であることを飢人である達磨に伝えたもので、そのことを不承不承納得したのが達磨の返歌であると解釈し、日本において禅が広まるのは無理であることを主張しているのである。両者が詠んだ歌についての『野守鏡』の解釈は、まさに牽強付会ともいうべきものである。ここで注目したいのは、禅の淵源が片岡山説話に求められていること、それへの批判的解釈が禅宗攻撃に有効であると考えられていたこと、である。それだけ、片岡山説話の持つ意味が禅宗において大きかったことが知られる。

したがって、禅宗攻撃に対する反批判においても片岡山説話は一つの依り所とされた。静照（一二三四～一三〇六）による『興禅記』(37)は、文永年間（一二六四～一二七五）の比叡山衆徒の禅宗破却に対する論駁の書とされる。そこでは達磨は「観音の応化」「大法の正主」と称賛され、日本に古来から禅法が伝わっている証拠の一つとして片岡山説話が「聖徳太子昔於片岡路垂、忽逢飢人、乃達磨大師応変也、曾問答歌詠」と簡潔に示されている。

なお、凝然の『八宗綱要』（一二六八年）や『三国仏法伝通縁起』（一三一一年）には、付けたり的に禅宗と浄土宗が略述されている。凝然は強固な八宗意識を有しており、天台・真言二宗でさえも南都仏教の中に包摂される、という立場であった[38]。しかしながら、禅・浄土両宗を加えたのは、両宗が無視し得ないほどに盛んになっていたことを示すが、禅宗の記述において片岡山説話は一顧だにされていない。それは、凝然は禅宗の日本伝来には積極的関心を寄せていなかったことや[39]、飢人＝達磨説の知識を有していなかったことのいずれでもなく、禅も南都仏教に含まれることを強調するには好ましい素材ではなかったからと思われる。実際に凝然は、禅は奈良期に唐からの来朝僧である道璿（七〇二〜七六〇）により伝えられた、としている。凝然にとってはこの点が重要で、片岡山説話を示すと奈良仏教以前に禅が伝来していたことになる。凝然は日本仏教の濫觴と弘通の功績を聖徳太子に求めていたため[40]、片岡山説話を提示したとしてもさほど不都合ではなかったであろう。しかしながら、南都仏教の伝統を重視した強固な八宗意識のため、積極的に取り上げることをしなかったと思われる。

凝然の片岡山説話を無視したとも思える態度は、『野守鏡』とは別な意味での一種の禅宗批判ともいえよう。

二、達磨寺前史

いささか回り道ではあったが、前節では達磨寺創建に至る背景を探る意味で、達磨寺由来譚ともいうべき片岡山説話の展開について述べてみた。本節では達磨寺の沿革に即して、達磨寺の寺号が明確になる十四世紀に至るまでの時期を扱うことにしたい。

前述のように達磨寺のことが本格的に語られ始めるのは十四世紀以降で、それ以前の達磨寺の様子をうかがえる確かな史料は極めて少ない。したがって達磨寺縁起ともいうべき史料により、空白部を埋めざるを得ない。最初に達磨寺に関するまとまった縁起類について紹介しておきたい。

主なものは四点ある。一点目は『達磨寺歴代興衰記』（以下『興衰記』）である。これは延文三年（一三五八）に虎関師錬の法孫譲比丘が著したものである。譲比丘は在先希譲（一三三五～一四〇三）のことと思われ、達磨寺に関する最古のまとまった縁起といえる。『興衰記』は元禄十三年（一七〇〇）に臨済僧泰嵩による『菩提達磨三朝伝』（以下『三朝伝』）下巻に収められている。[41]また、『興衰記』は、「達磨寺」という寺号が確認できる早い時期の確かな史料でもある。

二点目は『達磨寺中興記』（以下『中興記』）である。これは永享七年（一四三五）南禅寺僧惟肖得巖（一三六〇～一四三七）によるもので、全文は文安五年（一四四八）に達磨寺住僧南峯祖能により建立された石幢に碑文として刻まれた。本史料は『三朝伝』『新訂王寺町史』資料編、『大日本仏教全書』寺誌叢書三巻・四巻に収められ、加賀元子氏による翻刻もある。[42]

三点目は『片岡山達磨禅寺御廟記』（以下『御廟記』）で、加賀氏によると永正八年（一五一一）以前の成立と考えられている。『新訂王寺町史』資料編及び加賀氏により翻刻がなされている。[43]

四点目は『達磨禅寺興衰伝略記』（単に『達磨禅寺興衰伝』とも、以下『略記』）である。成立年は不詳であるが、慶長十二年（一六〇七）夏に守塔崇厳という僧が書写しているので、それ以前の成立となる。[44]『大和志料』下巻、『新訂王寺町史』資料編所収の『片岡山達磨禅寺御廟記』に収められている。なお、明治二十五年（一八九二）三月二十六日付の達磨寺寺院明細帳には全文ではないが書き下しの形で引用されている。

以上に加え、『聖徳太子伝暦』の注釈書である法隆寺僧聖誉による『聖誉鈔』（『大日本仏教全書』一一二巻所収、十五世紀頃成立）、同じく法隆寺僧訓海による『太子伝玉林抄』（文安四年〈一四四七〉から五年に成立、活字本は『日本思想家史伝全集』一所収）が網羅的ではないが達磨寺に関する有益な情報を提供してくれる。さらに、達磨寺は古墳の上に建立されていることもあり、これまで発掘調査が十四次にわたり行われ、それらを踏まえて最新の成果がまとめられていることは前述した。考古学の成果で検証し得る点は本寺の強みでもあるので活用したいと思う。

（二）塚・墳墓から廟へ（六世紀〜十二世紀）

達磨寺は七世紀の片岡山飢人説話に淵源を持つが、当初から寺院が建立されていた訳ではない。しかしながら、太子と飢人の邂逅場所にあった墳墓が寺院化していったので、その古墳の築造時期である六世紀にまで溯り得る歴史を有している。その墳墓は文献も踏まえると、十二世紀後半には廟と呼ばれるようになっていたらしい。最初に廟に至る時期までの知見を、発掘調査書及び小栗明彦氏の研究[45]により確認しておきたい。要点は次の四点ほどになる。

①現在の達磨寺境内には六世紀後半築造の三基の古墳があり、一・二・三号墳と名付けられており、三号墳と呼ばれる古墳の上に現在の本堂が建立されている。
②三基の築造順は三→二→一号である。
③七〜八世紀に三号墳には周溝が掘られるなど人為的働きかけの対象となり、特別に扱われた。
④十二世紀後半には三号墳は達磨の墓と認識されていたらしい。

以上である。

③に関して、小栗氏は人為的働きかけとは聖徳太子信仰に裏付けられた国家的なものであり、簡易な建築物が想定できること、『日本書紀』編者は三号墳を飢人のための墓と認識していた、という推定を行っている。

『日本書紀』の片岡山説話では飢人が死んだ場所に墓が作られたことが明記されており、場所は異なるが『日本霊異記』の片岡山説話[46]でも墓の存在が記されている。『日本書紀』の編者が当時現実に存在していた墓を飢人のものと認識していたことの論証は困難であるが、片岡の地は神聖な場であったという福沢健氏[47]の指摘などを踏まえるなら可能性のある推定として注目しておきたい。

以上が奈良・平安期の達磨寺（前史であるが）に関する知見である。十二世紀後半に至り墓をめぐる二つの出来事が知られる。『御廟記』によると、一つは嘉応元年（一一六九）八月のことで、墓の付近で田を営んでいた粟田正国という人物が稲を守るため墓で寝ていたところ、夢で天童より墓から立ち去るように言われたことが二回あったとされる。

次は文治五年（一一八九）閏四月から五月にかけての出来事である。閏四月二十七日、放光寺の住僧禅珍が宗住と大原国光の二人の人物が「達磨御廟」を発掘した夢を見た。しかし、その内容は他人には語らなかった。五月一日、宗住と放光寺住僧観暁がその「墓塔」を修築中深い穴を発見した。五月三日に同じく放光寺住僧浄春が穴を調べるために入ったところ乱心し、浄春を介抱した信貴山僧成王房と観暁らに危害を加えようとした。取り押さえられた浄春に憑依した天童は、自分は六百年間この「廟」を守護しているもので浄春が不浄の身で墓に入ったので戒めたのだ、と述べた。この顚末の締めくくりとして、末代における神託を有り難く仰ぐべきことを述べ、「上宮王者本朝之儲君也、忝築化人之墓、故為令末代知此奇特、不耻短筆粗由緒而已」と結び、その後は片岡山飢人説話が語られる。

ここでは、聖徳太子絡みで墓の神聖性が強調されていること、放光寺・信貴山僧らが墓に関与していること、墳墓が達磨「廟」などとも表現されていること、などが確認できる。放光寺（前身は片岡王寺）は敏達天皇の第三皇女により創建され、聖徳太子らにより興隆がなされたという伝承を持つ寺で、現在は達磨寺の西南三百メートルほどの所に所在する。信貴山は達磨寺から直線にして三キロほどのところに所在する寺で、十一世紀後半には法隆寺との関係を持つ中で聖徳太子信仰と深い関わりを有していたことに注目しておきたい[48]。

ここに登場する人物の実在の有無は確認できないが、達磨寺の前身である墳墓は十二世紀末には太子信仰を梃子にして、墓周辺の寺院である放光寺や信貴山僧らによる墓の神聖化の演出がなされたらしいことが知られる。また、単なる墳墓ではなく一定の施設を伴った「廟」になっていたらしいことも知られる。そうした行為が行われた背景として、太子信仰を強調することの有効性がこの地域において形成されていたことが考えられよう。それがいわゆる太子道の形成である。

達磨寺東側堀に並行して当麻街道が通っており、この場所は法隆寺と太子廟がある磯長を結ぶ太子葬送の道に当たる[49]。太子道と呼ばれるルートはいくつかあり、その形成時期も異なるが、天喜二年（一〇五四）に磯長太子廟から太子御記文が発見される、という出来事（『古事談』巻五―二十五）が一つの契機であるのは間違いなかろう。四天王寺―磯長太子廟―法隆寺を結ぶ道は十一世紀[50]、四天王寺―太子廟―当麻寺を連ねるネットワークの誕生は十三世紀初頭[51]とされる。また、当麻・磯長は十一世紀後半以降念仏者が往来するようになり、そのころ法隆寺にも念仏者が止住していた、という指摘[52]も見逃せない。

十一世紀以降達磨寺周辺には太子道が形成され、太子ゆかりの寺院への参詣が行われ始めていたのである。こうした背景の中で太子ゆかりの場であることを宣伝し、注目を浴びようとした動きが墓をめぐる放光寺・信貴山僧らの墓への関与ではなかったかと思われる。十二世紀末におこった『御廟記』記載の出来事は、単に虚構として退けられない真実性を含んでいると思われる。

この二つの出来事からほどなくして、この墳墓の様子を語る数少ない確かな史料が現れる。それが『建久御巡礼記』（建久二年〈一一九一〉十二月末から閏十二月始めまでの某皇后による南都十四寺社の巡礼記録）である。某皇后が法隆寺から当麻寺に向かう途中、片岡山の麓を南下していた道の左側の田の東側について「堤の上に三重の塔に似たる廟有り。是太子の飢人にあいしらはせ給し、彼飢人が墓跡也[53]」という観察が記されている（閏十二月二日「法隆寺」の項)。墓が三重の塔らしきものを伴う「廟」として一定程度整備されていたことが知られる。ただ、福山氏はこの塔は建物ではなく、墳丘の封土が三重に段がつけられたものと推測しており(54)、一定程度整備された施設であったとは断言できない。また、『建久御巡礼記』では片岡山飢人説話に基づいた理解がなされていることが知られるものの、達磨の墓という認識は示されていない。飢人＝達磨説はこの時期まで一定程度定着してはいても、前節で述べた達磨崇拝の広まりの程度を踏まえるなら、達磨の墓という認識が示されていなくとも不自然ではない。その点で『御廟記』にある「達磨御廟」という表現は後世の潤色の可能性が高いと思われる。

『建久御巡礼記』に続く達磨寺に関する数少ない同時代観察史料が『沙石集』である。米沢本の巻五末―七では達磨の本地などを述べた後、次のような独自な記述がなされる。

先年、和州片岡の、達磨の御廟に参籠して侍りしに、昔の飢人の事も、まして宗風など云ふ事も、知らぬ類も、達磨と云ふ御名を申し伝へたる事、思ひ続けられて、今の代に、禅門の盛りなるも、御方便ぞかし、と思ひ寄られ侍りしかば、拝殿の柱に書き付け侍りし、

埋もれぬ名を流すかなしなてるや片岡山の苔の下水（『沙石集』〈新編日本古典文学全集五十二〉三〇二～三〇三頁）

無住が片岡山の達磨廟に参籠し、歌を詠んでいるのである。参籠時期は定かではないが、無住が南都に遊学した建長七年（一二五五）以降とするなら、十三世紀半ばから後半にかけての達磨寺の様子がうかがえる貴重な記述ということになる。ここから知られることは、まだ「廟」の段階であること、しかし、その廟が「達磨御廟」と呼ばれていたこと、拝殿や参籠し得る何らかの施設があったこと、などである。特に、廟に達磨の名が冠せられたことが知られる確かな初見史料ともいえる点に注目しておきたい。さらに、無住が詠んだ歌も含めてこの場が達磨ゆかりの場であることが強調されている。それはこの場が達磨崇拝の発信地であったということではなく、無住のような禅僧がそのことを強調しなければならないほど達磨のことは忘れられがちであったことを示していると考えられ

る。

無住の記述では、拝殿以外の施設の有無は不明である。叡福寺と太子墓のように墓とその管理・祭祀寺院という関係ができあがっていたとするなら、[55] 御廟とは別に達磨寺の存在を想定しなければならないが、そうした兆候は見出しがたい。いずれにしても、『建久御巡礼記』から半世紀余り過ぎても達磨御廟は取り立てて変化がなかった、ということになる。『建久御巡礼記』と『沙石集』の間の時期に貞慶・慶政による整備が行われたことになっているが、そのことの実否にも関わる問題であるので、次に検討したい。

（二）貞慶・慶政による整備「伝承」

達磨寺は『建久御巡礼記』とほぼ同時期である貞慶（一一五五～一二一三）により、また十三世紀前半には慶政（一一八九～一二六八）により一定の整備がなされた事が縁起類に伝えられている。

貞慶・慶政による整備の様子は、『興衰記』が詳しい。それにより概要を示すと、まず貞慶は、

①貞慶は建久八年（一一九七）に春日社参詣の後、片岡に「達磨遊化之地」があることを聞き訪れたが、そこに「祖師遺像」を安置した廃堂が一宇あった。

②貞慶は古老から、この地には達磨が葬られていることから「達磨塚」と呼ばれていること、祖像は聖徳太子作であることを聞く。

③貞慶は祖像と廃堂を修理して、墳上に三重塔を建て竹庵を結び「達磨寺」と称した。

④貞慶はしばらくそこに滞在した後、寺の管理などを「有道者」に任せて去った。以後諸門の学者がこの道場に集まり修禅し仏心宗に帰すものが多かった。その後、嘉禎二年（一二三六）興福寺衆徒による破却があり、草莽の地となり古墳を残すのみの状態となった。

以上である。なお、④の嘉禎二年は嘉元三年（一三〇五）の誤りと考えられている。[56]

次は慶政である。慶政は延応元年（一二三九）にこの地に来て、古墳の上に石塔を立て、自ら「祖師・上宮二遺像」と一堂宇を作り面目を一新した。慶政が整備に至る経緯については、『聖誉鈔』上巻並びに『太子伝玉林抄』巻十七に記されている。それらによると、入中した慶政は彼の国の人から、①南無仏（聖徳太子二歳）の舎利礼拝の有無、②達磨寺参詣の有無、③達磨寺の塔の存在の有無、の三点のことを問われた。慶政は①②のいずれも経験がなく、当然③の事も知らなかったにも拘わらず、経験があり塔も存在すると答えた。帰国後、法隆寺に参詣し太子が二歳のとき握っていたという舎利を拝し、舎利殿を建てた。また達磨寺に詣でたが塔はなかったので、塚の上に三重の塔を建てた、ということである。

貞慶の整備については、そのまま事実とはできないながらも関与の可能性については肯定的な見解がある。永島氏は寺域内の春日大明神影向石の存在に貞慶関与の可能性を見、[57]西村玲氏は未達成ではあったが貞慶には禅への志向性があったとする。[58]また、貞慶の関与は事実ではないとしながらも、貞慶と達磨寺（禅）が関連づけられていることに意味を見いだそうとする筒井早苗氏の見解も注目されよう。[59]

達磨寺と近距離の場にあった放光寺の縁起には、[60]建久八年に興福寺東金堂衆であった慈仏房慈栄が放光寺に移り、元久元年（一二〇四）にそこに上生院を造立し弥勒像を安置し、貞慶を奉請して供養したとある。また、建久年間には俗別当阿妙が焼失していた知足摩尼宝殿の勧進再興を企てたことも知られる。貞慶が関与したとされる時期の達磨寺の周辺では、興福寺僧らが進出し寺院再興のための勧進などが行われていたことがうかがえるのである。また、この時期貞慶は笠置寺に隠遁しており、建久八年に達磨寺に関与すること自体は不可能ではない。

放光寺縁起に記載されている事項の真偽も確定しがたいが、貞慶ではなくても達磨寺に対する何らかの人為的働きかけがあったらしいこと位はいえそうである。あったとすればどの程度のことかが問題になる。『沙石集』の達磨廟の記事や前節での達磨崇拝の様子などを鑑みるなら、貞慶の時期に祖師像として達磨像が存在していたこと、貞慶による「達磨寺」寺号付与、三重の塔建立、などのことは時期的に見て早すぎる嫌いがあり、事実とは見なし難い。せいぜい興福寺関係僧による何らかの働きかけがあったという程度で、貞慶は興福寺僧の象徴に過ぎない、ということであろう。

慶政の関与については肯定的な見解が多く、達磨寺の実質的な開祖とも見られている。慶政の入宋及び帰朝時期は定かではないが、建保六年（一二一九）までには帰国していたとみられている。(61) 帰国から達磨寺に関与したとされる一二三九年に至るまでの二十年間は、篤い太子信仰に裏付けられた法隆寺の整備に尽力している。(62) 具体的には、承久二年（一二二〇）には舎利堂造営、寛喜二年（一二三〇）から嘉禎三年（一二三七）にかけては上宮王院の整備、暦仁元年（一二三八）には将軍頼経の命を受け九条道家邸において法隆寺の仏舎利や太子関係の宝物を拝観した、などのことである。

『聖誉鈔』や『太子伝玉林抄』に記されている慶政に対して宋人が行った質問に関する挿話は、太子伝関係に見えるものである。異国の宋人が我が国の太子が二歳のとき南無仏と唱えたという伝承に関する知識を有していたとは考えにくい。実際は、異国の人でも太子を信仰していたという太子の偉大性を強調する太子伝ならではの潤色と考えられる。また、達磨寺に関する質問も、当時まだ達磨寺は成立していないので後付けの話と考えられる。

帰朝後に慶政が行った法隆寺の興隆を中心とした太子関係の事績は、事実を伝えているものと思われる。慶政は法隆寺に関わる中で、太子道などを通じて太子関係の遺跡への認識を深めていったものと思われる。その一環として達磨寺に関与した可能性は高く、延応元年（一二三九）という時期も不自然ではない。

さらに、二〇〇二年の第八次達磨寺発掘調査で発見された水晶製五輪塔形舎利容器は十三世紀中頃以前の製作とされ、(63) 慶政が関与したとされる時期と重なることが注目される。法隆寺同様、勧進などによる達磨寺の整備が慶政

（あるいは慶政に代表される勧進僧）により行われた可能性を補強する材料といえよう。しかしながら、その整備の程度は定かではない。前述の無住の参詣時期は慶政関与以後であろうし、その観察には達磨・太子像や三重の塔の存在が見られないところから、慶政が関与したとしても、寺院としての体裁は整えられなかったと見られる。

三、禅院化の進展と定着

（一）禅院化の進展とその軋轢

無住の観察に続いて、達磨寺が寺としての体裁を整えていったことが知られる確かな史料が、木造聖徳太子像（重文）の存在である。像の膝裏に「大仏師院恵／作者法橋院道／建治三年十一月日」という銘記があり、建治三年（一二七七）院派仏師による製作であることが知られる。像は移動可能なため、本像が本来達磨寺のために造像されたものかどうか確定はし難い。しかしながら、本像は手に笏を持ついわゆる摂政像であることに注目したい。周知のように太子像には、二歳像（南無仏太子）・七歳像（経論披覧の童子像）・十六歳像（孝養像）・摂政像・三十五歳像（勝鬘経講讃像）などがある。いずれも太子が生涯において示した奇瑞や行った事績などを年齢毎に造形化し、太子を称賛しようとした所産である。このように数種類ある太子像の中から、童子形ではなく成人形が選ばれたことに意味があろう。すなわち、片岡山説話は太子四十二歳（『日本書紀』では四十歳）の時のことであるから、それを踏まえるなら少なくとも童子形は安置する像としてはふさわしくない。この点で、本像は他から持ち込まれた可能性は否定できないものの、達磨寺安置のために製作されたと考えても無理はない。

像を安置するためには、堂宇が必要となるので、寺観整備の第一歩をこの時期に求めてもよいと思われる。そうすると、前述の無住の参詣時期は慶政が何らかの整備を行った時期とこの太子像が造られた時期の間、と一定程度限定できることになろう。

現存の達磨像は前述したように、永享二年（一四三〇）に製作されたものである。銘では旧像を修補したとされるが、その痕跡が見いだし難いとされ、かつ旧像の存否も確定されてはいない。さらに、達磨崇拝の歴史からして、縁起類が語るように達磨像が太子像に先行して作成されたり、あるいは太子像と併存して達磨寺に存在していた可能性は低い。達磨寺は達磨像からではなく、それに先行する太子像から始まった、といえるのである。

その後、達磨寺が寺号とともに史上に明確にその姿を見せるのが十四世紀に入ってからである。それが嘉元三年（一三〇五）四月の興福寺衆徒による達磨寺の焼き打ちである。そのことを伝える『興福寺略年代記』に「片岡達磨寺」とあるのが、達磨寺なる寺号が確認される早い例といえるのである。(64)この興福寺による達磨寺破却は『中臣祐春記』では「余彼寺繁昌之間法相寺可破滅云々」とあるように、(65)大和における禅寺院の進出と繁昌に対する南都寺院による抑制の動きから生じたものであった。達磨寺は破却の対象とされるほどの寺勢があったことを物語る。

その寺勢を盛んにするのに寄与した僧が仙海であるが、その行動が行き過ぎたためか興福寺の訴えにより三河国配流の憂き目に遭っている。仙海の素性や生没年は定かではないが、散見する史料によると十三世紀末から十四世紀初頭にかけて活動したことが知られる達磨寺の勧進僧であった。(66)仙海の活動の具体相は、徳治三年（一三〇八）五月付の興福寺奏状に見られる。(67)そこでは、「一可被大和国停止禅宗恢弘、配流仙海法師事」という事書の中で、

有仙海法師者、乱入当国将弘異宗、堂宇之構還徧七寺之甍、立木之費殆過十家之産、誘引一国之男女蔑如吾寺之仏法之間、依悲教法之衰微、追却彼等之徒党畢。

と記されている。訴えた側の史料なので誇張があることを割り引く必要があろうが、仙海は他宗を批判することにより自己の教えの優位性を説き人々を勧誘する、という多少強引な布教法をとっていたようである。その活動が既

成教団を脅かすほどのものであったのかどうか定かではないが、達磨寺隆盛の芽を摘んでおくための行為が破却であったのであろう。仙海は流罪に処されているが、日蓮の活動との類似性も感ぜられる。

さて、この興福寺の訴えの中で我が国の禅宗の弘通に関して、

片岡山者上宮太子御時、達磨和尚雖化来示無機現、飢人不能伝法、則帰円寂畢、争背権者之素意、輙有興行新儀乎。

と片岡山説話に触れ、禅宗は日本に根付くものではなかったことが述べられている。文中の「雖化来示無機現」の部分は何らかの錯誤があることを予想させ、意味が取りにくい。「機現」は「機見」(衆生の機に依り仏を感見すること)のことであろう。したがって、この部分は、達磨は飢人として日本に化来したけれども、衆生は達磨の重要性を認識できず、何よりも達磨の化身である飢人は死んだため法を伝えることは出来なかった、という意味に解しておきたい。前述した片岡山説話の欠陥を突いたもので、『野守鏡』とは別の表現ながらも、禅は日本では容易には興行しないものであり、そのことは権者である達磨も納得済みである、という趣旨である。こうした点で両者の考え方は、牽強付会的であることも含めて共通していよう。以上のことを逆にいうなら、当時達磨寺は片岡山説話を前史に持つ禅院として広く知られるようになっていたことが知られるのである。

無住が参詣した辺りの時期には達磨寺に対しては禅僧の関心が寄せられ、禅院化の素地が形成されていたが、まずは太子像が造られ太子信仰が前面に押し出されたのであろう。仙海は太子像が造られた一二七七年時点で既に達磨寺に関わっていたのかもしれない。達磨崇拝が十分浸透していない段階においては、達磨よりも太子を前面に出すことの方が効果的であったと思われる。そうしたことを背景に仙海は、恐らくは片岡山説話を利用しながら人々を勧誘していったと思われる。そうであったから、興福寺側は片岡山説話を逆手にとって禅宗を批判したものと思われる。

（二）達磨寺における太子と達磨

太子と達磨両者の関係は、片岡山説話展開において達磨が仏菩薩の化身とされるまでは太子の方が上位であったと思われる。ところが飢人＝文殊説においては、文殊の方が上位に立つことになり、それまでの太子との関係が逆転する。一方、達磨を観音の化身とする説も現れる。ここに、文殊・観音・太子・達磨という四つ巴ともいうべき関係が生じることになるが、それを整合的に解釈したのが無住の前述の話（『沙石集』巻五末―十）であろう。

そこでは、達磨は文殊であり観音でもあるとしたうえで、文殊・観音は大日如来の悲智の方便で、文殊は大智、観音は慈悲を体現しているのでどちらも忝ない。文殊の大智の方便により観音の慈悲の利益があるのだから、観音の利生は文殊の勧めによるものである。というように論を展開し、文殊と観音は対等としながらも、文殊の方に主導権があるかのような言い方がなされる。文殊は覚母とも言われ、諸仏のさとりの源とされているところから仏菩薩の中でも上位に位置付けられている。観音の化身であるという点で太子と達磨は対等となるが、日本仏法の濫觴は両者への文殊の勧めによるものであるとし、文殊の優位性が説かれるのである。

達磨＝観音説により太子との関係は理屈上は対等になったが、達磨は異国人でもあるので現実には太子と対等にはなりにくい。達磨寺において両者の均衡をどのように保つのかは一つの課題であったに違いなく、特に達磨の扱いが問題であっただろう。そのことをうかがう好例が、『元亨釈書』（以下『釈書』）における達磨の扱いであろう。

『釈書』では冒頭である巻一「伝智」一の一に「南天竺菩提達磨」として達磨伝がおかれている。日本仏教を語るのに異国の僧伝を載せていることは奇異に思えるが、これは達磨伝ではなく片岡山説話といってよい。達磨は飢人として日本に化来し禅宗の種を蒔いたことを述べるのが眼目だったのである。それは当然太子との関係を語ることにもなる。『釈書』では太子は巻十五で独立して扱われている。日本仏教史において常に最初に語られていた太子の仏法弘通に果たした役割が過小評価された訳ではなく、禅宗に特化する形でやはり最初に取り上げられていたのである。ただ、それは太子伝としてではなく達磨伝の体裁がとられているので、形式的にせよ達磨は日本仏教の濫觴の役割を太子とともに担った重要な人物、という位置が与えられた事になる。

もっとも、この達磨伝には達磨寺なる呼称は見られず、「俗呼其地。号達磨墳」と記されている。師錬の時代に達磨寺は成立していたはずであるから、なお「達磨墳」なる呼称が使用されているのは不可解である。寺と墳墓を分けたためのことなのか、あるいは興福寺による破却の後破却されたままに近い状態がしばらく続いていたことの現れなのか、判然としない。つまり、興福寺による破却後の達磨寺の様子は延文二年（一三五七）まで不明なのである。その年の十月二十四日に達磨と太子の対面の場所に禅僧が施主となり勧進により宝篋印石塔が造立されたことが知られる(68)。そのことは、破却された後の復興が勧進により行われたことを示すものなのかもしれない。

達磨寺に関する早い時期のまとまった縁起である『興衰記』は、虎関師錬の法孫である在先希譲の手によるものであることは前述した。恐らくは『釈書』において位置付けられた達磨及び達磨寺を発展的に継承する役割を法孫が果たす、ということがこの縁起成立の意義であったと考えられる。その成立年が延文三年（一三五八）というのも象徴的で、達磨寺復興に一定のめどがついたことの現れとも考えられる。さらに、翌四年に霊潤房なる禅僧の勧進により寺の塔の前に拝殿が造立されていることも(69)、整備が順調に進められていた事を示していると考えられる。ただ、その後の道も平坦でなかったようである。整備のメドが付けられた延文年間より半世紀程後の足利義満の時期には、破屋一間、達磨・太子の二像が存在し、禅僧一人が居住するのみの状態であったとされる（『中興記』）。そこから再び整備が始まり、義持、義教などの室町将軍等の援助を受け、永享七年（一四三五）に南禅寺惟肖得巌により『中興記』が書かれるに至る。それによると、太子・達磨像を安置する「高顕」（塔）を一基墳墓に建て、その他に「毘耶之室」（住持の居室）「大雄之殿」（仏殿）「庫司・僧堂」などがあったという。墳墓の上に二像を安置した建築物を造立するという現在取られている形態が確認される。

中興をめぐる様相はよく知られていることでもあり、本章の対象時期からも外れるのでここでは繰り返さない。ただ、太子と達磨という関係に戻るなら、達磨寺に達磨像が足利義教の命により造立されるのは永享二年（一四三〇）のことであった。それが旧像の修補か新像なのかは確定できないが、新像であるなら達磨寺における達磨崇拝はかなり遅れて具現化された、ということになる。それまでは太子が寺の信仰の中心として寺勢を牽引していたことになる。ただ、『中興記』では高顕の達磨像は「妥奉」、太子像は「配享」した、と表記されている。主神は達磨で、太子は従神的位置にあったことが知られる。また、『略記』において義教は「上宮王以来の大檀越」とされていることを鑑みるなら、達磨寺にとって聖徳太子は檀越と位置付けられていたことも知られる。達磨像造立の年にこうした表現が確認されるのは興味深い。ここに至り、聖徳太子と達磨が併置されてはいても、達磨が主であり太子は従、という関係が定着することになったと思われる。

おわりに

以上、特に不明な部分が多い十四世紀初頭に至るまでの時期を中心に達磨寺をめぐる史実と伝承について論じてみた。もともと本章の意図は達磨寺の沿革よりも、日本における達磨崇拝の展開の様相を明らかにしてみたい、というところにあった。ただ、達磨寺を舞台にした場合、太子信仰との絡みが出てくるため、達磨崇拝・太子信仰・達磨寺の沿革それぞれに関して、いずれも中途半端な形になってしまったことは否めない。

達磨崇拝という観点で本章を振り返るなら、日本においては宗派を越えた社会的広まりという点では、達磨崇拝はさほど顕著な兆候が見られず、禅宗・天台宗などの枠内に止まっていた感がある。達磨寺に即するなら、十四世紀初頭までは太子信仰に包摂かつ牽引される形で育成されており、太子信仰が主で達磨崇拝は従であったといえる。それは、高僧ではあっても異国の僧であるから、日本に馴染ませるためには広範囲に浸透していた太子信仰と抱き合わせにする必要があったからといえよう。その主と従が逆転するのは明確には十五世紀を待たねばならなかった、といえよう。その時期は太子信仰の助けを借りなくても達磨信仰が自立し得た時期であった、ともいえよう。

達磨が太子信仰から自立した形で信仰の対象になる兆候は禅僧が来朝する鎌倉時代から看取されるものの、一般化していくのは十五世紀以降といえよう。それが禅宗の開祖としての単なる高僧崇拝に止まらず、縁起物・玩具の俗信としてさらに広範囲に広まるのは近世に入ってからと思われる。高僧達磨から俗信達磨（ダルマ）への「転化」の時期やその契機などについて、現在のところ説得的な説明がなされているとはいい難い[70]。また、達磨が達磨寺の本尊として確定した後、達磨寺が達磨信仰を広める推進役を担っていたのかどうかも含めて今後の課題としたい。

注

（1）辻善之助「鎌倉時代における禅宗と他宗の軋轢」（初出は一九〇七年、同『日本仏教史之研究』所収、金港堂書籍、一九一九年）。永島福太郎「嘉元三年の達磨寺破却事件」（『大和志』八―十、一九四一年十月）。

（2）木戸忠太郎『達磨と其諸相』第二編第四章第四節（一九三二年、丙午出版社、一九七七年復刊、村田書店）、福山敏男「達磨寺の研究」（初出は一九三六年、一九三七年増補、一九八三年修正して同著作集『寺院建築の研究』下巻所収、中央公論美術出版）、田中重久「片岡山伝説地の研究」（同『聖徳太子御聖蹟の研究』所収、一九四四年、全国書房）。旧『王寺町史』（一九六九年、王寺町役場）では達磨寺の沿革にはほとんどふれられていない（平岡定海氏担当。後に同『日本寺院史の研究』中世・近世編第一章第三節に収録〈一九八八年、吉川弘文館〉）。

（3）吉野裕子『ダルマの民俗学』（一九九五年、岩波新書）、久野昭『日本に来た達磨』（一九九八年、南窓社）、中尾良

信『日本禅宗の伝説と歴史』（二〇〇五年、吉川弘文館）、藤田琢『日本にのこる達磨伝説』（二〇〇七年、禅学研究所）、筒井早苗「達磨寺蔵『聖徳太子御絵指示』解題と翻刻」（『同朋大学仏教文化研究所紀要』二十四、二〇〇五年三月）、小栗明彦「聖徳太子信仰萌芽期の一様相―達磨寺三号墳の検討を中心として―」（関西大学考古学研究室開設五拾周年記念『考古学論叢』下巻所収、二〇〇三年十二月）。

（4）王寺町文化財調査報告書第四集『達磨寺発掘調査報告書』（以下『報告書』、二〇〇五年、王寺町教育委員会・橿原考古学研究所）。本報告書十四頁に十四次にわたる発掘調査の一覧が示されている。

（5）王寺町文化財調査報告書第五集『門前・達磨寺文書調査報告書』（二〇〇五年、王寺町教育委員会）。

（6）田村圓澄「聖徳太子片岡飢者説話・慧慈悲歎説話成立考」（初出は一九六五年、同『飛鳥仏教史研究』所収、一九六九年、塙書房）、飯田瑞穂「聖徳太子片岡山飢者説話について」（初出は一九七二年、同著作集『聖徳太子伝の研究』所収、二〇〇〇年、吉川弘文館）。

（7）福沢健「「片岡」考―推古紀二十一年条片岡遊行説話の聖徳太子像・補遺―」（『獨協大学教養諸学研究』三十―一、一九九五年十月）。

（8）頼住光子「聖徳太子の片岡山説話についての一考察」（お茶の水女子大学『大学院教育改革支援プログラム「日本文化研究の国際的情報伝達スキルの育成」活動報告書』二〇一〇年三月）。

（9）『大正新脩大蔵経』七十四巻六五三頁中段。達磨と慧思の日本教化も承和元年（八三四）の十韻七言に「達磨遊行日本国、南岳応化西海東」と述べられている（同、六五六頁下段）。

（10）関口真大『達磨の研究』二五三〜二五六頁（一九六七年、岩波書店）。

（11）『日本三代実録』貞観六年（八六四）一月十四日条円仁卒伝に、円仁の夢の中に「達磨・宝志・慧思・智顗・慧能・聖徳太子・行基・最澄」らが現れ、無事帰国させることを語る場面がある。これは『慈覚大師伝』にも掲載され、八名の僧侶らが同じ順番で並べられている。

（12）小沢正夫「喜撰式の成立年代」（愛知県立女子大『説林』二、一九五八年七月）。

（13）吉田靖雄「文殊信仰の展開―文殊会の成立まで―」（初出は一九七七年、同『日本古代の菩薩と民衆』所収、一九八八年、吉川弘文館)。
(14)『百錬抄』建久五年(一一九四)七月五日条。
(15)『今昔物語集〈日本古典文学大系二十五〉』第四巻では、最澄が入唐中、禅林寺の翛然より牛頭の禅法を伝えたことに因んだものか、とし(一九七頁注四、一九六二年、岩波書店)、『今昔物語集〈日本古典文学全集二十三〉』三では、原拠は天台宗であったはずで、それを達磨宗と改めた作者の意図は微妙とする(一三二～一三三頁、一九七四年、小学館)。また、『今昔物語集〈新日本古典文学大系三十六〉』四では、意識的に天台宗の名を隠そうとしたものか、とする(二八七頁注四、一九九四年、岩波書店)。
(16)『今昔』南都法相成立説を説く原田信之氏は、『今昔』は達磨を重視しているがそれは禅宗の禅ではなく法相宗の修禅観心であるとする(同『今昔物語集南都成立と唯識学』第二編第一章Ⅲ、二〇〇五年、勉誠出版)。
(17)木戸忠太郎注(2)の書、二七七頁。
(18)同右、二七八頁。
(19)『八丈実記』は八丈実記刊行会編全七巻(七巻目は索引)として一九六四年から七六年にかけて緑地社から刊行され、その第五巻の第四編「仏教」に八丈島の寺院関係史料が収められている。
(20)本像の写真は最近では『アジア遊学』一四二号「古代中世日本の内なる「禅」」(二〇一一年五月、勉誠出版)の表紙に掲載されている。
(21)高橋秀栄「大日房能忍に附与された達磨画像をめぐって」(駒澤大学曹洞宗学研究所『宗学研究』二十九、一九八七年三月)。
(22)『金沢文庫資料全書』仏典第一巻「禅籍」所収(一九七四年、金沢文庫)。本史料は舩田淳一氏のご教示による。記して感謝申し上げる。
(23)朗然の名は文永八年(一二七一)に描かれた道隆頂相(建長寺蔵)の着賛にも見られることもあり、北条時宗に比定する説の支持者が多いが、決め手に欠ける。時宗が第一候補者ではあろうが、現在のところは「在俗の有力な信仰者」に止めておくという見解が妥当であろう(奈良国立博物館編『鎌倉仏教―高僧とその美術―』二二九頁下段、大

覚禅師〈蘭渓道隆〉像解説〈梶谷亮治氏執筆〉、一九九三年、奈良国立博物館）。
(24) 木戸忠太郎注（2）の書、三一九〜三二三頁。
(25) 文化庁監修『国宝・重要文化財大全』第四巻、三七七頁（一九九九年、毎日新聞社）。
(26) 『拾遺都名所図会』巻四「達磨堂円福寺」（『新修京都叢書』第七巻）、『雍州府志』巻五「寺院門」下の「円福寺」（『新修京都叢書』第十巻）。
(27) 『新訂王寺町史』本文編、七三三頁。
(28) 藤田琢注（3）の書「伝説十」。
(29) 『大日本仏教全書』九十六巻、一三八頁下段。
(30) 牧野和夫「鎌倉時代後期の禅僧と「太子伝」と唱導―中世有馬温泉の唱導活動について―」（初出は一九七七年、同『中世の説話と学問』所収、一九九一年、和泉書院）。
(31) 近藤喜博・宮地崇邦『中世神仏説話続々〈古典文庫〉』（一九七一年）の解説では正和年間（一三一二〜一三一七）以降、遅くとも文保（一三一七〜一三一九）・元亨（一三二一〜一三二四）頃までの成立とする。山岳宗教史研究叢書『修験道史料集』二（一九八三年、名著出版）の三浦秀宥氏の解題では、縁起収録の中では応長元年（一三一一）の話が最も新しいことに注目している。また、橋本章彦氏は、正中二年（一三二五）から元徳二年（一三三〇）の間に絞り込めるとしている（同「洞明院蔵『大山寺縁起巻』についての一考察―その成立時期および編者圏の再考―」（『説話文学研究』三十一、一九九六年八月））。
(32) 『興禅護国論』第五「宗派血脈門」には達磨を「東土祖師、初祖」とし、『正法眼蔵』巻十六「行持」下では主に『景徳伝燈録』に基づいた達磨伝が記されている。
(33) 栄西＝達磨後身説は鎌倉末の太子伝において主張されていることについては、藤田琢注（3）の書「伝説十一」参照。
(34) 戸頃重基「折伏における否定の論理の本質」（『日蓮〈日本思想大系十四〉』解説、一九七〇年、岩波書店）、船岡誠「日蓮と禅」（福神研究所編『日蓮的あまりに日蓮的』所収、二〇〇三年、福神研究所）。なお、日蓮の禅批判研究の嚆矢ともいえる川添昭二氏の最近の研究は「日蓮遺文における禅宗」参照（初出は二〇〇五年、同『歴史に生きる日蓮』所収、二〇〇八年、山喜房仏書林）。

(35) 同じく真蹟ではないが、「諸宗問答鈔」（一二五五年）では「又祖師無用ならば何ぞ達磨大師を本尊とする哉」と述べている。

(36) 藤田琢注（3）の書「伝説九」。

(37) 『国訳禅宗叢書』第三巻所収。『興禅記』で述べられた所説が広く世に流布し達磨寺創立に至った、という理解もあるように（大屋徳城「聖徳太子に対する後世の崇拝と信仰」、同『日本仏教史の研究』二所収、一九二九年初刊、同著作集第三巻として再刊、一九八八年、国書刊行会）、『興禅記』は古くから注目されていた書である。ただ、後代の偽撰とする説も出されており（今枝愛真「『興禅護国論』『日本仏法中興願文』『興禅記』考」〈『史学雑誌』九十四―八、一九八五年八月〉）、扱いに注意が必要である。ただ、十三世紀後半において片岡山説話が禅宗弘通の一つのより所とされていたことを否定するものではない。

(38) 高木豊「鎌倉仏教における歴史の構想」（初出は一九七六年、同『鎌倉仏教史研究』所収、一九八二年、岩波書店）。

(39) 直林不退「『三国仏法伝通縁起』・『元亨釈書』の描く歴史像―日本古代の三学受容をめぐって―」（サムエル・C・モース、根本誠二編『奈良・南都仏教の伝統と革新』所収、二〇一〇年、勉誠出版）。

(40) 凝然の太子信仰については拙著『中世南都仏教の展開』第二部第三章参照（二〇一一年、吉川弘文館）。

(41) 大谷大学付属図書館蔵の寛政三年版を使用する。閲覧に際して同図書館並びに同大福島栄寿氏に便宜を図って頂いたことに感謝申し上げたい。なお、『興衰記』は奈良教育会『大和志料』下巻「達磨寺」の項に『三朝伝』からの引用が示されている（一九四六年、養徳社）。

(42) 加賀元子「達磨寺蔵『大和国片岡山達磨禅寺御廟記』」（同『中世寺院における文芸生成の研究』所収、二〇〇三年、汲古書院）。この『大和国片岡山達磨禅寺御廟記』の中に『中興記』が収められている。

(43) 注（42）に同じ。

(44) 『門前・達磨寺文書調査報告書』十五頁（二〇〇五年、王寺町教育委員会）。

(45)　注（3）小栗論文及び注（4）。
(46)　『日本霊異記』上巻第四話では「崗本村の法林寺の東北の角の有る守部山に墓を作りて収め、名けて人木墓と曰ふ」とある。
(47)　福沢健注（7）の論考。
(48)　信貴山と聖徳太子信仰との関係については、笠井昌昭『信貴山縁起絵巻の研究』第四章参照（一九七一年、平楽寺書店）。
(49)　注（4）『報告書』九〜十頁。なお、法隆寺→竜田神社→当麻街道→香芝市→叡福寺に至るルート地図は、香芝市二上山博物館『聖徳太子と信仰の道―太子道・斑鳩と磯長を結ぶ道―』掲載のものが行き届いており、利用価値が高い（二〇〇八年、香芝市教育委員会）。
(50)　羽曳野市史編纂委員会編『羽曳野市史』第一巻中世編第二章第四節（大石雅章氏執筆）（一九九七年、羽曳野市）。
(51)　小野一之「聖徳太子〈生誕地〉の誕生」（『アリーナ』五、二〇〇八年三月）。
(52)　西口順子「磯長太子廟とその周辺」（初出は一九八一年、同『平安時代の寺院と民衆』所収、二〇〇四年、法蔵館）。
(53)　藤田経世編『校刊美術史料』寺院編上巻一五六頁（一九七二年、中央公論美術出版）。
(54)　福山敏男注（2）の論考。
(55)　小野一之氏によると、叡福寺の創建は十一世紀に太子墓が聖徳太子の墓として明確に認識されるようになってから百年以上後の十二世紀末から十三世紀前半とする（同「聖徳太子墓の展開と叡福寺の成立」〈『日本史研究』三四二、一九九一年二月〉）。
(56)　注（4）『報告書』一三四頁。
(57)　永島福太郎注（2）の論考。
(58)　西村玲「中世における法相の禅受容―貞慶から良遍へ、日本唯識の跳躍―」（『日本思想史研究』三十一、一九九九年三月）。
(59)　筒井早苗「貞慶仮託『夢中秘記』成立の背景とその思想」（『説話文学研究』三十九、二〇〇四年六月）。『夢中秘

記』には教禅一致の思想が説かれており、作成主体は同じ興福寺ではあっても寺家による達磨寺破却などの禅宗攻撃に批判的立場の者が貞慶に仮託したものとする。

(60)『放光寺古縁起』（正安四年〈一三〇二〉、権少僧都審盛編、『新訂王寺町史』資料編所収）。

(61) 平林盛得「慶政上人伝考補遺」（初出一九七〇年、日本文学研究叢書『説話文学』所収、一九七二年、有精堂）、小島孝之「閑居友解説」（『宝物集　閑居友　比良山古人霊託〈新日本古典文学大系四十〉』一九九三年、岩波書店）。

(62) 注（4）『報告書』一三四頁、拙著『中世南都の僧侶と寺院』二五五〜二六〇頁参照（二〇〇六年、吉川弘文館）。

(63) 注（4）『報告書』五十四頁。

(64)『太平記』巻二十四「依山門嗷訴公卿僉議事」所収の康永四年（一三四五）八月付「延暦寺牒興福寺衙」に「片岡山達磨寺」と見える。

(65) 続史料大成本『春日社記録』ではこの部分は未翻刻のため、永島注（1）の論考引用のものを利用した。

(66)『興福寺略年代記』延慶元年（一三〇八）六月三十日条に「達磨寺勧進僧仙海」とみえる。

(67)『新訂王寺町史』資料編、三十九〜四十頁。

(68)(69)『法隆寺別当次第』「懐雅法印」の項。

(70) 木戸忠太郎氏の研究においては、その書名の通り達磨の諸相が網羅的に叙述されており、達磨の百科全書ともいうべき書である。しかし、その諸相が構造化・立体化されていないため、達磨崇拝から俗信達磨へという課題に答える形にはなっていない（木戸忠太郎注（2）の書）。藤田琢氏は、手足の無い玩具としての張り子の達磨像が広まる前提的なことを考え、そうなるのは江戸時代であるらしいことを示唆される（藤田琢注（3）の書、五十五〜六十六頁）。また、吉野裕子氏は、高僧達磨と俗信ダルマとの間には大きな溝があるが、陰陽五行説の視点から見ると両者には共通性がうかがえ、俗信は達磨の日本的展開であるとされる（吉野裕子注（3）の書、九十三〜九十五頁）。興味深い見解であるが、そのことを歴史的展開の中で跡付けることが課題と思われる。

第二章　鑑真崇拝の様相

はじめに

五度にわたる渡航の失敗という苦難を乗り越え、六度目である天平勝宝五年（七五三）に唐からの来朝を果たした鑑真（六八八〜七六三）は、日本に戒律及び天台を伝えた高僧として名高い。中でも鑑真がもたらした戒律の意義については、鑑真没後は中世の戒律復興期を頂点として常に回顧と顕彰が繰り返されてきた。天平時代の肖像彫刻の傑作として名高い鑑真座像とも相俟って、その不屈の精神や恩徳・遺徳に対して継続して尊崇の念が寄せられていたことを推察するに難くない。しかしながら、鑑真の戒律を中心とした事績や伝記に関する研究は枚挙に暇がないのに対して、その崇拝史ともいうべき側面についてはさほど関心が寄せられてはいないようである。

その最大の理由は、鑑真に関しては高僧に付きものの人々の耳目をひくような伝承・伝説が、一見する限り乏しいということであろう。鑑真に関する事典などの説明においては、伝説類は少ないという理由などから記述されることはほとんどない(1)。中世には「大国神異之高僧、我朝戒律之大祖也(2)」と並の高僧ではないという評価がなされ、さらには本地は観音であるとされるに至っている(3)。また、近世に編纂された律僧史『律苑僧宝伝』（一六八九年）や唐招提寺史『招提千歳伝記』（一七〇一年）では鑑真の本地はより具体的に不空羂索観音であるとされ、そのことに伴う数々の奇瑞が記されている。(4) ただ、それらは律宗内の内輪ともいうべき史料における記述であるので、どれほどの広まりを踏まえたものなのかという疑問は残る。しかしながら、近世に至るまでの間に一定の鑑真伝承が形成されていたことが知られるのである。

伝説が少ないという評価は聖徳太子や空海などと比較するとその通りではあるが、後述のように無い訳ではない。特に五度にわたる渡海の失敗をめぐる苦難や、それにも拘わらず命を失うことがなかったことは、伝説化する上においては格好の素材であったはずである。しかしながら、そのことに関してはさほどの展開は見られない。そもそも伝説的要素が顕著ではなかったことの理由についての検討は別に必要である。また、少ないながらも鑑真にまつわる伝説を考察することは、唐招提寺の欠史部分や鑑真の全体像を豊かなものにすることに寄与することになるのではと思われる。鑑真崇拝史ともいうべき試みはこれまで本格的になされてこなかったこともあり、今後の研究の糸口のために基礎的なことを述べることになることを了承されたい。

なお、鑑真が栄叡・普照の渡日要請に応じたのは日本年号で天平十四年（七四二）、五十五歳のときであった。以後翌年から五回にわたる渡航の試みがなされ、天平勝宝五年（七五三）に渡日を果たす。時に六十六歳であった。鑑真伝説を取り上げる際には渡航を試みる以前の在唐時代も取り上げる必要があるが、それは必要最小限に止め、ここでは渡航を試みて成功し、七十七歳（又は七十六歳）で死を迎えるまでの後半三十年ほどの在日時代に限定することを了承されたい。

一、鑑真伝における霊験性の諸相

（一）初期鑑真伝の伝説

鑑真伝説を扱う際に、その担い手や発信元などがまず問題となる。すなわち、鑑真の弟子や唐招提寺の動向である。しかしながら、唐招提寺の平安期における様相が不明であることが、鑑真伝説を考察する際の障害となっている。また、弟子の動向も九世紀前半くらいまでしか確認し得ない。そうした中で、鑑真没後さほどの間を置かず『唐大和上東征伝』（以下『東征伝』、淡海三船撰、七七九年）を初めとする鑑真伝が数種類作成され、孫弟子豊安（?～八四〇）による『鑑真和上三異事』（以下『三異事』、八三一年）に至り一つの区切りを迎える。豊安没後実範が関与する十二世紀初頭に至るまでの長い間唐招提寺の歴史は不明になる。ここでは、『東征伝』成立から豊安が没する八・九世紀を対象とし、初期鑑真伝における伝説について述べたい。

初期鑑真伝の基本は『続日本紀』（以下『続紀』）鑑真伝（天平宝字七年〈七六三〉五月六日条）、思託『延暦僧録』（以下『僧録』、七八八年）巻一「鑑真伝」[5]、『東征伝』、そして『三異事』などであろう。その中から伝説めいた記載を拾ってみたい。まず、『続紀』においては、第五回渡航の際に難破するが鑑真の念仏により皆助かったこと、一切の経論の暗記により経論を校合し得たこと、薬物の真偽を鼻で誤りなくかぎ分けたこと、自己の没日を予め悟っていたこと、などが上げられる。

『東征伝』においては意外に『続紀』との重なりが無い。伝説的なことは、在唐時代に既に「化主」として人々から慕われていたこと、第二回渡航の難破に際して鑑真は浮草の上に乗り難を免れたこと、第五回渡航の際は観音・四天王の加護により難を免れたこと（但し、この奇瑞は鑑真の何らかの働きかけによるものとは明記されてはいない）、四尾の白魚の案内で水を得たこと、などである。来日後は、土を嘗めて寺院建立にふさわしい場所であると判断したこと（唐招提寺建立譚）、弟子忍基が講堂の棟梁が砕け折れる夢を見て鑑真が亡くなる相であると知り真影を作成したこと（和上像作成譚）、西に向かって結跏趺坐して没したが、死後三日間頭頂に温もりがあり火葬すると香気が山に満ちた、などのことが奇瑞的な記述といえる。

『僧録』は逸文であるため全体像は知り難いが、鑑真が唐において寺院の建築造営に尽力したことやそれにまつわる霊験譚が記されている。

以上の鑑真伝において、暗記力・臭覚・味覚に勝れていたという記載は、暗記力は別かもしれないが、五感の一部を欠いた人（すなわち失明）はそれを補うべく他の感覚能力が増すということが多少誇張されたもの、とも考えられる。したがって、それらは必ずしも伝説的記載とはいい難い。

こうした鑑真伝を踏まえつつ、鑑真にまつわる異事（奇異な出来事）を三つにまとめたのが『三異事』であった。『三異事』については内藤栄氏の研究がある。(6) それによると、本書は『東征伝』を引用した豊安による『戒律伝来記』（八三〇年）の「四、唐伝日本」をほぼそのまま転用し、さらに新たに筆を加えて構成されているとされる。ここでいう三異事とは、①在唐時、揚州大明寺での講説の際に般若仙と称する三目六臂の菩薩が出現したこと（「大唐国住持」）、②難破した鑑真が浮草に乗り岸に着いたこと（「海路庶奇異」）、③唐招提寺の草創とその性格（「日本国修治」）、である。

①②は「異事」に見合う奇瑞といえるが、③には格別奇瑞の要素は見られない。このことについて内藤氏は、③の唐招提寺草創の記事は史実に基づいておらず信憑性に乏しく、鑑真や唐招提寺僧らの理念や願望を盛り込むために美化し唐招提寺の正統化が意図されているとされる。すなわち、事実と異なる創建縁起である点が「異事」たる

所以、ということになる。

『三異事』は唐招提寺を官寺として国家の保護を受けるために、鑑真を超人化し寺の起源を正統化するためになされた書ということになる。その点で鑑真伝説に関して一つの画期をなすものといよう。しかしながら、鑑真伝からわざわざ異事を取り出して強調しなければならなかった点に、鑑真をめぐる伝説（ここでは異事）に対する印象が人々にとっては希薄であったことを物語っていよう。

（二）聖徳太子信仰

鑑真をめぐる伝説というよりも、鑑真及びその僧団の信仰として取り上げられるものに聖徳太子信仰や仏舎利信仰がある。鑑真をめぐる伝説の一面として触れておきたい。

『東征伝』では、栄叡・普照が鑑真に来日を要請する際に、

> 本国昔有聖徳太子曰、二百年後、聖教興於日本、今鍾此運、願和上東遊興化、大和上答曰、昔聞、南岳恵思禅師遷化之後、託生倭国王子、興隆仏法、済度衆生（中略）以此思量、誠是仏法興隆有縁之国也。

と聖徳太子の予言を持ちだし、日本において教化することは必然性があることが説かれている。それに対する鑑真の返答は、南岳慧思が日本の王子として生まれ変わったことを知っているということであった。この王子が聖徳太子のこととされ、中略部分ではさらに長屋王の仏法興隆策が述べられ、日本は「仏法興隆有縁之国」であるという認識に基づき渡日を決意するのである。

つまり、鑑真は聖徳太子の予言に添う形で自らの行動を決定したことになる。『日本書紀』の推古天皇紀の太子関係記事に見られる諸説話は、律令国家形成期の知識層が劣等意識克服のため太子の偉大性を中国・朝鮮などの大陸に向かって強調したことの現れとされている。(7) 太子伝説にそうした意図が込められていたならば、恐らくは入唐

僧などにより行われていたであろうそれまでの太子に関しての宣伝活動が鑑真の来日要請には功を奏したことになる。そうであるなら、太子信仰が唐において鑑真の時期には一定程度浸透していたことが前提とされねばならないが、そのことの証明は困難といわざるを得ない。

そうした点では、これらのことは、鑑真の来日を必然化させるために思託や淡海三船らが作り上げた虚構であると考えるのが自然と思われる。聖徳太子が予言した二百年後は、太子の時代から起算すると鑑真の時代ではなく九世紀のことになってしまうという矛盾もある。ただ、虚構とはいえ日本側が主張する聖徳太子の偉大性を唐僧らに無理なく受け入れさせるために、聖徳太子＝南岳慧思後身説が持ち出されていることに注意する必要があろう。南岳慧思は天台第二祖とされる中国の高僧で、唐僧にとっての知名度は聖徳太子の比ではなかったであろう。太子の予言の二百年後は慧思没後（五七七年）から起算したものであるなら、鑑真の時代の範囲にほぼ収まる。

以上の点で、ここでは聖徳太子よりも慧思信仰の方が比重が高いといわざるを得ない。王勇氏によると、聖徳太子のことが南岳慧思の後身であるという伝説を伴って入唐僧らにより中国にもたらされるのは八世紀後半以降とされ、鑑真僧団により太子信仰が育まれるのは来日以降と考えられている。[9]ただ、鑑真没後の唐招提寺教団の動向が不明なこともあるが、南岳慧思後身説は天台教団に吸収されていったものと思われる。また、聖徳太子信仰も自立性に乏しかったこともあってか、鑑真僧団における継承・発展の程は確認し得ない。

（三）舎利信仰

ここで問題とする仏舎利信仰は、鑑真が日本にもたらした三千粒の仏舎利にまつわる伝説である。この点に関しても王勇氏の研究があるので、ここでは格別付加すべきことはない。[10]ただ、氏の研究は鑑真自身の信仰に重点が置かれたものであるので、ここでは伝説部分に焦点を当てたい。

鑑真が来日した際に舎利三千粒をもたらしたことは、『東征伝』に記載されている。その舎利の由来について『東征伝』では語られていないが、『延暦僧録』の鑑真伝に、鑑真が舎利を入手するに至る経緯が揚州崇福寺の塔建立にまつわる奇瑞とともに記されている。さらに同書思託伝には、舎利が龍に奪われたが思託が奪い返したこと（二回目の渡航の時、七四八年）や四金魚龍に奪われそうになったこと（五回目の渡航の時、七四八年）など、将来に際しての苦労が記されている。こうした由来を持ち、また将来に苦労した舎利だけに、唐招提寺では鑑真と並んで崇拝の中心的対象とされた。

『三宝絵』下巻「比叡舎利会」の項には「鑑真和尚ノタテタル招提ニモ年々ノ五月ニ行ヒ」と、『三宝絵』成立（九八四年）の頃には唐招提寺で舎利会が行われていたことが知られる。旧暦五月六日は鑑真の命日であるので、舎利会は鑑真忌とともに行われていたことが推測される。不明な点が多い平安期の唐招提寺において、鑑真忌・舎利会が抱き合わせで恐らくは鑑真没後から間断なく行われていたことが知られる点で、『三宝絵』の記述は貴重といえよう。(11) 鑑真忌は他寺でも行われるようになり、長久三年（一〇四二）に東大寺で始行されたのが早い例である。(12)

鑑真忌は大師講とも呼ばれていたらしく、(13) 律宗寺院などでは鑑真忌は定例化していた。(14) ただ、鑑真は大師ではないので、鑑真忌が大師講と呼ばれていたかどうか疑問も出されている。(15) もっとも、鑑真は「過海大師」（あるいは「過海和尚」）とも呼ばれていた。『律苑僧宝伝』鑑真伝では天平神護元年（七六五）に勅による諡とされるが、事実ではなく私的な尊称であろう。『東征伝』の正式名称は『法務贈大僧正唐鑑真過海大師東征伝』であるが、「過海大師」の名称が使用されている早い例である。また、円仁が鑑真ゆかりの龍興寺に参詣した時、そこに「過海和尚碑銘」が建てられていたことが知られている。(16) 安藤氏はこの記事に関して、日本の私大師号である「過海」の名が、中国に見られることに注目している。(17) 碑文は唐の梁粛が、『東征伝』などを参照して延暦（七八二～八〇六）の後半頃に作られたものと考えられている。[18] ただ、「過海」の名称は鑑真の弟子により付けられたともされているので、[19] 日本の私大師号であったとしても、もともとは中国から日本に伝えられたものといえよう。いずれにせよ、鑑真忌は「（過海）大師講」とも呼ばれていた可能性はあったといえよう。

さて、鑑真将来の舎利は霊験ある舎利として、唐招提寺においては厳重に保管されていた。『七大寺日記』（一一〇六年）では金堂東の宝蔵に金銅塔形の容器に安置されていることが知られ、『七大寺巡礼私記』（一一四〇年）では安置の様が次のように記されている。

鑑真和尚将来三千余粒仏舎利、納白瑠璃壺安銅塔、其塔壁者銅唐草所堀透也、作亀形、其上置荷葉之台、台上安件塔、依有勅封不開塔、只依瑠璃透徹所拝見也。

現在の唐招提寺鼓楼に安置されている国宝金亀舎利塔の形状が記されているのである。仏舎利はガラス壺に収められ銅塔の中に安置されていた。その銅塔は亀の甲羅の上に蓮葉の台が置かれた上に安置された。勅封により塔を開けることができないため、仏舎利はわずかにガラス壺ごしにしか見ることができないようになっていた。

この金亀舎利塔について、金子典生氏は製作年代は永久四年（一一一六）から保延六年（一一四〇）の間で、製作には唐招提寺復興の端緒を築いた実範の関与（一一一一年入寺）があったことを推測している。また、造形の由来譚も、そのころ唐招提寺が寺勢挽回のために創作したとされる。[20]

亀の甲羅の上に壺入の塔が安置されているという造形の由来を語る文献の早いものは、金子氏によると、書写年代は建保四年（一二一六）であるが成立は建久六年（一一九五）まで溯り得る『諸寺建立次第』であるとする。[21] これに書写年代は乾元二年（一三〇三）であるが、前田家本『建久御巡礼記』（一一九一年頃成立）を加えることができよう。それらによると、渡航の際に舎利が海に沈み、悲嘆に暮れる鑑真のもとへ亀が背中に舎利を背負って浮かび上がってきた、とある。こうした十二世紀末には確認できる奇瑞譚の成立時期は不明であるが、少なくとも金亀舎利塔が製作された十二世紀初頭までには成立していたと考えられる。

十二世紀に唐招提寺が寺勢挽回の動きをしていたことを補強する材料が、『今昔物語集』（以下『今昔』）巻十六―三十九話である。首部のみで本文を欠いた話であるが、鋳潰して売るため盗人により盗み出された唐招提寺の千手観音像が何らかの霊験を示すという唐招提寺に関する数少ない霊験譚である。本話の仏像には異伝があったようで、それらにより本話の欠落部分は鋳潰されそうになった像が声を発して拒んだため盗人は驚いて逃げ去った、という類の筋であったと推測されている。[22]

この千手観音が金堂安置のものであるのなら、それが化人作であるとする『七大寺日記』（一一〇六年、唐招提寺の項）の記載が『今昔』の話と関係する早い例になろう。さらに、『七大寺巡礼私記』では、寛仁元年（一〇一七）の「或人」の巡礼記が引用され、講堂の大妙相菩薩にまつわる話として紹介されている。『今昔』の話の淵源が十一世紀にまで溯り得ることになり、その時期には唐招提寺の仏像に関しての霊験譚が語られていたことが知られ興味深い。

話の対象となる仏像には異伝があるとしても、十一～十二世紀初頭にかけて唐招提寺により安置している尊像類の霊験性を強調する宣伝活動があったことを思わせる。そう考えることが可能であるなら、『今昔』の話も寺勢挽回の動きの中に位置付けてよいと思われる。平安期の中でも特に十・十一世紀の唐招提寺史は不明である。しかし、唐招提寺は十五大寺の一寺として把握され（『延喜式』巻二十一「治部省玄蕃寮」）、平安期を通じて祈禱要請には応じていた。十・十一世紀にも継続して修法を行っていたが、要請数は十世紀十二回、十一世紀二回というように数は激減する。[23] こうした数字が直ちに衰退の目安にはならないとしても、何らかの寺勢挽回の動きが必要であったことは確かかもしれない。

鑑真将来の舎利は朝野から篤く信仰されていたため、鑑真示寂前後である八世紀から他寺に分与されていた。その明確な記録は延久三年（一〇七一）とされる。[24]これは、『平等院御経蔵目録』[25]に、平等院経蔵安置の多宝塔に収められた舎利が「弘法、慈覚、鑑真」のものと記されていることにより確認される。この目録には所蔵物十五点に続き、最後に惟宗孝言が和歌集等を奉納したことが記載されている。その年が延久三年九月であるため、他の所蔵物も同じ時期に奉納されたと考えられたことによるものと思われる。[26]しかしながら、確かなことは不明である。奉納時期は平等院が建立された永承七年（一〇五二）からこの延久三年までの二十年程の間、とするのが穏当であろう。

その後の例として、永久四年（一一一六）に藤原忠実が春日御塔造立に際して唐招提寺舎利を奉請し十粒が奉納されたことが知られる。[27]なお、平等院の舎利のことは『玉葉』に、兼実が平等院に参詣し経蔵の宝物を検じた模様の中で記載されている。[28]そこには「鑑真五十、弘法大師九、慈覚大師三、智證大師六」とあり、平等院には智證大師将来舎利がその後加えられたらしい。そして、弘法大師は一粒、慈覚大師は三粒増加しているのは神変というべき、と記している。すなわち、平等院安置の鑑真将来舎利は当初から五十粒であったこと、その後増加していなかったこと、などが知られる。

さて、舎利会が鑑真忌と抱き合わせで行われていたのであるなら、前述の長久三年（一〇四二）に東大寺で始行された鑑真忌の際に舎利会も行われた可能性が高いことになる。そのことは取りも直さず、その時までに唐招提寺の舎利が東大寺に分与あるいは流出していたことになろう。平等院で鑑真忌及び舎利会が実施されていたかどうかの確認は現在のところできないが、可能性として実施の一例として加えることができよう。こうした事例が今後確認されるなら、平安期における唐招提寺の舎利信仰と連動した鑑真崇拝の広がりについての解明が期待されよう。

二、神格化の停滞

（一）往生人鑑真

中世において鑑真は神異の高僧とか観音の化身であるなど、常人とは異なる僧と認識されていたことは前述した。ここでは、そうした認識が形成されるに至る前提的なことを考えてみたい。その際に往生人であったことも常人ではなかったことの一つの目安となるであろうから、そのことも視野に入れたい。

鑑真が往生人であったことを示唆するのが、『東征伝』における「結跏趺坐、面西而化」という記述である。死後三日間頭頂に温もりがあり火葬すると香気が山に満ちた、という記述は往生したことの証しである奇瑞を示したものといえる。続いて臨終端座の人は初地（菩薩の十地の第一）に入るという『千臂経』の説が紹介されているので、当初から鑑真は往生人で菩薩同等、といった認識がなされていたことが知られる。同じく『東征伝』では中国年号の天宝八年（七四九）の事として、弟子祥珍が臨終の際に鑑真が西に向かわせ阿弥陀仏を念ぜさせたとあり、鑑真自身が阿弥陀仏信仰を有していたことも知られる(29)。

以上のように、初期鑑真伝において鑑真は往生人であることの要素が示されていたにもかかわらず、『日本往生極楽記』を初めとする往生伝に鑑真が取り上げられることは無く、往生人としての鑑真は十二世紀前半の三善為康撰『後拾遺往生伝』（上―一）を待たねばならなかった。そこでは、鑑真の臨終場面はほぼ『東征伝』を下敷きにして記されている。『後拾遺往生伝』と同じ時期の文献といえる『今昔』巻十一―八「鑑真伝」、『七大寺巡礼私記』「唐招提寺」の項の記述もほぼ同様で、違いは初地ではなく「第二地菩薩」とされていること位である。

すなわち、往生人としての鑑真は平安末に至るまで注目されることはなかった、ということになる。往生人としての要素が無かった訳ではないが、さほど顕著なものではない、と認識されていたためと思われる。さらに、『後拾遺往生伝』が往生伝における初出ということは、その書名からしても鑑真がようやく往生人として「拾われた」僧侶であったことが知られよう。

ただ、十二世紀前半に遅まきながらも往生人としての鑑真が注目され始めたことは、先述の舎利信仰高揚の時期と重なることを鑑みるなら改めて注目してよい。そうした点で十二世紀は鑑真崇拝の一つの画期といえよう。

しかしながら、往生人鑑真に関しては、必ずしも順調な継承や発展はなされていかなかったようである。三国浄土教史ともいえる『私聚百因縁集』（一二五七年）巻九―十三に、「鑑真和尚事〈付布薩事〉」として鑑真のことが述べられる。しかしながら、その内容は毎月十五・三十日に寺々において行われる布薩（懺悔）は鑑真が伝えたことが述べられるのみで、往生のことも含めた浄土教関係の記載は一切なされていない。記載内容は、『三宝絵』下巻正月「布薩」における鑑真の記述と通ずるものを感じる。鑑真は日本仏教に果たした役割は大きかったにせよ、浄土教に果たした役割がなかったためか『私聚百因縁集』においての鑑真の位置や評価は一体に高くはなかった[30]。

往生人であれば往生の証しとしての奇瑞が付きものであるが、鑑真はその点が顕著ではない。僧俗の霊験譚を時代順に並べて日本仏教史を描こうとした『古今著聞集』においては[31]、鑑真には霊験性が乏しいという理由からか鑑真伝自体が収録されていない。仏教史上に果たした役割と霊験性は別物と考えられていたことが知られる。そもそも鑑真が収録されなかったことに、鑑真には伝説性が乏しいという認識が一般的なものであったことを『古今著聞集』は物語っていよう。

ただ、中世の鑑真伝に往生人としての要素が継承されなかった訳ではなく、『元亨釈書』においては、予め寂日を述べ西に向かって結跏趺坐して寂したことや、葬斂の時に香気が山谷に満ちたことなどが記されている（巻一

「伝智」一―一）。ただ、そうした描写は『東征伝』の記述の域を出るものではなかった。以上の点で鑑真は往生人ではあってもその奇瑞部分の成長・展開は見られなかったということになる。そのことは、鑑真神格化の停滞というべき現象であったといえよう。

神格化の停滞理由については定見を示し難いが、中世以降の唐招提寺において復興に際して往生人鑑真を強調することはあまり好ましいことではなかったらしいことが考えられる。建仁三年（一二〇三）に貞慶は、唐招提寺舎利を本尊とした釈迦念仏会を始めた。その願文には釈迦の分身ともいえる舎利に結縁することにより、釈迦の浄土である霊山往生が功徳の一つとして期されていた。この法会が専修阿弥陀念仏に対峙したものではなかったにせよ、(32)唐招提寺の復興を達成するには舎利を将来した鑑真が西方極楽の往生者であることを喧伝することが控えられたと思われる。往生人鑑真が順調に継承されなかった理由の一つを以上のことに求めておきたい。

（二）戒律・天台の伝来

神格化停滞の中で、鑑真の果たした役割として戒律・天台の将来という事実面が繰り返し語られることになる。その功績に対する評価や称賛は鑑真崇拝の一面であることは間違いないが、ここに改めて述べるまでもないであろう。ただ、神格化の停滞の様を別の面から見ることになると思われるので、少々述べておきたい。五度の渡航の失敗にもかかわらず命を失うことがなかった事に関して、『東征伝』ではそれは神仏の加護によるものであることが述べられていた。そうした霊験譚は高僧伝には付き物といえるが、鑑真伝説の展開という視点に立つなら、鑑真自身が菩薩の化身として航海の安全を保証する機能を発揮した、という類の話が付加されてしかるべきであったと思われる。しかし、そうした形跡は見いだし難いのである。

鑑真の天台将来に果たした役割は仏教史上の事実としても注目しなければならないが、最澄以下の天台僧はその天台将来の功績を繰り返し称賛していた。円仁もその一人で、入唐した際に鑑真ゆかりの龍興寺を訪問し、そこに鑑真の素影や過海和尚碑銘があることを『入唐求法巡礼行記』に記載していたことは前述のとおりである。その円仁が帰国の際に夢の中に「達磨・宝志・南岳慧思・智顗・慧能・聖徳太子・行基・最澄」の僧が現れ、無事に日本国に帰還させることを告げている(33)。ここに列挙された僧侶たちは、中国僧は禅・天台の法脈上において、また日本僧は天台及び日本仏教上における重要人物であることが知られる。いずれも円仁とゆかりのある僧侶ということになる。

この僧侶群に鑑真を慧能あるいは行基の後に入れても破綻を来すどころか、法脈上においてもさらには帰国の安全を保証するという点においても効果が増したのではないかと考えられる。しかしながら、入れられてはいないのである。この点で日本の天台宗において鑑真の位置は微妙なものであったらしいことや、鑑真自身が霊験を発揮する僧とは考えられていなかったことが看取されるのである。

微妙といったのは、天台において鑑真は否定的に捉えられていたわけではないが、そうかといって鑑真には手放しでは称賛できない側面があったと思われるからである。それは最澄の大乗戒壇独立運動における鑑真設置の東大寺戒壇との対立である。最澄は鑑真がもたらした戒律を小乗戒として退け、比叡山に大乗戒壇を建てようとした。したがって、戒律面においては鑑真は直接的に対立とまではいかないにしても最澄にとっては克服すべき対象であったといえる(34)。天台において鑑真は、天台将来という点での評価と小乗戒を将来したという点での批判、という背反的な位置にあった僧といえる。以上の意味において「微妙」な位置にあったことが、鑑真崇拝が発展し得なかった一因と考えておきたい。

加えて、後述のように最澄を初めとする初期天台僧は鑑真の弟子たちによる影響を強く受けていた。鑑真僧団が天台僧団でもあったとされる所以であるが、鑑真僧団は結局は独自な天台教団としての展開を見せなかった。それは、天台僧団としての鑑真僧団は最澄による天台教団に吸収されてしまったことによると思われる。ここで日蓮を持ち出すのはやや唐突かもしれないが、日蓮がそうした認識を示しており、その認識は一面で正鵠を射ていると思われる(35)。

戒律に関しても、最澄との対立的な関係はさほどのものではなく、むしろ天台に吸収されたと考えられていた節もある。鎌倉末期書写とされる神宮文庫本『建久御巡礼記』「招提寺」の項には、延暦寺初代座主義真は延暦寺戒壇を建立する際に、権大僧都常全の名を語って東大寺戒壇院の土を乞い請け戒壇に築籠めた、という逸話が記されている(36)。義真（七八一～八三三）と常全（八一八～九〇一）は活動時期が異なるので、この逸話は事実とは見なし難いが、南都との対立はさほどのものではなかったことや、南都戒壇は天台に吸収された、ということを物語ったものと受け止めることは可能と思われる。したがって、こうした逸話は、天台や戒律に果たした鑑真独自の意義は時代とともに希薄化していったことを示しているといえよう。

ただ、右の動向は宗派や寺院などにより異なる様相を見せていることには留意する必要があろう。重源は阿弥陀三尊を厨子に入れて持ち歩いており、その厨子の扉には大仏殿曼荼羅と呼ばれる行基・空海・聖徳太子・鑑真の絵が描かれていた（『南無阿弥陀仏作善集』）。ここに描かれた四人は東大寺に関係する必要最低限の人物と思われる。そのうち鑑真は、戒壇院建立ということで東大寺においては永く記憶されるべき人物であったことが知られる。さらに重源にとって鑑真の五度に渉る来朝の苦労は、三度といわれる自己の入宋経験の苦労と共有し得る点で特別の意味を持つ僧侶であったのかもしれない。

さらに、円照とともに中世東大寺（特に戒壇院）再建に尽力した聖守（一二一五～一二八七又は一二九一）が再興した一院に新禅院があった。その小庵に安置された厨子の扉絵に描かれた多くの東大寺関係者の一人が鑑真であった(37)。こうした点でも東大寺においては戒律面での鑑真崇拝が継続されていたことが知られる。

これらのことは鑑真崇拝の一面であることは間違いなかろうが、霊験性などが強調されていた形跡は見いだしがたい。

また、天平彫刻の傑作である鑑真像は写実性に勝れていたためか、寄せられた崇拝も高僧としての遺徳や人格への崇拝以上のものではないようである。

以上、鑑真にまつわる伝説は平安期を通じて一定の展開を見せ鎌倉期にも継承されるが、鑑真自身の霊験性に関してはその要素がありながらも中世以降は十分な展開を見せていなかったことが知られるのである。

三、寺院等開創伝承について

(一) 鑑真の足跡と寺院開創伝承

鑑真渡日から没するまでの十年間（七五四〜七六三）の鑑真の行動を見ると、行動圏は大和、寺院などの造営は唐招提寺に限られる、というのが史実であろう。日本上陸から平城京入京に至る行程が鑑真唯一の国内移動であり、大和以外の国での宗教活動は確認できない。したがって、大和以外の国における鑑真の足跡は弟子による行為を除くと基本的には伝承とみなすべきであろう。ただ、数はさほど多くはないが、鑑真あるいはその弟子による開創と伝える寺院が大和以外にも一定数存在するのである。それは鑑真崇拝の一面を語るものであろうから、その様相の検討は必要であろう。以下、そのことを述べて行きたい。

次の表は、鑑真の足跡と鑑真あるいは弟子による開創と伝える寺院などの一覧である。資料は『角川日本地名大辞典』（角川書店）を基本とし、適宜『日本歴史地名大系』（平凡社）や堀由蔵編『大日本寺院総覧』（名著刊行会）

などで補った。悉皆調査とは程遠いものではあるが、一定程度の傾向を把握することは可能と思われる。この表では静岡を境に東西に分布が分かれることが知られるが、そのことを踏まえて特徴的なことや課題などを考えてみたい。

鑑真の足跡・寺院開創関係表

県	寺院等	開創時期	鑑真関係事項	備考（典拠など）
沖縄		天平勝宝五年（七五三）十一月二十一日	到着（阿児奈波）	東征伝
鹿児島	屋久島（熊毛郡）	天平勝宝五年（七五三）十二月七日	到着（益救島）	東征伝
	秋目（南さつま市）	天平勝宝五年（七五三）十二月二十日	乗船到着	東征伝
福岡	太宰府（太宰府市）	天平勝宝五年（七五三）十二月二十六日		東征伝
	観世音寺戒壇院（太宰府市）	天平勝宝六年（七五四）	鑑真（受戒行始）	筑前続風土記
香川	鵜羽神社（高松市）	天平勝宝年間（七四九～七五七）	参詣、誓願を発す	
	八島山（高松市）	天平勝宝年間（七四九～七五七）	浦生海岸より登る	
	屋島寺（高松市）	天平勝宝六年（七五四）	鑑真（又は弟子慧運）	真言宗御室派、屋島寺縁起、西大寺流関与
	鷲峰寺（高松市）	天平勝宝年間（七四九～七五七）	鑑真	天台宗、鷲峰寺縁起、西大寺流関与
	千間堂（高松市）		鑑真	

	正花寺（高松市）			高野山真言宗、伝鑑真作聖観音（製作時期は平安初期か）
岡山	妙光寺（赤磐市）	神護景雲年間（七六七～七七〇）	鑑真	高野山真言宗、備陽国志、天保二年縁起
	霊仙寺（赤磐市）	天平年間（七二九～七四九）	鑑真	招提千歳伝記、廃寺（天台宗）
	長福寺（美作市）	天平宝字元年（七五七）	鑑真	真言宗御室派、東作誌
	長法寺（備前市）	聖武勅願	鑑真	高野山真言宗、享保二年長法寺縁起
	福生寺（備前市）	天平勝宝六年（七五四）	鑑真（報恩とも）	高野山真言宗、元禄十四年縁起書
	豊楽寺（建部町）	和銅二年（七〇九）	玄昉	高野山真言宗、鑑真が堂塔整備
	本山寺（美咲町）	大宝元年（七〇一）	頼観（新山寺創建）	天台宗、天平宝字年間（七五七～七六五）鑑真来山し再興、本山寺と改称。本山寺略縁起
	慈眼院（岡山市）	天平勝宝年間（七四九～七五七）	鑑真	高野山真言宗、大日本寺院総覧
	菩提寺（奈義町）		役行者開基	浄土宗、鑑真再興、美作風土略、円光大師行状画図翼賛
大阪	難波（大阪市）	天平勝宝六年（七五四）二月一日	平城京への通過点	東征伝
京都	鞍馬寺（京都市）	宝亀年間（七七〇～七八〇）	弟子鑑禎	鞍馬蓋寺縁起
	壬生寺（京都市）		鑑真	律宗別格本山、道御再興
奈良	円成寺（奈良市）	天平勝宝八年（七五六）	弟子虚滝	真言宗御室派、円成寺縁起
	伝香寺（奈良市）	宝亀二年（七七一）	弟子思託	
	唐招提寺（奈良市）	天平宝字三年（七五九）	鑑真	続日本紀

和歌山	浄妙寺（有田市）	大同元年（八〇六）	弟子如宝	臨済宗妙心寺派、紀伊続風土記
静岡	智満寺（島田市）	宝亀二年（七七一）	孫弟子広智	天台宗、駿河雑志
千葉	慈恩寺（成田市）		鑑真	真言宗智山派、真源（叡尊弟子）再興
	浄妙寺（多古町）	天平宝字年間（七五七～七六五）	鑑真	日蓮宗
	東禅寺（多古町）	天平年中（七二九～七四九）、天平三年（七三一）とも	鑑真	真言宗室生寺派、鎌倉期は称名寺との関係が深い
栃木	開雲寺（下野市）	天応元年（七八一）	弟子恵雲	真言宗智山派、律苑僧宝伝
	大慈寺（岩舟町）		行基開基、二世道忠	天台宗、行基開基
	龍興寺（下野市）	天平宝字四年（七六〇）	鑑真	真言宗智山派、龍興寺縁起
埼玉	慈光寺（ときがわ町）	宝亀元年（七七〇）	弟子道忠	天台宗、慈光寺録
群馬	浄法寺（藤岡市）		弟子道忠	天台宗（緑野寺）、最澄再建
新潟	報恩寺（上越市）	天平宝字二年（七五八）	鑑真	真言宗豊山派

（二）開創伝承の意義

特徴的なことの第一は、西日本側の沖縄から大阪に至る分布は、鑑真一行が鹿児島上陸後太宰府経由で難波及び平城京に至る行程を反映したものといえる。沖縄・鹿児島・福岡部分は足跡としても事実とみてよいが、香川・岡山・和歌山のそれは伝承に属するといえよう。

『東征伝』によると、鑑真一行が太宰府に入ったのが天平勝宝五年（七五三）十二月二十六日、難波到着が翌年二月一日となっている。一行は太宰府から難波までは瀬戸内海航路を通ったはずである。[38] 太宰府出発の日が不明であるが、難波到着まで長ければ一ケ月近くの間、瀬戸内海のどこにも寄港しなかったことは考え難い。その点で伝承ではあったとしても、香川・岡山・和歌山などは立ち寄った可能性がある地と考えられる。遣唐使は日本を出発する際は、一般的には住吉大社→住吉津→大阪湾→瀬戸内海→太宰府という行程をたどったとされているが、その逆ルートや瀬戸内海航路などの詳細はあまり明確ではない。その点で、こうした鑑真伝承を通じて遣唐使一行の瀬戸内海ルートが知られるのではないかといえる。なお、安藤氏は香川など四国における鑑真の影響の大きさに注目し、唐招提寺勢力が奈良期には四国にまで及んでいたことを推測している。(39)

第二に、千葉・栃木を中心とした東日本は鑑真の弟子の動向を反映したものといえる。その中で、千葉の三寺院及び栃木の龍興寺は鑑真開基とされる。しかし、備考欄に慈恩寺は叡尊の弟子真源により再興、東禅寺は称名寺との関係が深いと記したように、恐らくは西大寺流を中心とする律僧の関与の中で、鑑真開基説が付加されたものと思われる。前述のように、叡尊は関東教化の一環として当地において鑑真忌を行った。また、極楽寺住持であった叡尊の弟子忍性は永仁六年（一二九八）に『東征伝絵巻』を唐招提寺に奉納したことも注目されねばならない。絵巻作成に関する詳細は小松茂美氏の解説に譲るが、(40)鎌倉という地において恐らくは鎌倉在住の僧侶により絵巻が作成されたということは、それまでの鑑真崇拝の定着を背景にした行為であったことを予想させる。

鎌倉に進出した律僧は西大寺流ばかりではなく、唐招提寺や泉涌寺流などもあった。その動向については納冨常天氏の研究が詳しい。(41)中でも、唐招提寺を復興した覚盛の弟子真空（一二〇四〜一二六八）や極楽寺に住した慈済（一二三〇〜一二九八）などには注目する必要があろう。彼らの活動と関東地域における鑑真崇拝の広まりは無関係とはいえまい。極楽寺・称名寺・覚園寺などの律宗寺院において、鑑真忌などが定例行事となっていたのかどうかの確認も今後求められよう。(42)

西大寺流律僧の関与は東日本ばかりではなく、香川の鷲峰寺のように西日本にも見られる。安藤氏がいうように奈良期に唐招提寺の勢力が四国に及んでいたという側面もあったかもしれないが、それよりも、西大寺流を中心とした中世律僧の活動の反映と見た方が自然であろう。西日本寺院の宗派が真言宗が目立つのも、真言律を標榜した西大寺流が関わった痕跡を示すものと見なすのが自然かもしれない。また、西大寺流ではないが京都の壬生寺は唐招提寺流の道御により再興されたものである。鑑真伝承は律僧の活動の反映である、という点では、壬生寺の鑑真伝承も西大寺流を中心とした律僧の活動の脈絡の中で理解してよいであろう。

龍興寺は下野薬師寺の別院で、寺名からうかがわれるように鑑真ゆかりの寺である揚州龍興寺の舎那殿壇の法を移したものとされる。東大寺戒壇院を初めとする三戒壇建立に鑑真は関わったとされるが、実際は鑑真の弟子が派遣されたのであろう。したがって、龍興寺鑑真開基説は筑紫観世音寺とともに弟子による後付けの要素はあろうが、事実としてよいであろう。

また、道忠（大慈寺・慈光寺・浄法寺）やその弟子広智（智満寺）など、鑑真の法脈を引く僧侶たちによる開基とされる寺院が目立つのも東日本の特質である。道忠・広智らが最澄・円仁らの天台僧に与えた影響の大きさについてはこれまで指摘されているところである(43)。そのことは、鑑真僧団は天台僧団でもあったことを意味し、その活動基盤が関東にあったことの反映といえよう。

大雑把には以上のような特質を指摘し得る。しかしながら、新潟報恩寺のように飛び火的な鑑真伝承をどう説明するかも含めて課題も残されている。『律苑僧宝伝』鑑真伝では「修伽藍八十余所」と伝えており、この数字を参考にするならさらに五十ケ所ほどを加えねばならない。そういう点で更なる掘り起こしが必要といえるのである(44)。

おわりに

以上、中世に至るまでの鑑真崇拝の一面について述べてきた。時系列で整理するなら、八世紀は戒律伝来の功績が讃えられ、そのことが『東征伝』などで顕彰された。九世紀は唐招提寺の経営を安定足らしめるため、鑑真伝説が『三異事』として著された。十世紀以降は唐招提寺は十五大寺の一寺として機能を果たしていたが、十一世紀には寺勢を盛り返す必要が生じたようで、脚色された舎利将来伝説が創作され、その伝説に基づき十二世紀には金亀舎利塔の制作が行われた。寺勢回復の動きの過程で鑑真が往生人として位置付けられるようになったが、その後の浄土信仰においては十分な継承・発展がなされず、そのことが神秘化の停滞の一因となった。十三世紀には戒律復興運動の中で鑑真が回帰され、律僧の活動の中で鑑真開基寺院伝承が形成された。

『東征伝』など初期鑑真伝には説話的要素が含まれてはいた。しかしながら、それらに潤色が加えられ、鑑真が神格化されていくことは一体に停滞気味であったといえよう。その大きな理由は、鑑真が律宗の祖とされていることに求められよう。戒律は僧侶及びその集団の規律として通宗派的なものである。したがって、ことさらその意義を強調して一宗とすることは本来はなじまないものであろう。そのため教団形成が必ずしも円滑に進められなかったのではないかと思われる。布教に当たって鑑真伝に見られる伝説を強調する、という行為が十分に行われなかったのであろう。神格化を進めることよりも、持戒堅固な高僧として崇拝する方が律宗においては優先されたのではないかと思われる。また、戒律が通宗派的なものであるなら、聖徳太子のように鑑真も宗派を超えて崇拝されてもよさそうであるがそうした兆候も見いだし難い。鑑真崇拝は律僧達による限定された崇拝、といった感を覚える。日本仏教における戒律の受け止められ方を探るうえで、このことは改めて検討してみる必要がありそうである。

律宗の祖という点が神格化を阻んだのであれば、もう一方の天台宗の祖という側面が強調されてもよかったはずである。しかしながら、その点も最澄による天台教団に吸収されてしまった感があり、天台教団に果たした鑑真の役割や独自性が主張されなくなっていく。日蓮の鑑真観にそのことが端的に現れているといえよう。叡尊が真言律の基盤を形成したように、鑑真を祖とする天台律なるものが主張されてもよかったと考えられるがそうした形跡がないのも、天台における鑑真の影の薄さを感じさせる。

本章は鑑真にまつわる伝説が希薄であると一般的にいわれていることを、結果的には一面では確認するような形になった。しかしながら、唐招提寺史の不明な部分を明らかにし得る点や、寺院開創伝承に鑑真及びその教団の動向が反映されていると見られる点などから、今後のさらなる掘り起こしが必要と思われる。

注

（1）松本裕美「鑑真」（中尾堯・今井雅晴編『日本名僧辞典』所収、一九七六年、東京堂出版）では、伝説は渡海にちなんだ奇瑞談が中心とされる。大隅和雄他編『日本架空伝承人名事典』（一九八六年初刊、二〇一二年新版、平凡社）は実在の人物ではあっても、その人物の「架空」「伝承」の世界に焦点を合わせた事典である。本事典に「鑑真」（安宅夏夫執筆）も収録されているが、肖像が作成される経緯以外は逸話的なことは記されていない。こうした事典類の記載からしても鑑真は伝承世界にはなじまない僧侶である、という印象を持たされる。

（2）建仁三年（一二〇三）、貞慶「唐招提寺念仏会願文」（『鎌倉遺文』補四五二号）。同じ表現は金沢文庫所蔵の聖教にも見られ（高橋秀栄「平安・鎌倉時代の天台僧―金沢文庫の聖教から拾い集めた要文記事―」〈『駒澤大学佛教学部論集』四十、二〇〇九年十二月〉）、中世においては定形句的な表現になっていたものと思われる。

（3）賢位撰『唐大和上東征伝』上巻（一三二二年）（『大日本仏教全書』遊方伝叢書一所収）。

（4）『律苑僧宝伝』巻十「南都招提寺開山鑑真大師伝」、『招提千歳伝記』上―一（伝律編）「扶桑律宗太祖鑑真大師伝」、同下―一（殿堂編）。なお、鎌倉期に唐招提寺を復興した覚盛（一一九四～一二四九）は、『招提千歳伝記』などでは鑑真の再来と称えられている（同書上―二）のも鑑真崇拝の一面を語るものといえよう。
（5）本文などは蔵中しのぶ『『延暦僧録』注釈』（二〇〇八年、大東文化大学東洋研究所）による。
（6）内藤栄「『鑒真和上三異事』試考」（『芸叢』一、一九八三年十二月）。なお、『三異事』は『大日本仏教全書』遊方伝叢書一に収録）。
（7）田村圓澄「聖徳太子片岡山飢者説話・慧慈悲歎説話成立考」（初出は一九六五年、「片岡山飢者説話・慧慈悲歎説話成立の背景」と改題し同『飛鳥仏教史研究』所収、一九六九年、塙書房）。
（8）大山誠一『〈聖徳太子〉の誕生』（一九九九年、吉川弘文館）十六～二十七頁。なお、『東征伝』は思託撰『大唐伝戒師僧名記大和上鑑真伝』三巻（以下『広伝』）を簡略化したものとされる。『広伝』は逸文しか残されていないが、慧思が聖徳太子に託生したことは記されていたことが知られる（『聖徳太子平氏伝雑勘文』下巻二）。
（9）王勇『聖徳太子時空超越』一三六～一三八頁（一九九四年、大修館書店）。同「中国における聖徳太子伝承の流入と変形」（『仏教史学研究』五十―一、二〇〇七年十一月）。なお、南岳慧思後身説は思託による創作とする従来説に対して、蔵中しのぶ氏はそれより以前の聖武天皇期頃から醸成されつつあり、聖徳太子との特定化が徐々に強められていったとされる（同「聖徳太子慧思託生説と『延暦僧録』「上宮皇太子菩薩伝」」〈吉田一彦編『変貌する聖徳太子』所収、二〇一一年、平凡社〉）。
（10）王勇『おん目の雫ぬぐはばや―鑑真和上新伝―』第五章「鑑真と舎利信仰」（二〇〇二年、農山漁村文化協会）、同「鑑真和上と信仰舎利―高僧伝の史実と虚構―」（『東アジア文化還流』二―一、二〇〇九年一月）。
（11）『続紀』宝亀七年（七七六）六月七日条によると、播磨国の戸五十烟が唐招提寺に施入されている。安藤更生氏はこれは鑑真十三回忌に関係した処置とされる（同『鑑真』二三七頁、一九六七年、吉川弘文館）。また、後世の史料になるが凝然の『東大寺円照上人行状』（一三〇二年撰）には、「南北之間、律門大会、無如唐招提寺舎利会、斯乃鑑真和尚遠忌之法事也」（上巻）とあり、鑑真忌と舎利会は一体のものであったことが知られる。
（12）『東大寺要録』巻五別当章第七「六四代深観」の項。
（13）『興正菩薩御教誡聴聞集』（『鎌倉旧仏教〈日本思想大系十五〉』二一九頁）。ここでは貞慶が、堂衆たちが五月の大師講の大師が誰であるのか知らないことを嘆いた話となっている。この堂衆が興福寺の堂衆であるなら、鑑真忌は興福寺においても実施されていたことになる。
(14)『関東往還記』弘長二年（一二六二）五月六日条に「依為招提大和尚御忌日。行羅漢供」とある。なお、同時に羅漢供が行われていることに注目したい。高橋秀栄氏は、羅漢供は羅漢を仲立ちにして道俗がひとしく仏縁の善種を育む好機会であったとし、ここでは鑑真という律宗の偉大な祖師に対する報恩感謝の仏事でもあったとする（同「思円房叡尊と羅漢信仰」〈『金沢文庫研究』二七六、一九八六年三月〉）。鑑真忌・羅漢供ともに行われた場は鎌倉であるから、この法会は鑑真崇拝が鎌倉に定着する一つの契機になったと思われる。
(15)松尾剛次監修・『興正菩薩御教誡聴聞集』研究会編「『興正菩薩御教誡聴聞集』訳注研究」（『日本仏教綜合研究』二、二〇〇四年五月）。
(16)『入唐求法巡礼行記』開成四年（八三九）一月三日条。
(17)安藤更生『鑒真大和上伝之研究』三〇一頁（一九六〇年、平凡社）。
(18)小野勝年『入唐求法巡礼行記の研究』第一巻三三九頁（一九六四年、鈴木学術財団）。
(19)王勇「渤海商人李光玄について―『金液還丹百問訣』の史料紹介を兼ねて―」（『アジア遊学』六、一九九九年七月、勉誠出版）。
(20)金子典生「唐招提寺所蔵金亀舎利塔と実範」（『日本宗教文化史研究』四―一、二〇〇〇年五月）。
(21)金子典生「唐招提寺所蔵「金亀舎利塔」について―亀が舎利塔を背負う形状の由来―」（吉村怜博士古稀記念会編『東洋美術史論叢』所収、一九九九年、雄山閣出版）。
(22)馬淵和雄他校注『今昔物語集〈日本古典文学全集二十二〉』二、三二九～三三〇頁（一九七二年、小学館）、池上洵一校注『今昔物語集〈新日本古典文学大系三十五〉』三、五六八頁（一九九三年、岩波書店）。
(23)拙著『中世の南都仏教』一一一～一一三頁の「七大寺を中心とした寺院の修法とその目的の時期的変遷」表参照（一九九五年、吉川弘文館）。
(24)王氏注（10）の論文。

(25) 奈良女子大学附属図書館公開の「阪本龍門文庫善本電子画像集」で見ることができる。
(26) 景山春樹『舎利信仰―その研究と史料―』（一九八六年、東京美術）付載「史料編」（橋本初子執筆）の「舎利信仰史料年表」。
(27)『殿暦』永久四年（一一一六）二月二十六日条。
(28)『玉葉』文治三年（一一八七）八月二十一日条。
(29) 鑑真の浄土信仰の出処については、南山律宗の祖道宣の浄土教と天台の影響の二つが考えられており、東野治之氏は前者（同『鑑真』二十五・六十五頁、二〇〇九年、岩波書店）、山本幸男氏は後者の影響が強いとされる（同「道璿・鑑真と淡海三船―阿弥陀浄土信仰の内実をめぐって―」〈『仏教史学研究』五十五―一、二〇一二年十一月〉）。
(30)『私聚百因縁集』の和朝編は巻七・八・九であるが、巻九は巻七・八の補完的位置にあり、仏教史上の重要僧侶などは巻七・八で語られている（本書第三編第四章参照）。
(31)『古今著聞集』の日本仏教史の構想については、本書第三編第三章参照。
(32) この点に関しては高木豊「釈迦念仏小考」参照（桜井徳太郎編『日本宗教の正統と異端』所収、一九八八年、弘文堂）。
(33)『日本三代実録』貞観六年（八六四）一月十四日条。
(34) 東野氏は、最澄は鑑真の戒律を真正面から受け止め、その意義を考え抜いた人物で、その点で最澄は鑑真の継承者とする（注(29)の書、一七六～一七七頁）。最澄の小乗戒批判はある意味表面的なもので、深層は批判的なものではなかったことを指摘した点で注目しておきたい。後述のように『建久御巡礼記』が伝える伝承ではあるが、最澄死後実際に戒壇建立に関わった南都戒壇を取り込む義真の行為は、東野氏の見解の妥当性を物語る一素材ともいえる。
(35) 佐々木馨「日蓮の描く日本仏教史」（初出は一九八〇年、同『日蓮の思想構造』所収、一九九九年、吉川弘文館）。なお、日蓮の鑑真観については野中隆謙氏が整理しているが、そこでは天台学匠としての鑑真が注目されていることに特徴を見いだしている（同「日蓮遺文における鑑真について」〈『日蓮教学研究所紀要』二十九、二〇〇二年三月〉）。
(36) 藤田経世編『校刊美術史料』寺院編上巻、一四七頁（一九七二年、中央公論美術出版）。神宮文庫本の書写年代に関しては同書解題一二六頁参照。

(37) 聖守による新禅院再興の様子は、拙著『中世南都仏教の展開』第二部第一章参照（二〇一一年、吉川弘文館）。

(38) 安藤氏も瀬戸内海海路を抜けて大阪付近に上陸したと推測している（注〈11〉の書、一七五頁）。

(39) 注（11）の書、二二三頁。

(40) 小松茂美「東征伝絵巻―高僧伝絵の制作―」（『日本の絵巻』十五「東征伝絵巻」解説、一九八八年、中央公論社）。

(41) 納冨常天『鎌倉の仏教』第二章の一（一九八七年、かまくら春秋社）。

(42) 称名寺の年中行事については福島金治氏により明らかにされているが（「金沢称名寺の年中行事」、初出は一九九三年、同『金沢北条氏と称名寺』所収、一九九七年、吉川弘文館）、鑑真関係の行事は見当たらない。

(43) 田村晃祐「道忠とその教団」（『二松学舎大学論集』一九六六年度、一九六七年三月）、佐伯有清『慈覚大師伝の研究』第五章「慈覚大師の師広智菩薩」（一九八六年、吉川弘文館）、同『伝教大師伝の研究』二二七〜二二八頁（一九九二年、吉川弘文館）など。

(44) 『招提千歳伝記』巻下―三「枝院編」には唐招提寺枝院一三七ケ寺が記されている。それらを整理した赤田光男氏によると、大和・山城両国合計一〇四ケ寺で全体の七六％になるという（同「唐招提寺の仏舎利信仰と釈迦念仏会」〈『帝塚山大学人文学部紀要』二十九、二〇一一年〉）。今後の精査が必要となるが、この表と本章の鑑真開基寺院表は一部しか重ならず、むしろ異なる傾向を示す。すなわち、唐招提寺末寺が必ずしも鑑真（あるいは弟子）開基伝承を有せず、鑑真開基伝承寺院が必ずしも唐招提寺末ではない、という傾向である。この理由の解明も今後の課題である。

第三章　徳一伝説の意義

はじめに

最澄との間に、いわゆる三一権実論争と呼ばれる激しい議論を展開した徳一は、奈良末・平安初期の法相宗の泰斗の一人として名高い。徳一は活動の場を常陸・陸奥（現福島県）に置いていたこともあり、それらの地域には徳一開創と伝える寺院が数多く存在する。本章は徳一伝説の意義を考察することにより、平安・鎌倉期の東北地域における南都・天台・真言宗の動向にも迫ろうとするものである。

徳一に関する研究はこれまで、①最澄との論争、②伝記的研究、③徳一伝説、の三つの側面から行われており、一九八五年までのそれらの主たる成果は田村晃祐編『徳一論叢』（一九八六年、国書刊行会）に集約されている。同書は徳一関係の史料も網羅しており、至便である。また、『仏教文化』第十六巻（通巻十九号、一九八五年八月）の「会津勝常寺」の特集も、その時点までの徳一研究の到達点を示すものとして有益である。

以上の研究のうち、研究者の多くの関心は①に寄せられていた。それは、最澄・徳一両者の論争を通じて、奈良末・平安初期の天台・南都教学の特質に迫ることが可能であるからであった。②は徳一に関する史料が少ないこともあり、伝記を明らかにすることは困難ではあるが、近年高橋富雄氏により精力的に研究が進められている。[1]氏はいる。

「菩薩・化主」としての徳一に注目し、単なる学僧ではなく民間・山林修行者の側面を浮き彫りにしようと努めて

②の研究で描き出された徳一像は③の伝説研究にも深くかかわるが、伝説の意義づけなどを含め伝説を正面から扱った研究は少なく、堀一郎氏の先駆的研究(2)が注目されるくらいであった。そうした状況の中で、近年の小林崇仁氏の研究は注目される。(3)氏は徳一開創と伝える寺院を丹念に掘り起こし、その伝承を通じて東国における徳一の足跡に迫ろうとしている。しかし、氏の目的は徳一の実像に迫ることにあるようで、伝説そのものの意義についてはまだ検討の余地があると思われる。

冒頭で述べたように、徳一伝説には、東北における南都・天台・真言の動向が敏感に反映されていると考えられる。それは徳一没後の動向の反映でもあるから、時期的には平安中期以降が課題となる。南都仏教の展開地域は奈良に限定されているというイメージが持たれがちであるが、南都僧の活動の場は奈良だけではなかった。南都僧は奈良時代以来全国的に活動しており、徳一もその一人であった。ただ、南都仏教は天台・真言のような教団形成をしなかったこともあり、宗派という形で痕跡を残さなかった。そのため、奈良以外の地域における南都仏教の足跡は見えにくくなっているのは事実である。そうした意味でも、南都僧の伝説は南都仏教の地域的展開を考えるうえで重要な材料といえよう。南都僧伝説の存在が即その地域における南都仏教の展開の実態を示す訳ではない。他宗派との複雑な関係が当然のことながら予想され得る。徳一伝説を通じてそうした問題にも迫ってみたいと思う。

一、徳一像の形成と展開

徳一伝説の内容は、寺院（少数の神社も含む）の開創・中興にほぼ集約される。寺院の中には、徳一作とされる仏

像類が安置されているものも若干含まれる。すなわち、徳一開創・中興とされる寺院の地域的分布をもとに、その特色を考察することが中心となる。そうした伝説の分析の前に、伝説的徳一像の形成とその時期的変遷をたどっておく必要がある。それは徳一の実像解明とも常に絡む課題である。本章は徳一の伝記研究が目的ではないが、最初に今日までに明らかにされている伝記上のポイント的な事と、徳一を取り巻く宗教的環境について触れておきたい。

（一）伝記上の諸問題と宗教的環境

徳一伝の一つの到達点を示す高橋富雄氏の研究によると、出自を恵美押勝の子とする説は否定し、興福寺修円の弟子とする説は可能性が高いとする。また、生没年は不明であるが、七八一～八四二年、七六七～八四二年の二説を上げ、前者を有力視している。(4)

しかし、氏が徳一の没年とした承和九年（八四二）は『法相系図』（『徳一論叢』所収）に依拠しているが、それは徳一ではなく寿広に付随して記されている記述であることが指摘されており、(5)承和九年没説は根拠が失われていると考えられる。したがって、没年から推定されている生年も曖昧なものになってくる。

ただ、最澄と論争した時期は弘仁七年（八一六）から同十三年（八二二）にかけてであり、空海からも弘仁六年（八一五）に徳一宛に書状が送られている。最澄・空海という同時代人の書状などに現れた徳一が、その活動を示す年代的に確実なものである。付け加えるとしても、最澄と論争した時には徳一は一定の研鑽を積んだ成人に達していた、という推定位である。そうしたことを踏まえるなら、徳一の生没年は八世紀後半から九世紀前半頃、という程度のことしかいえない。

徳一の没年に関わることで注目したいのが、承和十四年（八四七）に徳一の弟子とされる智興と最澄・円仁の弟子安慧（七九四～八六八）との間に三一権実論争が再燃しかかったことである。(6)その経緯は安慧の『愍論辨惑章識語』[7]に記されている。それによると、承和十四年四月十三日に下野国分寺塔院の論義会における智興の竪義の誤りを安慧が正す、という内容であったことが知られる。

智興はそこでは「下野州薬師寺別当僧法相宗智公」と記されている。智興は天長七年（八三〇）に陸奥信夫郡に菩提寺（福島市の西原廃寺跡に比定されている）を造り、その寺は定額寺に預かっている[8]。智興は興福寺僧で後に下野薬師寺別当になったこと、天台と法相の論争は最澄・徳一以後も継続されていたこと、その頃には徳一は論争に加わった形跡もないため既に死亡していたらしいこと、などが知られる。

下野薬師寺は道鏡（?～七七二）が左遷された寺としても著名である。道鏡は左遷後二年余りで没する。道鏡は法相教学を中心に学んでいた学僧でもあったが、道鏡の教学が薬師寺に及ぼした影響の程は定かではない。ただ、法相宗の智興が別当になっていることは、道鏡により何らかの影響が残され、その影響がしばらく継承されていたことを物語っているとも考えられる。

当時下野には、道忠とその弟子たちにより天台色の濃い教団が形成されており、一定の勢力を有していた。道忠は鑑真の弟子であったので薬師寺に戒壇を設ける際に下向して来た可能性も指摘されている[9]。道忠教団を天台に方向づけたのは道忠の弟子広智で、その系譜から安慧や円仁などの天台座主に就いた優れた天台僧が輩出している。

道忠教団は下野において有力な基盤を築いていたので、他の教団との軋轢もあったはずである。その一つが徳一「教団」であったと考えられる。徳一が教団勢力をどこまで築いていたかは定かではなく、徳一勢力と呼んだ方が正確なのであろうが、ここでは便宜的に「教団」の語を使用しておく。

下野薬師寺における天台の影響は見出し難く、むしろ智興の例に見られるように南都色が濃い寺院であったと思われる。それは、道忠教団に対する徳一教団の下野へのクサビの打ち込みの現れであったのかもしれない。空海も広智を中心とする関東天台へクサビを打ち込もうとしたが、結局は適わなかったことが指摘されている[10]。

道忠教団は、九世紀中葉から後葉にかけて衰退・消滅し、叡山教団に同質化していったとされる[11]。下野薬師寺も叡山に独立戒壇が成立して以降、薬師寺での受戒希望者は減少し衰退の道をたどった[12]。薬師寺は十二世紀以降は明確に東大寺の末寺として位置付けられるに至る[13]。しかし、鎌倉以降は東大寺末とする認識は名目的なものとなり[14]、十三世紀以降から戦国期までは真言密教を伝える寺として存続していった[15]。

以上、徳一を取り巻く宗教的環境に触れたのは、徳一の生前及びその没後もしばらくは、東国において南都・天台・真言などによる基盤拡大のための動きがあったことを述べたかったからである。そうした動向の中で南都がどのような動きを示していくのか、徳一伝説を通じてその一端を見て行きたいと思う。その前にその伝説の主人公である徳一は、死後どのような僧侶として描かれていったのか、ということについて次項で検討したい。

（二）徳一像の展開

イ、平安期

前項で少し触れたように、徳一の歴史上明白な足跡は最澄との論争を除けば、その生没年が未詳であることを初めとして極めて少ない。また、徳一の弟子と思われる僧侶の活動もほとんど明らかではない。九世紀前半の一時期に足跡の一端が知られる徳一であるが、その死後も九世紀後半以降から平安末に至る間は、徳一を語る史料は極めて少ない。

前掲『徳一論叢』第七章には徳一の伝記資料がまとめられている。それにより平安末までをみると、同時代の空海書簡と後述の『今昔物語集』を除くと五点である。その内三点は、『華厳宗章疏幷因明録』（九一四年、円超撰）・『東域伝燈目録』（一〇九四年、永超撰）・『注進法相宗章疏』（一一七六年、蔵俊撰）などの経疏目録類で、そこには「得一・東大寺徳（得）一・奥州徳一」などの表記で徳一撰とする著書名が記されている。徳一を東大寺僧とする認識があったことに注目しておきたい。

また、『弘法大師行状集記』（一〇八九年、経範撰）「陸奥国恵日寺条」には、空海が東国教化の際に陸奥国合津郡に恵日寺を建立し、その後当国の「聖人」徳壹菩薩に付属したことが述べられている。徳一は『真言宗未決文』を著し真言批判を展開したが、空海との間に論争を交わした形跡は見出し難い。そのこともあってか、『弘法大師行状集記』は徳一と真言との良好なる関係が強調されたかたちになっている。そうした論調は中世の弘法大師の諸伝にも継承されていく。

恵日寺は徳一が拠点を置いた寺として著名であるが、徳一の同時代には恵日寺の存在は史料上は確認できない。最澄との論争を示す文献に、寺院名ではなく仏教用語としての「慧日」の語はしばしば見られる。恵日寺の寺号はそうしたことに由来すると推察はされるが、恵日寺が徳一在世時に存在していたことにはならない。そうした点では、『弘法大師行状集記』は恵日寺のことを示す早い時期の史料といえよう。

『今昔物語集』巻十七―二十九「陸奥国女人依地蔵助得活語」は徳一が主人公の話ではないが、その冒頭に、

今昔、陸奥国ニ恵日寺ト云フ寺有リ。此レハ興福寺ノ前ノ入唐ノ僧、得一菩薩ト云フ人ノ建タル寺也。

と、徳一は興福寺出身の入唐僧であること、恵日寺は徳一建立であること、が明記されている。[16]

ここで、『今昔物語集』とほぼ同時期の作品と考えられる大江匡房撰の『本朝神仙伝』（以下『神仙伝』）に注目したい。『神仙伝』の写本の一つに大東急記念文庫蔵本（南北朝時代書写）がある。この写本には三十六人が掲載されており、内容が最も豊富とされる。しかし、十一人の伝が欠文で、その一人が徳一なのである。徳一については他の諸本でも補うことはできず、内容は不明というほかはない。

ただ、井上光貞氏は匡房の神仙観を構成する要素として、①長寿・若々しい・行方知れず、②天空飛昇能力、③呪術的超越能力、④深山生活（山岳信仰）、⑤食絶ち・仙薬服用（苦行主義）、などを上げている。[17] 恐らく徳一伝も、

これらのいずれかの要素が盛り込まれて構成されていたと推察される。『神仙伝』所載の現在見ることのできない徳一伝の内容を予想させるのが、『元亨釈書』巻四所載の徳一伝と思われる。そこでは、

> 釈徳一。学相宗于修円。掌依本宗作新疏。難破伝教大師。相徒称之。一闢常州筑波山寺。門葉益茂。而嫉沙門荘修。麁食弊衣。恬然自怡。終慧日寺。全身不壊。

とある。

筑波山寺を開き粗食・弊衣に甘んじた、という点は深山生活・苦行に通じ、そうした苦行の実践により「全身不壊」という奇瑞が生じたことになろう。死後遺体が朽ちないことは、尸解仙であることを意味する。尸解には肉体はそのままで魂が抜けることと、遺体自体が消えさること、の二つの意味がある。徳一の場合は前者ということになる。魂が抜けるが肉体が朽ちないタイプの尸解仙として、『神仙伝』では空海が「形容不変」、都良香が「顔色不変猶如壮年」、などと記されている。

以上のことから、『元亨釈書』の徳一伝は、簡潔ながら神仙徳一の要素が満たされている、と考えられる。もっとも、『元亨釈書』には巻十八に神仙の項目が設けられているので、徳一伝は神仙の観点から記されたものとはいえない。しかし、『元亨釈書』徳一伝は、現段階では見ることのできない『神仙伝』に収められていた徳一伝のヒントになるのではないかと思われる。

ここで確認したいのは、平安末期に神仙徳一像が形成されていた、ということである。そのことと関連して注意したいのは、最澄は徳一を「麁食者」と呼んでいたことである。この場合の「麁食者」とは「一乗教の妙味を食せざるの意味[18]」、などと解釈されている。相手を罵倒した表現という点ではその通りであろうが、徳一は実際に粗食・弊衣に甘んじていた山岳修行者であったことを示しているとも考えられよう。徳一への蔑称とされる「北轅者」「東隅一公」「短翮」なども文字通りに解してよいのか、再検討の必要があると思われる。むしろ、修行者徳一

の一面を示す表現とも考えられるし、中世にはそうした側面が強調されていくのである。

ロ、鎌倉・室町期

中世の徳一伝で注目されるのが、『私聚百因縁集』（以下『百因縁』）巻七―六「伝教大師事」である。『百因縁』では徳一伝は独立しておらず、最澄の項で語られる。『百因縁』の成立は正嘉元年（一二五七）とされているが、そう単純ではなく、最近成立時期の抜本的見直しが提起されている。[19]ただ、徳一に関する記述の中には、

奥州会津石梯山建立清水寺〈会津大寺是也〉。大同元年〈丙戌〉。平城天王九年也。従爾時今至正嘉元年〈丁巳〉。四百五十余年ナリ。

と、『百因縁』の成立時期を示す年号が記されている。そうしたこともあるので、ここでは成立は当面従来説に則り正嘉元年としておき、鎌倉期の徳一像を語る材料として扱ってゆきたい。なお、『百因縁』に時折記される「従～至正嘉元年」の意味については、本書第三編第四章を参照されたい。

『百因縁』で描かれた徳一伝の要点を拾うと、恵美押勝の子で元は西大寺の沙門、修因の弟子となり大和神野寺で修行中に天のお告げを得て東国修行に向かったこと、最澄と対論し、麁食者と呼ばれたがそれは円宗の決門を生け食いした意味であること、嵯峨天皇の勅命により空海の講説に従ったこと、東国修行を通じて利益衆生を行ったこと、常陸・陸奥の境に恵日寺（元の寺号は清水寺）・中禅寺などの寺を多く建立したこと、恵日寺の建立年は大同元年（八〇六）であること、などである。

神野寺は神野山南麓にある現在真言宗豊山派の寺院である。行基創建と伝えられる寺院で、元慶四年（八八〇）に陽成天皇が遣使した南都七大寺を含む二十一ケ寺中の一寺として見える。[20]その時遣使が行われた寺院には、香山・長谷・壺坂・現光・子嶋・龍門寺など山岳霊験寺院が見えることから、神野寺はそうした霊験寺院の一つとし

て九世紀には認識されていたことが知られる。

以上のことを踏まえるなら、『百因縁』では徳一は山岳修行者・遊行僧としての側面が強調されているといえよう。各地を修行・遊行するということは、足跡を各地に遺すことにつながり、寺院建立伝説が形成されることになる。したがって、建立した寺院は一寺のみではなくなる。さらに、「凡付彼聖跡者必蒙利生」と徳一が建立した寺院は「聖跡」であり、参拝することにより利益を蒙ることが説かれる。

以上のことにより、『百因縁』は、徳一伝を考えるうえで豊富な材料が盛り込まれている事が知られる。それは編者の住信が常陸の僧であり、徳一に関する情報を得やすい地に居住していたことが関係しているのかもしれない。いずれにせよ、『百因縁』は後述する徳一開創寺院伝説を考えるうえでも貴重な情報が盛り込まれているので、必要に応じて取り上げていきたい。

徳一による寺院開創伝説は、時期が下ると数の増大という形で拡大していく。永享六年（一四三四）以降の成立とされる『神明鏡』下には、

春日鹿島法相擁護神御ヌレハトテ。常州鹿島下。筑波山四十八ヶ所霊場建立。加之国中数十ヶ所建立。多観音薬師像也。中長谷寺平城御願ト号シ。大同二年丁亥造建有也。又奥州会津ニモ清水寺トテ観音ノ像ヲ立。

とある。春日・鹿島神が強調されており、かつ寺院建立のことに重きが置かれていることが知られる。その寺院も具体的には長谷寺と清水寺（恵日寺のこと）のことが述べられていることに注目したい。後述のように徳一開創伝説が付与される背景には、大和長谷寺と京都清水寺が深く関わっていた可能性がある。『神明鏡』の記述はまさにそのことを反映したものと思われる。

以上、平安〜室町期の徳一伝を見ると、神仙的要素を有した山岳修行者としての側面と東国・東北の教化及び寺院建立、という面が拡大・展開して行く様が看取される。そのうち、寺院建立の面はさらに枝葉がつけられ、中世

後期から近世にかけて数が拡大する形で成長していったという予想が立てられる。寺院開創伝説は徳一伝説の中核をなすものであるので、節を改めて検討したい。

二、寺院開創伝説の特質

前節では平安末以降の徳一伝では徳一による寺院開創が行われたことが語られ始め、時代が下るにつれ開創寺院数が増加していく傾向があることを述べた。その状況を丹念に整理したのが前述の小林氏である[21]。氏は、各寺院について、所在地・本尊・開基年代・開基人物・宗派・典拠及び参考文献、という六項目の情報を記している。そこでは、それまでに検出されてきた寺院数の倍近い数になる一六〇ケ寺（神社一、祠三を含む）が上げられている。

氏の作業は詳細を極めているので、特に付け加えることは無いと思われる。氏の作成した表を再掲するのが一番であろうが、その必要も無いので、ここには氏が使用していない『角川日本地名大辞典』（角川書店）や、後述のように徳一伝説は長谷寺信仰とも関係あることから『大和長谷寺・全国長谷観音信仰』（二〇〇六年、真言宗豊山派青年会）などを資料に加えて作成した表を掲載した。徳一中興及び徳一作とされる仏像類所蔵の寺院も加え、寺院の歴史的展開に関わる簡単な情報を備考欄に入れてみた。徳一開創伝説を有する寺院表の小型版ではあるが、一定の傾向や特徴を把握するのには十分であると思われる。

徳一伝承寺社表　＊網かけは小林氏未採録の寺社、（　）は別称及び参考事例。

県	寺院名	場所	宗派	開創年など	備考
茨城	愛宕神社	笠間市		大同元年（八〇六）	別当は密蔵院
	観世音村	城里町			徳一作十一面観音磨崖像

	北山不動尊	笠間市		宝亀八年（七七七）徳一随行の行者造	養福寺管理
	清滝寺	土浦市	真言	大同年間（八〇六～八一〇）	
	月山寺	桜川市	天台	延暦十五（七九六）	天台改宗は永享二年（一四三〇）光栄による
	鶏足山	観世音村			徳一作十一面観音磨崖像
	西光院	石岡市	天台	大同年間	中世に真言、後に天台
	佐竹寺	常陸太田市	真言	大同二（八〇七）	真言改宗は文永六（一二六九）
	千手観音堂	北茨城市			徳一作千手観音
	禅光寺	桜川市	臨済		
	筑波山寺（中禅寺跡）	つくば市	真言	延暦年間、天長年間（八二四～八三四）	徳一没後真言化
	東性寺	笠間市	真言	大同二年	
	東耀寺	石岡市	天台	養老五年（七二一）舎人親王開基	一説に徳一開基、中世に一時真言化、広大寺（古称）、寛永寺末
	薬王院	桜川市	天台	延暦元年（七八二）に最仙が法相の寺として開創	一説に徳一開創、延暦二十年（八〇一）最澄により天台化、天長二年（八二五）円仁再興
	養福寺	笠間市	天台	宝亀八年（七七七）	弘仁三年（八一二）円仁が本堂・山門建立
	密厳院	常陸太田市	修験	大同二年	
群馬	西光寺	前橋市	天台	弘仁年間（八一〇～八二四）	天台化は応安（一三六五～一三七五）以降
	春日神社	前橋市		西光寺内に勧請	興福寺領あり
栃木	観音寺	矢板市	真言	神亀元年（七二四）に行基開創	大同元年（八〇六）に徳一再興

正福寺	那須町	真言	弘仁四年（八一三）	寛政期（一七八九～一八〇一）までには真言化
福島				
閼伽井岳薬師堂（常福寺）	いわき市		大同元年（八〇六）に現在地に移す	天平六年（七三四）源観開基
安養寺薬師堂	福島市			徳一作破損仏（十七体）
飯豊山				役行者開創、徳一・空海中興
入遠野村	字入定			伝徳一墓所在
宇内薬師堂	会津坂下町		大同二年	調合寺（廃寺）の一堂
恵隆寺	会津坂下町	真言	六世紀頃青岩（梁の人）開基焼失後徳一が現在地に再建	空海作千手観音、一説に大同年間田村麻呂が空海を請じて開創
東光院	原町市			徳一作十一面観音像
泉沢	南相馬市			徳一作石仏（薬師・阿弥陀・観音）
恵日寺	いわき市	真言	弘仁年中	永徳年中（一三八一～一三八四）再興し真言化
慧日寺	磐梯町	真言	大同元年	
円蔵寺	柳津町	臨済	大同二年	至徳年中（一三八四～一三八七）臨済化
円通寺	いわき市	真言	大同二年	永享十二年（一四四〇）再興
円東寺	安達町	真言		
観音寺	いわき市	浄土		慶長二年（一五九七）清栄再興
観音寺	白沢村	天台	大同二年	明和三年（一七七六）真言から天台へ
観音堂	猪苗代町			徳一作地蔵・不動像
観音堂	福島市			十一面観音、文明十三年（一四八一）再興
光泉寺	柳津町	浄土		徳一作六地蔵。寛文年中（一六六一～一六七三）再興

高野寺跡	三島町	真言	大同二年	
虚空蔵堂	柳津町		大同二年	徳一加持による徳一清水あり
奥之院弁天堂	柳津町	臨済	大同二年	至徳年中臨済化
満福寺	小野町	浄土	大同二年	坂上田村麻呂伝説あり
清水寺	浪江町	真言	坂上田村麻呂創建、徳一開基	
賢沼寺	いわき市	真言		
薬師堂	二本松市			徳一作薬師像
旭田寺	下郷町	真言		観音堂〈廃寺正光寺〈真言〉のもの〉は徳一開基
高蔵寺	いわき市	真言		
塩崎岩屋堂観音	南相馬市		大同二年、徳一造仏	千手観音他九尊
慈徳寺	南相馬市	真言	大同年間	
常月寺	郡山市	曹洞		徳一作虚空蔵像
松山寺	いわき市	真言	大同二年	
勝常寺	湯川村	真言	弘仁元年（八一〇）徳一継承	大同年間空海開基、本尊薬師は徳一作
正徳寺	会津坂下町	浄土	大同年間、当初聖徳寺	天文年間（一五三二～一五五五）浄土化
正福寺	猪苗代町	真言		六地蔵中尊は徳一作
正法寺	二本松市	曹洞		徳一作釈迦像
成法寺	只見町	曹洞	承和（八三四～八四八）の頃、徳一の道場、一説に空海	天寧寺仁庵仁恕が中興開山
成明寺	猪苗代町	真言↓天台		徳一作本尊延命地蔵
真福寺	いわき市	真言		薬師像は大同元年徳一作

相応寺	大玉村	真言	大同二年	永正年間（一五〇四～一五二一）真言化
禅長寺	いわき市	臨済	大同二年	寒巌義尹（一二一七～一三〇〇）が中興（曹洞）臨済化の時期は不明
大高寺	三島町	真言	大同二年	
大蔵寺	福島市	臨済	行基、舟岡開基、一説徳一	元弘年中（一三三一～一三三四）北畠顕家再興
大悲山磨崖仏	南相馬市		大同二年徳一作	
高松山廃寺	白沢村		大同二年	平安初期の古瓦
高木神社	三春町		大同年間田村麻呂発願	旧称実沢帝釈天
忠教寺	いわき市	臨済	徳一創建	境外の石森観音堂は徳一開基。文禄年間（一五九二～一五九六）臨済化
波立薬師堂	いわき市			
仲禅寺	浪江町	真言	大同二年	天文十五年（一五四六）宗真中興、元曹洞宗
東福寺	玉川村	真言	弘仁年中	文安三年（一四四六）宥光中興
白山寺	須賀川市	天台	養老七年（七二三）円海・満海	徳一により札所化
長谷村観音堂	いわき市			徳一作十一面観音像
如法寺	西会津町	真言	大同元年または二年	一説に空海開基
長谷寺	いわき市	曹洞	大同二年	天文年間（一五三二～一五五五）曹洞宗改宗、徳一作本尊十一面観音像
波立寺	いわき市	臨済	大同年間	
八茎薬師	いわき市		大同元年または二年、あるいは仁寿（八五一～八五四）の初め	別当寺八茎寺は真言

	藤橋村	浪江町			伝徳一あるいは慈覚作不動尊像
	勝善寺	西会津町	真言	大同二年	
	法用寺	会津美里町	天台	養老四年(七二〇)得道開基	徳一再興
	法海寺	いわき市	真言	大同二年	
	湯岳観音堂	いわき市		大同二年	十一面観音堂、別当寺法海寺は真言
	竜泉寺	田村市	曹洞		徳一開基の薬師堂
	密蔵院	いわき市	真言	大同年間	
	明光寺	会津若松市	天台		一説に延元元年(一三三六)草創
	薬王寺	いわき市	真言	仁寿(八五一~八五四)の初め	鎌倉中期は西大寺流律宗
	薬王寺	石川町	真言		
	龍勝寺	いわき市	臨済	大同二年	臨済化は観応元年(一三五〇)頃
	竜沢寺	石川町	真言	大同年間	真言化は近世以前
宮城	高蔵寺	角田市	真言	弘仁十年(八一九)	
	(双林寺)	栗原市	曹洞	最澄開基	地蔵像の手法が勝常寺地蔵像に似る
	長承寺	登米市	曹洞	弘仁元年(八一〇)円仁開基	徳一作子安地蔵、文禄元年(一五九二)曹洞化
山形	大聖寺	高畠町	真言	亀岡文殊堂は大同二年の開基	徳一作賓頭盧尊者
	和光院	高畠町	真言	大同元年	
	幸徳院	米沢市	真言	大同元年(八〇六)	永正年間(一五〇四~一五二一)宥日を招請し千手観音安置
島根	長谷寺	雲南市	曹洞		本尊十一面観音

結果、小林氏の作業結果と乖離する傾向や数値が出た訳ではないが、小林氏が取り上げていない寺院は十五ケ寺検出された。それらを加えると、現時点では徳一伝説を有する寺院は一七五ケ寺にのぼることになる。以下、小林氏の作業を基本とし、適宜拙表も加味しながら特徴的なことを確認したい。

第一は寺院の地域的分布である。一七五ケ寺を県別に整理すると、新潟一・宮城三・山形四・福島一二一・茨城四十・栃木三・群馬二・島根が一寺となる。[22] 福島が圧倒的で全体の七割を占め、茨城が続く。徳一の活動拠点が陸奥恵日寺・筑波の中禅寺などであったことが諸伝で述べられていたが、そのことを反映した数値になっている。

第二は、開創年次が大同二年（八〇七）を中心とした大同年間（八〇六～八一〇）に集中していることである。大同年間開創とする寺院は五十九ケ寺で全体の三割を占め、そのうち五割強の三十二ケ寺が大同二年開創と伝えている。

第三に、宗派は判明しているもののうち傾向を示せる数値は真言三〇％・天台八％・曹洞・臨済六％となる。ただし、拙表の備考欄にその一端を示したように、宗派が固定化するのは中世から近世初期にかけてである。固定するまでには転宗もあったであろうから、真言の実質的割合は三〇％をこえるものと予想される。いずれにせよ真言が群を抜いており、そのうち豊山派と智山派はほぼ半々である。

第四に、本尊が判明している寺院は一三九ケ寺であるが、傾向がうかがえる数値を示し得るのは観音四十八（三〇％）・薬師二十九・阿弥陀二十五、などとなる。真言が多いことが関係しているのであろうが、密教的仏像が目立つ。

本尊も固定化するまでに変遷があったであろうことは推測に難くない。松山寺（いわき市、大日如来）は、徳一が一木を刻み七観音を造り、余木でさらに一像をつくり安置したのが始まりで、関田観音とも称される。[23] 観音寺（いわき市）はその寺号の通り、付属堂宇には聖観音を祀る観音堂がある。[24] 新在家村観音堂（猪苗代町）の本尊は徳一作の地蔵菩薩とされるが、十一面観音も祀られており、猪苗代三十三観音の第二十七番札所である[25]。観音堂の寺号からしても、この十一面観音は本尊に準ずるものといえよう。

このように現本尊とは別に安置されている仏像に関する伝承からうかがわれるように、現在の本尊に固定するまでに変遷があったことや、本尊に準ずるような仏像の併存も考慮しなければならない。精査の必要はあるが、観音像の割合はもっと高くなる可能性が予測される。

第五は、東国・東北に顕著な分布を見せる坂上田村麻呂・慈覚大師伝説との重なり具合である。結論からいうと両伝説と徳一伝説とは基本的には重ならない。月光善弘氏の調査によると、田村麻呂は宮城、慈覚大師は岩手・宮城、徳一は福島、ということになる[26]。三伝説は棲み分けがなされていることが知られ、精査してもこの傾向に変化はないと予想される。

ただ、田村麻呂伝説は福島県では満福寺（小野町）、高木神社（三春町）、大悲閣・清水寺・仲善寺（以上浪江町）、泉村観音堂（原町）の六ケ寺、栃木県の観音寺（矢板市）を加えて合計七ケ寺が「田村麻呂創建、徳一開基」などのように徳一伝説と重なっている。

慈覚大師伝説は、宮城県中田町長承寺と福島県柳津町円蔵寺の二ケ寺が重なる。長承寺（曹洞宗）は嘉祥三年（八五〇）に慈覚大師が開基した元天台寺院で、徳一作とされる子安地蔵があると伝えられてる[27]。円蔵寺（臨済宗）は柳津虚空蔵堂とも呼ばれ、虚空蔵菩薩を本尊とする寺である。『会津風土記』には「柳津虚空蔵堂、弘仁三年建、或曰慈覚立之、曰徳一立之」とあり、徳一あるいは慈覚大師建立説が近世には混在していたことが知られる。

以上のように、三伝説は棲み分けはされているが、一部重なりが見られる。その重なりの意味することについては後述したい。

い。

三、寺院開創伝説の意義

前節で徳一寺院開創伝説の特質を、五点ほど指摘した。本節では、それらの特質の意味するところを考えてみたい。

（一）長谷寺信仰との関連

徳一開創と伝える寺院は真言宗が多く、豊山派と智山派がほぼ相半ばしていた。両派とも法相教学研究を一つの特質としているので、その点で徳一と結び付く必然性は感じさせる。しかし、より直接的な要素として、豊山派の本寺で十一面観音を本尊とする大和長谷寺との関係について考えてみたい。

長谷寺が真言宗に転宗するのは天正十六年（一五八八）であり、十世紀末以降から中世末期までは興福寺大乗院末であった。長谷寺に関係した僧侶たちが関東・東北方面に進出し、長谷観音信仰を普及していった結果が徳一開創寺院に反映している可能性が考えられる。

徳一開創寺院の本尊は観音が多かったが、観音を本尊とする四十八ケ寺のうち三割程に当たる十四ケ寺の観音が十一面観音である。大和長谷寺の系統を引く同名寺院を新長谷寺・近長谷寺などと呼ぶが、福島県いわき市の長谷寺（曹洞宗）がその一例といえる。

当寺は大同二年徳一開創で、本尊の長谷寺式とされる十一面観音像も徳一作と伝えられている。[28]その腹部の銘文[29]には「奥州東海道岩崎岩崎郡長谷村観音堂徳一大師建立所也」とあり、岩崎隆義が父祖一門の菩提のため文保二年（一三一八）二月十日から三月十七日にかけて造像したことが知られる。天文年間（一五三二～一五五五）に好島村龍雲寺三世一谿玄舸が中興したときに、曹洞宗に改められた[30]。曹洞宗以前の宗派は知り難いが、大和長谷寺の影響を受けていたことが考えられる。銘文にあるとおり十四世紀においても徳一のことが意識されていたことからして、興福寺系法相の色彩が濃い寺であった可能性もある。

茨城県の古河市に長谷寺（真言宗豊山派）がある。その本尊十一面観音は鎌倉の長谷寺から勧請したもので、大和・鎌倉と共に「日本三長谷」の観音と称される。その様式は明応年間（一四九二～一五〇一）よりも古いとされる[31]。その長谷寺を相続したのが常盤太田市の密蔵院（廃寺）である。『太田盛衰記』によると大同二年に徳一が創建し、もともと長谷寺と称し、初めは法相宗、後に真言宗となり、寛永年中（一六二四～一六四四）に修験の寺となった[32]。

長谷寺という寺号ではないが、福島県会津高田町の法用寺（天台）にも注目したい。本寺は『会津風土記』によると、養老四年（七二〇）に徳道が建立し、大同年中に徳一が中興したとする。徳道は長谷寺の開祖とされる僧侶である。徳道制作の像は本寺と大和長谷寺・讃岐志渡寺の三寺に秘仏として安置されたと伝えられている[33]。

こうした大和長谷寺に関連する伝説を有する寺の存在は、長谷寺観音信仰の地方進出の結果といえる。石田茂作氏は、長谷観音像は遊行能化する姿であり、それは地方進出と一脈通ずるものであることを指摘している。そして、中古以来長谷観音の分身を祀る風が全国を風靡し、新長谷寺・近長谷寺・長谷寺などと称する寺が現れたとする[34]。杉岡美佐子氏の調査によると、その分布は全国一〇五ケ所に及ぶ[35]。地域別に見ると近畿以西四十二、中部を含む東国・東北は六十三となり、東国地域が多い。

長谷信仰の東国方面への伝播ということに関して、新城常三氏の紹介により広く知られるようになった、福島県八槻村都々古別神社の十一面観音像台座銘が注目される[36]。そこには、天福二年（一二三四）に成弁という僧が三十三観音霊場を修行中、常陸八溝山観音堂で都々古神社の別当の希望により大和長谷寺観音に模した十一面観音像を造立したことが記されている。

この銘文により、三十三観音霊場が当時東国に成立していたこと、長谷観音信仰がそれらの地域に広まっていたこと、などが確認されよう。

長谷寺の霊験を説いた『長谷寺験記』（成立時期は一二〇〇～一二〇九年の間とされる）[37]下巻の第五話は、延暦十六年（七九七）に坂上田村麻呂は征夷のため東国に向かう前に、長谷寺に参詣し勝利を願った。その願いがかなえられ本尊十一面観音が軍馬に変身し、田村麻呂を勝利に導いた、という話である。

以上のことより、長谷寺観音信仰は十三世紀には東国・東北方面に広まっていたといえる。徳一開創伝説の背景として、こうした長谷寺信仰の弘通を考慮する必要があろう。

（二）清水寺信仰との関係

田村麻呂伝説を有する観音信仰の寺として、長谷寺と並んで著名なのが京都清水寺である。清水寺は行叡（延鎮）が田村麻呂の助力を得て創建した、という伝承を持つ十一面観音を本尊とする寺である。宗派は法相宗で、京都における南都仏教のひとつの拠点であった。

長谷観音が征夷において田村麻呂を勝利に導いたとする同様の伝説が、清水寺にもある。それは『長谷寺験記』よりも時代が下る十六世紀前半成立の『清水寺縁起』にうかがえる[38]。そこでは征夷の戦場において、老兵に変身した地蔵・多聞天が一騎当千の活躍をし、田村麻呂を勝利に導いたという話になっている。この二尊は田村麻呂の要請に応じて、清水寺の開山である延鎮が造立したものであった。したがって清水寺の本尊である観音の化身の助力ではないが、田村麻呂は清水寺の加護により征夷を成功し得たのである。その点で長谷観音の功徳と同質のものといえる。

清水寺信仰の東国・東北への伝播の時期は確定できないが、長谷寺同様鎌倉期としてよいであろう。東国には西国と並び坂東三十三観音霊場が鎌倉期までには成立していたことは、前述のとおりである。源頼朝が観音信仰を有していたことや上洛の際には清水寺へも参拝しており、そうしたことが坂東札所の制定と深い関係があるらしいことも指摘されている。(39)

『沙石集』巻二―四には、薬師・観音の利益に関する話が集められている。その中に、清水寺への参詣を欠かさなかった貧女が、観音の利益により裕福な武士の女房となり、奥州で幸せに暮らす話がある。この女房は奇縁により親類同様の仲になった京都在住の者と観音信仰を共有し、永く交流を持つことになる。この話にみられる清水観音を媒介とした奥州と都との交流は、清水信仰が東国・東北へ伝播する契機をうかがわせる。

この話に先行する類話は『今昔物語集』巻十六―九「女人仕清水観音蒙利益語」である。貧女が清水観音の御利益により陸奥守の子に見初められ妻に迎えられた、という話である。ただ、そこには観音の化身である老婆が登場するものの、陸奥と京都との交流、という展開はない。ただ、この話は清水観音信仰が平安末期には東北へ伝播していたことをうかがわせるものといえる。

さらにこの利益譚は『閑居友』下―五、『長谷寺験記』下―二十七では、清水ではなく長谷観音の御利益としても語られている。ただし、両話とも見初めた男は美濃国の人で、『長谷寺験記』では源頼政という固有名詞があげられている。

清水観音の御利益とする『今昔物語集』『沙石集』と、長谷観音の御利益とする『長谷寺験記』『閑居友』とでは細部に相違はあるものの、話型は同じである。小島孝之氏は基本的には同話でありながら、清水寺と長谷寺の相違があるのは、こうした話が観音を本尊とする寺院でよく語られていたことを意味するものかもしれない、とされる。(40)清水・長谷観音の信仰は互いに影響しあいながら広まっていったことを思わせる。この利益譚をそのように理解しておきたい。

また、謡曲『盛久』は、頼朝に捕らえられ鎌倉の由比ケ浜で斬首されようとした平盛久が、かねて信仰していた清水観音の計らいにより救済される、という話である。これも、清水信仰の東国伝播の一端を物語るものといえる。

徳一開創とされる寺院の中にも新清水寺とも称する寺が存在する。徳一が拠点とした恵日寺は元は清水寺と称していたという『百因縁』の記述は改めて注目すべきであろう。

福島県浪江町の清水寺（真言宗豊山派、本尊不動明王）は『奥相志』（五編巻二十四）によると、清水観音の利益により征夷に勝利した田村麻呂が観音安置の場を朝廷に求めたので、朝廷は筑波山にいた徳一に命じ伽藍を構えさせたのが始まりで、それは大同元年のことであったとする。この伝承は『清水寺縁起』の田村麻呂の征夷における清水観音の利益譚に、徳一が結び付けられた形になっている。

同じく福島県福島市の清水寺観音堂は徳一開創ではないが、本尊は行基作で田村麻呂の守護仏との伝承を有するとのことである(41)。

このように京都清水寺の伝承を有する清水寺が東北にもあり、中には徳一開創とされる寺院もある。徳一による開創年が大同二年を中心にした大同年間に集中していることも、清水寺と関係する。そのことを夙に指摘したのは堀一郎氏である(42)。

氏によると、大同二年の年号は田村麻呂が大同二年に仏堂を創建したとする『清水寺縁起』の記載に由来するとされる。さらに、田村麻呂伝説は円仁・徳一・勝道三者の布教活動のうえに分割・争奪されたこと、清水寺系統により分布した大同二年に根茎する伝説の上に円仁が喰い入ったこと、歴史的に大同二年を担い田村麻呂と清水寺縁起の素地を開拓したのが徳一である、とする。

堀氏は円仁・徳一・勝道らの宗教活動と田村麻呂伝説との関係を踏まえて考察しており、今日でも継承すべき点は多い。大同二年に関していえば、清水寺縁起の借用の結果である、ということになろう。

清水寺縁起借用説は、その後今日に至るまで支持されている(43)。こうした見解に対して、小林氏は徳一と田村麻呂を観音信仰で結び付けるのは安易であるとし、当地の民間信仰史を踏まえた多角的検討の必要性を主張している(44)。氏の主張はもっともであり、長谷・清水信仰の東国・東北への浸透については詳細な分析が必要である。特にそれらの信仰の伝播を担ったのは両寺の勧進聖であると考えられ、両寺に勧進聖が存在し全国的活動を行っていたことは指摘されている(45)。そのことを踏まえ、東国・東北における長谷・清水の勧進聖の実態を明かにする必要があろう。そしてそれらの活動が、興福寺系南都僧の活動として把握することが可能であるなら、徳一伝説は中世南都僧の活動を示したもの、といえることになろう。

ただ、大同という特定の年号が、単なる『清水寺縁起』の横滑りである、という説明で十分なのかどうかの検討は必要であろう。何らかの意図が大同という特定年号に反映していないかどうか、という視点である。その点をいうなら、天台に対する牽制、ということが背景にあったと考えられる。

最澄と徳一の論争は、大同(八〇六~八一〇)の次の弘仁年間(八一〇~八二四)に行われたことは前述した。大同年間に徳一が多くの寺院を建立した、ということは最澄との論争の前に徳一は既に宗教基盤を確立していた、という事を主張することになる。そして、その基盤は徳一と対立していた天台ではなく、良好な関係にあった真言に継承され得る基盤と考えられていたようである。

徳一と空海(真言)との関係が良好であったらしい、という主張は『弘法大師行状集記』『百因縁』などに見られた。その両者の良好関係は、天皇の命により裏付けられたものであった。そうすると、大同年間に徳一が確立していた宗教基盤は天皇により保証されていたもの、ということにもなる。真言に都合のよい主張にもなるので、大同年間寺院建立にはそうした真言側の意図も反映していた、と見られなくもない。そうした主張は中世末に現れたものではなく、平安後半から既になされていたのである。

大同年間に集中することの意味を考える際に、右に述べてきた可能性も考えてみる必要を感ずるのである。

本節は前提的なことしか述べられなかったが、徳一開創という伝説が付加される背景に長谷・清水の観音信仰の普及、及び真言側の操作があった可能性、があったという程度のことはいえそうである。

おわりに

以上、隔靴掻痒ながら徳一伝説をめぐる諸問題について述べてきた。明らかにされたことは少なく課題ばかり残されたが、そのことも含め整理しておきたい。

徳一開創とされる寺院の特色は、分布地域は福島に集中、宗派は真言、本尊は密教系、大同二年を中心とする大同年間開創、という事であった。そのことをどのように考えるか、ということが徳一伝説の課題となる。

①徳一は最澄とは対立していたが、空海とは少なくとも対立関係は顕著でなかった。

②そのことが真言側からすれば、徳一没後の「教団」を取り込むのに抵抗が少なかったと考えられ、天台教団への牽制にもなったと考えられる。

③徳一開創寺院の真言化とその固定化の時期は中世後半から近世にかけてと思われる。

④真言化を円滑にした前提として、長谷寺信仰の伝播が考えられる（長谷寺は十六世紀末に新義真言になった）。

⑤加えて、清水寺信仰の伝播も考慮に入れる必要がある。

⑥長谷寺・清水寺両寺に共通することは、興福寺の末寺であること（長谷寺は中世末まで）、本尊は十一面観音であること、勧進聖を有し平安末以降彼らにより全国に両寺の信仰が広められたこと、であった。興福寺末であ

ることは両寺とも法相宗であったということになり、法相教学を説いた徳一寺院とは関わりやすかったと思われる。

⑦大同二年あるいは大同年間という特定の年号が開創年号として広まった理由は、現在のところ先学が指摘するように京都清水寺開創年次の影響と考えたいが、背景に真言宗の思惑があったと予想される。

⑧徳一伝説には慈覚大師伝説との重なりがほとんど見られないのは、天台との対立が尾を引いた結果、勢力が分散し棲み分けることになった、ということの反映と考えられる。

⑨一方、田村麻呂伝説とは多少の重なりが見られるのは⑦のことと関係しているものと思われる。ただ、数としては七ケ寺ほどであるので今後の精査が必要であるが、特徴の一つとなり得るかどうかは課題が残る。

およそ、以上のような事を今後の課題も含めて考えてみた次第である。徳一伝説がこうした観点だけで割り切れるものではないことは当然である。今後の分析の切り口の一つとして、問題提起的に捉えていただきたい。

注

（1）　高橋富雄氏の徳一に関する著書は、①『徳一と恵日寺』（一九七五年、ＦＣＴ企業）、②同『徳一と最澄』（一九九〇年、中公新書）、③同『徳一菩薩―ひと・おしえ・がくもん―』（二〇〇〇年、歴史春秋出版）、④同『徳一菩薩第二集―菩薩への道―』（二〇〇一年、歴史春秋出版）などがあり、本章初出の執筆の際にはこれらの書を参照した。本章初出の後に高橋氏の徳一論は、⑤高橋富雄東北学論集第十七集『検証徳一菩薩道』（二〇〇五年）、⑥同第十八集『合本徳一菩薩道』（二〇〇六年、いずれも歴史春秋出版）に集約された。⑤は①から④までの成果を随時取り入れた新稿で、⑥は③④を増補し、さらに第三集として総集編を追録し一書にしたものである。本来であればそれらの成果によるべきであろうが、①～④の書の利用に止めた。

（2）　堀一郎「大同二年考」（初出は一九四四年、同『我が国民間信仰史の研究（二）』序編・伝承説話編所収、一九五五年、創元社、及び『堀一郎著作集』第四巻「遊行思想と神社神道」所収、一九八一年、未来社)。
(3) 小林崇仁「東国における徳一の足跡について―徳一関係寺院の整理と諸問題の指摘―」(『大正大学大学院研究論集』二十四、二〇〇〇年三月)、同「東国における徳一の足跡について―遊行僧としての徳一―」(『智山学報』四十九、二〇〇〇年三月)。
(4) 高橋富雄「徳一伝の復原」(田村晃祐『徳一論叢』所収)。本稿は氏の『徳一と恵日寺』(一九七五年、FCT企業)より抄録したものである。
(5) 松本信道「徳一の伝記的研究(一)―承和九年入寂説批判―」(『史聚』二十六、一九九二年二月)。
(6) 梅宮茂「古代東北の仏教的開拓の曲折」(『歴史地名通信』三十二、一九九三年六月)。
(7)『伝教大師全集』第三巻所収。
(8)『日本紀略』天長七年十月十九日条。
(9) 田村晃祐「道忠とその教団」(『二松学舎大学論集』昭和四十一年度、一九六七年三月)。
(10) 佐伯有清『円仁』二十八頁(一九八九年、吉川弘文館)。
(11) 池田敏宏「「いわゆる道忠系天台教団」に関する基礎的考察―道忠系天台教団概念の検討―」(『特別展　生誕一千二百年記念慈覚大師円仁』所収、一九九四年、壬生町立歴史民俗資料館)。
(12) 南河内町史編さん委員会編『南河内町史』通史編　古代・中世二〇七頁(一九九八年、南河内町)。
(13) 同右、一九九頁。
(14) 同右、四九〇頁。
(15) 同右、四九三～五四〇頁。
(16) 恵日寺には中世制作の「絹本着色恵日寺絵図」があり、その絵図によると中心伽藍は南都仏教寺院の形態が踏襲されているとされる。中心伽藍のうち徳一創建頃の主要建物の発掘調査とその復元が進められている。その成果によると、創建時のものとみられる遺構として金堂・講堂・食堂・中堂・中門が確認されている(濱島正士「慧日寺の建築」〈磐梯町・磐梯町教育委員会編『徳一菩薩と慧日寺』所収、二〇〇五年〉)。恵日寺という寺号であったかどうかはともかく、徳一生存期には一定規模の伽藍を伴った寺院が存在していたことが明らかにされつつある。また、恵日寺関係の文献史料を整理した木田浩氏によると、恵日寺に関する年期入りの記述の古いものは近世の地誌ではあるが、『会津旧事雑考』に見える「仁平四年（一一五四）」である（同「恵日寺資史料の集中期と空白期に関する一考察」〈『福島県立博物館紀要』二〇、二〇〇六年三月〉）。
(17)『往生伝　法華験記〈日本思想大系七〉』七三六頁（一九七四年、岩波書店）。
(18)笠井尚『勝常寺と徳一』二十五頁（一九九七年、歴史春秋出版）。
(19)湯谷祐三「『私聚百因縁集』の成立時期」（愛知文教大学『比較文化研究』六、二〇〇四年九月）。
(20)『日本三代実録』元慶四年十一月二十九日条。
(21)小林崇仁注（3）第一論文。
(22)この島根のみが飛び火的に徳一開基寺院を有する。『大和長谷寺・全国長谷観音信仰』では、『雲陽誌』に依拠し、得一上人が天照大神と春日明神より力を得て彫刻した三体のうちの一体を本尊とした寺（後の二体は大和と相模の長谷寺）であるという伝承を紹介し、この得一と恵日寺の徳一は同一人物と思われ西日本においては珍しい説話とする（同書、一七一頁）。大和・鎌倉の長谷寺の開基は徳道上人であるので、この得一は徳道と混同されたのかもしれないが、伝承ではあっても、同名異人でないのであれば開基寺院の地域的分布を考える際に注目すべき事例といえよう。
(23)日本歴史地名大系『福島県の地名』「松山寺」の項（一九九三年、平凡社）。
(24)同右、「下市萱村」の項。
(25)同右、「新在家村」の項。
(26)月光善弘『東北の一山組織の研究』四十九頁（一九九一年、佼成出版社）。
(27)堀由蔵編『大日本寺院総覧』宮城県「長承寺」の項（一九六六年再刊、名著刊行会）。
(28)『角川日本地名大辞典福島県』「長谷寺」（一九八一年、角川書店）、注（22）「長谷寺」の項。
(29)久野健編『造像銘記集成』所収（一九八〇年、東京堂出版）。
(30)注（28）に同じ。

(31)　日本歴史地名大系『茨城県の地名』「長谷寺」の項（一九八二年、平凡社）。
(32)　『大和長谷寺・全国長谷観音信仰』五十八頁。
(33)　注（23）「法用寺」の項。
(34)　石田茂作「長谷寺の沿革と其の文化財」（『大和文化研究』五―二、一九六〇年二月）。杉岡氏作成表は本論文末に掲載されている。
(35)　同右。
(36)　新城常三『社寺参詣の社会経済史的研究』四五〇～四五一頁（一九六四年、塙書房、同『新稿社寺参詣の社会経済史的研究』では四六六～四六七頁、一九八二年、塙書房）。なお、天福二年段階で坂東三十三観音霊場が成立していたことについては、戦前から既に指摘されていた（『埼玉県史』第三巻、三四一～三四二頁、一九三三年、埼玉県）。
(37)　『長谷寺験記〈新典社善本叢書二〉』（一九七八年、新典社）。解説は永井義憲氏。
(38)　清水寺史編纂委員会編『清水寺史』第三巻史料所収（二〇〇〇年、法蔵館）。
(39)　鶴岡静夫『関東古代寺院の研究』四八二～四八五頁（一九六九年、弘文堂）。
(40)　小島孝之校注・訳『沙石集〈新編日本古典文学全集五十二〉』八十六頁頭注（二〇〇一年、小学館）。
(41)　注（23）の書「庭坂村」の項。
(42)　注（2）に同じ。
(43)　高橋崇『坂上田村麻呂』一三四～一三五頁（一九五九年、吉川弘文館）。高橋富雄注（1）④の書では大和長谷寺との関係も含めて言及している（一六六～一六九頁）。
(44)　小林崇仁注（3）第一論文。
(45)　逵日出典『長谷寺史の研究』八十四～八十六頁（一九七九年、巌南堂）、浅野清編『西国三十三所霊場寺院の総合的研究』第二章（吉井敏幸執筆）・第七章（稲城信子執筆）参照（一九九〇年、中央公論美術出版）。

付章　重源の勧進と土木事業

はじめに

東大寺大勧進として鎌倉期の東大寺再建に尽力した重源に関する研究は、古くから枚挙に暇がない。二〇〇〇年代に入っても、重源をめぐる様々な企画展示やシンポジウム形式の総合的研究が活発に行われ、それらの図録・報告書類は有益である(1)。本章で述べようとする重源の土木事業のことは特に目新しいテーマではなく、今更の感のある課題である。しかしながら、散在的に論ぜられはするが、そのことに焦点を当ててまとまって論ぜられることが意外に少ない課題でもある。そうした状況を鑑み、従来の研究の域を出るものではなく概説風記述になるが、原則論的なことに多少こだわって整理してみたい。

一、重源の作善

(一) 僧侶の五明

インドには古くから、五明と呼ばれる学問の分類法がある。すなわち、声明（文法学）・因明（論理学）・内明

（教理学）・医方明（医学・薬学など）・工巧明（工芸技術など）の五つで、僧侶はこれらの学問を身に備えるべきとされていた。僧侶は単なる宗教者ではなく、哲学・言語学・医学・建築技術などの多面的な知識・学問・技術を身に備えた文化の総合的体現者であったことになる。

「広く五明の微旨を談ず」（『懐風藻』道慈伝）とされた道慈や、小野岑守より「五明真密を探る」（『経国集』巻十）と評された空海などは、五明に対する造詣が深かった僧侶の例になろう。したがって、五明を身に備えることは単なる建前ではなかった。ただ、すべての要素を十二分に発揮した天才的僧侶は稀であった。空海は五明のバランスが取れていた例外的僧侶といえるかもしれない。五明を備えていたとされる道慈なども「法師尤も工巧に妙なり」（『続日本紀』天平十六〈七四四〉年十月二日条）とあるように、五明の中で工巧明を得意としていたことが知られる。

五明の中でどの側面が発揮されるかは、その僧侶の得手・不得手や志向性、及び置かれていた歴史的環境に規定されていたと考えられる。看病禅師として孝謙上皇の治療に当たった道鏡、伝説的要素もあるが社会土木事業や堂舎の造立に多くの足跡を残した行基、中世では『喫茶養生記』を著し重源に続いて第二代の東大寺大勧進を勤めた栄西などは、五明全体に通じていた僧侶といえようが、それぞれ医方・工巧明などを得意とし、その方面で能力を発揮した僧侶といえるのである。

重源（一一二一〜一二〇六）は思弁的な著作を残していないこともあり、残された史料から判断すると声明・因明・内明などの方面は顕著であったとはいえない。しかし、医方も含めて工巧明の面で大いに能力を発揮した点で中世を代表する僧侶といえる。

(二) 重源の事績

『南無阿弥陀仏作善集』(以下『作善集』)[2]は、重源が生涯に渉って行ったおびただしい事績を自ら整理した書であり、重源晩年の建仁三年(一二〇三)頃の成立とされる。「南無阿弥陀仏」は重源自身の浄土信仰を表明した自称で、「作善」とは宗教的目的を達成するために行う善行を意味する。すなわち、重源は生涯の事績を、極楽往生の目的達成のための善行と位置付けていたことになる。念仏信仰の観点から見れば、重源の念仏は専修念仏ではなく、多数作善を前提とした諸行往生の立場に立ったもの、といえる。

『作善集』では各事績は「造立し奉る」等のように、「奉」の字を伴って「造立・造宮」「修復・修造」「結縁」「安置」「納」「渡」「書写供養」「供養」「読誦」「起立」「施入」「図絵」などと行為の種類により様々に書き分けられており、単純ではない。しかし、その中心をなすのが、東大寺造営に集約される建築物関係などの「造立・修復・結縁」といった行為である。「安置」は仏像類、「納」は舎利、「渡」は仏像などを人へ渡す行為、塔は「起立」、経典・曼陀羅類は「書写・供養・読誦・図絵」、「施入」は経典・仏具・堂舎の付属設備類などを納めたり贈る行為を示す表記として使用されている。

ところで、本章の課題である土木事業関係の記載には「奉」の字が伴なっていない。魚住泊、河内国狭山池の修復は「複す」、清水寺橋・世多橋の修復は「口入れ」(関与する意)、備前船坂山・伊賀国山々の整備は「切掃う」、伊賀国の道路は「作り直す」、と表記されている。

また、慈善救済に相当する行為は、「申免」(斬首刑の罪人の放免を申請)、「放生少々」、「施入少々」(これは前述の「施入」とは異なり、恐らく衣食などを施す行為と思われる)などの表現で記載されている。これらの行為にも「奉」は使用されていない。

重源は中心的事業には「奉」の字を付け、従的・付帯的事業には「奉」の字を付けないというように、事業の重要度に応じて表記を書き分けていた可能性がある。重源にとって土木事業は作善の一環であったことは間違いないが、こうした表記の使い分けは重源にとっての行為の意義を考える際に留意して置きたい点である。

（三）作善の実践力

『作善集』に記された事績を見ると、重源は工巧明に勝れ、その能力を実際に遺憾なく発揮した僧侶であったことが確認される。こうした能力・実践力を重源はどのようにして獲得したのであろうか。

道慈・空海・栄西など工巧明の側面が顕著な僧侶は、いずれも入中している点で共通している。行基は入唐していないが、行基の師で土木事業の事績も知られる道昭は入唐僧として著名である。中国は最新・先端の技術を学ぶ場であり、その点で入中することの意義は大きい。重源がいう入宋三度（『玉葉』寿永二年〈一一八三〉正月二十四日条）という回数などは事実かどうか疑いがもたれてはいるが、入宋経験があったことは間違いないであろう。宋代は中国文化の黄金時代とされ、地理・考古・博物・技術面での学術振興が著しかった(3)。重源は入宋により、様々な技術に接触しそれらを学び獲得したであろうことは推測に難くはない。

身につけた技術を社会的に実践する行動力は、恐らく重源の前半生において育成されたと思われる。重源が六十一歳に大勧進職に任命されるまでの経歴はあまり明らかではない。その理由は、重源は醍醐寺に籍を置きながらも寺に定着し寺内での出世コースを歩む、というタイプの僧ではなかったからである。

十三歳で醍醐寺入寺以後は高野山で修行をしたり、十七歳で四国辺りを修行して回り、十九歳には大峰・熊野・御嶽・葛城山等に登っている。重源は多分に遊行・回国の聖的、あるいは修験者的側面も有していた僧侶といえる。こうした行動を通じて、一宗一派に偏しない多面性や庶民勧進の下地が形成されたと考えられる。

身につけた勧進性や技術などを発揮するには、一定の社会的環境が必要である。重源が東大寺再興を円滑に推進し得たのは、後白河法皇・源頼朝・九条兼実・村上源氏など、時の権力者の支援によるところが大きい。そうした権力者に加え、陳和卿・運慶・快慶・伊行末などの技術者集団（番匠・石工・鋳物師・仏師など）、法然・明遍・栄西・西行などの僧侶など、幅広い人脈が重源の周辺に形成されていた。

田中省造氏は重源の血縁関係を通じて連鎖状に広がる人脈について、次のように整理した。(4) すなわち、①重源［東大寺再建事業］①重源へ（［　］内は前者と後者の続柄）、という具合に鎖の輪は閉じられる。［伯父甥］②観阿弥陀仏［師弟］③能円［父子］④静誉［養母子］⑤冷泉局［養母子］⑥如意［父子］⑦運慶

重源は③の能円などのように平氏と意外に近しい関係にあったこと、運慶に代表される仏師集団との結び付きは重源の俗縁からたどれること、などその人脈の広がりは興味深い。

以上、重源の土木事業の問題を考える前提として必要最低限のことを指摘してきた。次に、具体的な土木事業関係の事績を検討していきたい。

二、造営活動と付帯事業

（一）支度第一俊乗房

重源は仏師・石工などの技術者集団を組織し、東大寺の再興を成し遂げた。仕事の段取りと組織経営に優れた手腕を発揮したところから、「支度第一俊乗房」と評されたという（『法然上人行状絵図』第四十五）。重源は造営事業の総元締めかつプロデューサーとして勧進活動を行った、ということになる。

支度という点で注目されるのが、重源の外護者で「支度大蔵卿」（『尊卑分脈』「村上源氏」）と呼ばれた村上源氏の源師行（?～一一七二）である。師行は、醍醐寺に大蔵卿堂と呼ばれる堂を建立した。重源建立の栢森堂はその付属堂舎である。師行は建築に際して新工法を採用するなど種々の工夫を懲らし、事業推進の準備を怠りなく行う手腕が評されて支度大蔵卿と呼ばれたとされる。(5) 重源の「支度」の力量は、こうした人物から学ぶところも多かったのであろう。

事業の要に重源がおり、その段取りに関して指示・指導したことは事実であろう。その際に、重源自身が身につけていた技術がどのような形で示されたのか。自ら手本を示したり実際に造作することがあったのかどうか、などその指導法などの実際についてはあまり明確ではない。

前述の『法然上人行状絵図』第四十五によると、重源は屋根を作る際に垂木の下に木舞（下地の板）を打つにはどうしたらよいか、という問いを番匠に発した。木舞は垂木の上に打つものなので、常識とは異なる工法を提示したことになるが、それをできると答えた番匠を重源は採用したのである。腕のよい大工を見抜く力量も「支度第一」と呼ばれた所以なのであろうが、専門的技術を相当程度身につけていなければ工法の是非も含めた判断はできないであろう。そうした重源自身の技術に関わる事例をいくつか見て行きたい。

治承三年（一一七九）十一月付の造像銘のある千手観音像（長野県安曇郡八坂村藤尾観音堂）には、大悲心陀羅尼経に続いて大仏師武蔵講師慶円とともに小仏師重源・香飯の名が見える。ここに登場する「小仏師重源」が、重源と同一人か同名異人かが問題になる。

重源は仁安二年（一一六七）に入宋する。翌年帰朝し、まもなく信濃善光寺に参詣した。善光寺には少なくとも二度参詣し、百万遍念仏と不断念仏を行っている（『作善集』『善光寺縁起』）。重源は信濃とは無縁でなかったこと、安元二年（一一七六）には高野山延寿院に銅鐘一口を施入（『延寿院銅鐘銘』）するなど、造像活動を行っていたことが知られる。

陀羅尼は密教僧でもあった重源には馴染むものでもあることから、小仏師重源は重源その人であっても不自然ではない。そうすると、重源自身仏師の技術を有して造像活動を行っていた、ということになるのである。とすると、重源が建仁元年（一二〇一）に自らの肖像を自作し、周防阿弥陀寺に安置したという伝承（『華宮山阿弥陀寺略縁起』）を初めとする数々の伝重源作像は、事実ではなくとも重源の一面を物語るものといえよう。

重源は大仏殿造営に際して障害になっていた背後の築山を崩すことを兼実に申請し、その指図目録を提出している（『玉葉』元暦二年〈一一八五〉二月二十九日、三月十九日条）。指図は重源自ら作成したものであろうし、設計図的なものを重源は描けたことが知られるのである。奈良大宇陀町（現宇陀市）所在の慶恩寺は、文治二年（一一八六）四月に重源が大仏殿再興に当たり伽藍指図五分の一の試みとして建立されたという伝承を持つ寺である[6]。伝承ではあるが、時期的に見ても重源が兼実に指図目録を提出した行為との脈絡で捉えてよいと思われる。

（二）巨材の切り出し・運搬法

以上のことから、様々な造営活動に際して、重源は単に指示・組織化などの段取り設定のみではなく、自ら造作・設計図作成・技術指導などを行ったと考えられる。堂舎などの造営に際して使用された段取りや技術は、土木事業にも遺憾なく発揮されたと思われる。その点で示唆的なのは、周防国からの建築用材木切り出しや運搬法である。

文治二年（一一八六）、重源は大仏殿造立の巨材調達のため番匠を率いて周防国に杣入りした。『東大寺造立供養記』（『大日本仏教全書〈東大寺叢書一〉』所収）により周防国から東大寺までの巨材運搬の様子を見てみたい。

周防国に着岸したとき、多くの飢人が重源のもとに雲集した。重源は慈悲心を発し船中の米を彼らに施与するが、そうしたことがしばしば行われたという。『作善集』が記す「施入少々」とはそのような行為を指すのであろう。重源は施行した人々を杣作りの労働力として編成したに違いない。安芸・周防両国での杣作りのため用意した食糧を盲目の老母を養うために盗んだ童を、重源が孝行に免じて赦す代わりに杣作りの間召し使ったという話（『沙石集』巻九―八）は、施行と労働力編成の関係を象徴するもので事実に近かったといえる。

柱用の材木は一本が長さ七丈から十丈（二十一～三十メートル）、太さは五尺四五寸（一・六メートルほど）、一本の切り出しには轆轤（滑車的なもの）を二張り立て、人夫七十人に轆轤を押させ大綱を木の上下に結び引かせた。綱の直径は六寸（十八センチ）、長さは五十丈（一五〇メートル）で、五十人で綱一丈を持ち上げさせた。伐採した材木は佐波川に浮かべて海へ運搬するが、川に至るまでには溪を埋め、大盤石を砕いての山路開通、衆木伐採・荊棘除去、谷への架橋、といった作業が行われた。川の浅瀬には水を溜める関を作ったり、新たに河を掘ったり、重源の技術指導により筏を組み立て、木津（現京都府木津町）に至った。木津川の浅瀬では橋船四艘に柱を結び浮かせ、泉木津からは牛一二〇頭の大力車で東大寺まで運搬した。

（三）土木事業等の意義

巨材の切り出し・運搬に際しては、轆轤・筏作りなどの技術や、架橋を初めとする様々な土木事業に相当する作業が行われていた事が知られる。特に轆轤の使用は画期的で、中世の轆轤使用の幕開けと評されている(7)。実際重源は轆轤使用により、材木運搬の人夫が十分の一以下に節約できる、という試算を兼実に示している（『玉葉』文治三年〈一一八七〉十月三日条）。

使用された技術には注目すべきものがあるが、それらの作業はそのこと自体が目的ではなく、いずれも東大寺の造営や勧進活動を円滑に進めるために不可欠な付帯事業として行われたものであった。

各地の架橋・道路整備、魚住泊・大輪田泊の修築などの事業は、建築資材運搬のための交通路の整備の一環として行われたもので、その点で付帯事業といえよう。また、各地に設けられた別所には浄土堂を中心とする堂舎が設置されているので、それらは信仰の場であったことは間違いない。同時に、周防・備中・播磨・摂津渡辺・東大寺という別所の設置場所を見ると、周防から東大寺に至る造営材料等の運搬ルートでいずれも交通の要所に当たっていることが知られる。別所は信仰の場であるとともに、勧進活動の拠点かつ東大寺への中継点でもあったのである。

重源が行った土木事業を中心とする社会事業は、勧進活動を円滑に推進するための前提作業であったのである。『作善集』では堂舎の造営を中心とする活動と社会事業的活動とでは、表記法が異なることを前述した。それは、重源においては造営活動が主で社会事業は従、という位置付けをしていたことを示すものにほかならないのである。

（四）石風呂創設伝説

土木事業にはさらに付帯的事項がともなう。材木運搬のため川に堰を作る作業は、四ケ月に及ぶ重労働であった。そのため人夫の手足は爛れ壊れ、体力を消耗し尽くしてしまうほどであったという（『東大寺造立供養記』）。そうした労働者の福利厚生的施設として重源が石風呂を作り、人夫らの療養などに用いた、とされる。

重源が杣入りした地である山口県徳地町（現山口市）には、数々の重源にまつわる史跡や伝承がある。[8] 岸見にある石風呂もその一つである。『防長風土注進案』（佐波郡三田尻宰判）によると、石風呂は寒疾に悩む山々往来の工匠を癒すために重源が設置したと伝えている。風呂とはいっても石室の中で柴木を燃やして石を焼き、蒸気浴・熱気浴を行う蒸し風呂式のものである。

風呂は現在でも使用され、室には重源像が安置され、入浴者は像を礼拝し入浴する。重源の命日である六月五日は「石風呂開山忌」とし、その日には必ず風呂を焚き、重源を供養するという。現在徳地町には、消滅したものも

含めて三十三の石風呂が分布していることが報告されている。(9)

重源設置であることが確実な石風呂は、現在確認されていない。石風呂設置は重源追慕から生じた民間信仰に由来する伝承なのであろう。(10)ただ、『作善集』によると、重源は東大寺や各地別所に湯屋を設けている。それは湯釜・湯船（鉄製が主）を伴うものなので、石風呂とは異なる。その一例である周防別所阿弥陀寺の湯屋の場合、念仏の行業と温室の功徳は諸仏が賛嘆する殊勝の善根であるとされ、不断念仏と長日温室が一体のものとして認識されている（正治二年〈一二〇〇〉「周防国阿弥陀寺田畠注文」）。

湯屋の実態は浴場念仏であり、入浴し念仏に励む行為は別所に結縁した同行衆の精神的団結と、仕事に意欲をおこさせる糧として効果は絶大であった。(11)

三、土木工事の実態

（一）魚住泊などの修築

『作善集』には重源の行った数々の土木事業が列挙されているが、その実態は必ずしも明確ではない。ここでは、その代表的事業ともいえる魚住泊の修築と狭山池改修について述べておきたい。

魚住泊（明石市）は、瀬戸内海航路の物資集散地として早くから繁栄していた港である。この泊のある播磨の地にも、別所（浄土寺）が設置されていた。この地は周防・備前などからの東大寺造営材料の運搬路に当たり、魚住泊は海上交通の沿岸港であった。

修築の詳細は不明であるが、重源の修築申請を許可した建久七年（一一九六）六月三日付太政官符（『鎌倉遺文』

八四七号）により、整備計画の概要が知られる。

それによると、まず行基による開港、天長九年（八三二）の清原夏野および貞観九年（八六七）の賢和による修治、延喜年中（九〇一〜九二二）の三善清行の修築上申、などの修築の歴史が回顧される。そして、現在は荒廃しており、そのため船舶が困難を極め人命も失われているので、その解消のため沿岸住民の要請を受け修築に至ったことを述べる。また、大輪田泊（神戸市）の荒廃と、風波を防ぐ場がないためしばしば船が沈没していたという河尻一洲泊（尼崎市）の地形上の弊害を上げ、両泊の修築も合わせて行う計画も述べられる。

具体的な修築内容は魚住・大輪田泊は石椋（防波堤）の修築、一洲には風波を防ぐため湾内に小島を築造、というものだった。事業推進の費用・労働力などについては、①三道（山陽・南海・西海）に属する各国の神社仏寺・権門勢家・荘園公領を問わず運上米のうち石別一升を徴収、②修築用固めの船瓦を国衙は郡別一艘、荘園は一所一艘割り当てる、③和泉国を初めとする十ケ国及び河尻・淀津の破損船の点定、④山城など五ケ国の荘園公領で材料木・竹などの伐用、⑤摂津・播磨・淡路並びに河尻の在家より人夫の雇役、というものだった。

修築内容からして作業内容は石の切り出し・築堤・築山・木竹の伐採などであり、石工・杣人・役夫などが動員されたと推察されるが、それ以上のことは不明である。『作善集』には魚住泊の修復しか記されていないので、大輪田泊築堤と一洲築島は大掛かりなこともあり、計画のみに終わったのかもしれない。

（二）狭山池改修

工事の具体像がもう少し判明するのが、狭山池改修工事である。この事業は東大寺造営との直接的関係は見いだしがたい。地域住民の要請に応えて行っている点などで、庶民との関わりが濃厚な宗教的経済活動の一環として行われた主体的作善と考えられている。(12) もっとも、狭山池のある狭山荘は興福寺領であったこと、重源は摂政九条兼実から篤い信頼を得ていたことを、重源が工事に関わる伏線的理由と見る向きもある(13)。

　この改修事業は後述のように重源晩年の建仁二年（一二〇二）に行われている。

大仏造立から始まった東大寺造営事業は、翌建仁三年の東大寺総供養をもって一応の完成を見る。すなわち、狭山池改修は東大寺造営がほぼ完成した時期に行われているのである。したがって、その時期には造営事業推進のための環境整備に相当する土木工事類は、既に必要なくなっていた。そのため、当時は利生自体を目的とした社会事業を行える余裕が生まれていたのである。狭山池改修が東大寺造営事業との関連が見いだし難い理由は、そこに求められよう。

　河内国狭山池（大阪狭山市）は六世紀末から七世紀初頭に築造されたとされる灌漑用溜池である。『作善集』に「河内国狭山池者行基菩薩旧跡也。而堤壊崩既同山野。為彼改複臥石樋事六段云々」とある。文中にあるように狭山池は行基ゆかりの施設で、『行基年譜』の天平十三年条には、行基が築いた十五ケ所の池の一つとして狭山池が見える。当時その堤が破損し、恐らく溜池としての用をなさなくなっていた。そのため重源は新しく樋を設置し、水量も調整できる改修工事をしたのである。

　一九八九年以来この池の発掘調査が行われ、一九九三年の十二月に北堤中央の中樋部分から重源改修碑が発見された。敬白文の形式をとった碑文の内容は次の通りである。

　行基が天平三年（七三一）に堤を築き樋を伏せたが、長い年月が経過し破損した。摂津・河内・和泉三ケ国五十余郷の人々の要請により重源は建仁二年（一二〇二）の春から修復を企て、工事は二月七日から始め四月八日に石樋を伏せ、同月二十四日に終了した。その間道俗男女、沙弥から小児・乞丐非人まで石を引き堤を築いた。この結縁をもって一仏平等の利益に預かりたい、と結ばれている。

　この改修碑の発見により、『作善集』記載の狭山池改修が事実であったこと、それは重源晩年の建仁二年のことであったこと、が確定した。あわせて、労働力の編成や使用技術などのことも、発掘調査の成果と相俟って明らか

になったのである。(14)

（三）改修技術

重源は水を通す樋を修理したのであるが、その際に古墳の家形石棺を利用した。石棺の両側小口を刳り貫き、いくつか連結させU字溝状にし、蓋にも石棺を使用して被せたと考えられている。また、取水口は石棺を逆さにし、もとの石棺の底部分に直径三十センチの穴を二つ空け、一つの穴は水量調節用、もう一つは掃除用として使用していたと推定されている。

『作善集』には石樋の長さ六段とあるので、約六十六メートル（一段約十一メートル）ほどになり、多くの石棺が使用されたと見られる。水樋の素材は後の時代には木製に戻るため、堅牢な石材を使用したことが重源の新しい点である。しかし、石棺調達のためには多くの古墳の発掘（盗掘行為）がなされたはずである。そうした行為を意に介さず善行として位置付け、推進していった点に新しい時代の到来を見る向きもある。(15)

（四）技術者・労働編成

さて、碑文には工事にかかわった人々の署名が見られ、労働力編成の状況が判明する。大山氏は署名から工事関係者を三つのグループに分けている。第一グループは作事を差配する「行事」集団である。少勧進鑁阿弥陀仏・浄阿弥陀仏・順阿弥陀仏らの名があり、重源と同行の人々である。彼ら三人の名は、建仁三年東大寺南大門金剛力士像胎内銘にも見られる。中でも鑁阿弥陀仏は、高野山勧進聖として名高い鑁阿（?～一二〇七）とも考えられている。(16)そうであれば、彼はこの時期には重源側近として行事組織の中心的役割を果たしていたことになる。

第二のグループが実際の修築に当たった技術者集団である。「番匠二十人」のうち造東大寺大工伊勢某・物部為里、「造唐人三人」の一人大工守保の名が確認される。物部為里は重源が周防国に杣入りした際に、陳和卿とともに同行した人物である（『東大寺造立供養記』）。

第三グループに相当するのが署名という形の記載ではないが、文中で道俗男女・沙弥・小児・乞丐非人と表記される結縁・協力者である。特に乞丐非人が出てくることは、様々な点で注目される。平安末には形成されていた非人の具体像が明確になるのは、十三世紀後半の叡尊・忍性・一遍の時期である。しかし、この場合は十三世紀初期の非人についての事例となり、土木事業の労働力としてその当時には非人が編成されていたことが確認されたわけである。

重源より半世紀ほど後の時代に活躍した叡尊は、非人救済を積極的に行った僧侶として著名である。彼は文永六年（一二六九）に般若寺西南の五三昧地を非人施行の場とするために、北山宿（奈良坂）の非人に土地を平坦にする工事を課した（『金剛仏子叡尊感身学正記』〈以下『学正記』〉同年三月五日条）。非人は労働力として編成される対象であったのである。そうしたことが重源段階で既に行われていたことが注目できるのである。

また、叡尊は文永三年（一二六六）に河内国真福寺で塔供養を行った際に、和泉・河内・摂津の非人一千余人に施行を行っている（『学正記』同年十二月三日条）。重源が工事に編成した河内国の非人は、六十余年後には叡尊による施行の対象になっているのである。

乞丐（乞食）は非人に含まれる階層でもあるため、「乞丐非人」は「乞丐と非人」というよりも「乞丐する非人」という意味である可能性もある。自活できないため乞丐という行為により生計を立てざるを得ない非人が、工事に結縁することにより重源より何らかの施しを得たものと思われる。当時、非人の中核をなしていたと思われる癩者も、重病でなければ工事に関わることができたのであろう。重源と非人との関係は、現在のところ狭山池改修の事例しか確認できずその具体像は不明ではあるが、今後の検討課題である。

四、土木関係事業の推進と信仰

（一）福田思想

僧侶が行う社会福祉的事業の理念は、一般的には福田思想に求められている。仏・僧・父母・困窮者などに施行することにより福徳・功徳が得られるから、彼らが田に喩えられ福田とよばれる。彼らに対する施行行為として、『諸徳福田経』（大正新脩大蔵経第十六巻）に説かれる七法が具体的である。すなわち、①寺・僧房・堂舎の興立、②果樹園・浴池などの整備、③医療行為、④堅牢な船を造り人民を済度、⑤橋梁設置、⑥井戸の設置、⑦畠・厠などの便利処の造作、などである。

こうした行為は大乗仏教においては利他の菩薩行として、僧侶の社会的実践の基本とされた。また、重源の宗教思想の基本は真言密教であり、現世の利益を重んずる密教に利他行を行う原動力を見いだそうとする見解もある。ただ、これらはあくまで一般論であり、すべての密教僧がこうした利他行を行っている訳ではない。重源の作善の思想的背景に密教や福田思想を想定することは、一般論としては容認されよう。しかし、直接的な原動力となった信仰は次に述べる行基などの高僧や仏菩薩に対する信仰なのである。

（二）行基・文殊信仰

重源の土木事業が東大寺造営の付帯事業であったかどうかに関わらず、事業を行う際にその推進力となった信仰の一つは行基信仰であった。

魚住泊・狭山池は重源の時代までは事実はともかく、いずれも行基ゆかりの旧跡と認識されていた。重源は行基の事業を追う形で修築・改修を行ったのであった。社会事業の先達として、重源は行基を追慕していたのである。そうした重源の意識や行動が行基のそれと重ね合わされ、当時の人々から重源は行基の再誕と認識されていた。(17)

行基は早くから文殊の化身とされたが（『日本霊異記』上巻第五話など）、それは『文殊師利般涅槃経』（『大正新脩大蔵経』第十四巻）に基づく文殊の貧窮者救済機能と行基の社会事業とが重ね合わされて生まれた認識と考えられる。したがって、行基信仰と連動した文殊信仰が確認されれば社会事業推進の教義的根拠はより鮮明になるのだが、重源において文殊信仰は顕著とはいえない。

ただ、重源は入宋して文殊の霊地である五台山に詣で文殊の瑞光を拝し、帰国後利生と念仏の勧めに励んだと語っている（文治三年〈一一八七〉八月二十三日付「重源敬白文」、『東大寺続要録』供養編所収）。もっとも、実際に参詣できたのは天台山と阿育王山で、五台山は当時金国により占領されていたため参詣できなかったようではある（『玉葉』寿永二年〈一一八三〉正月二十四日条）。参詣の有無は確定できないが、重源の入宋の第一目的が五台山参詣と文殊の礼拝にあったようである。その点で、重源は利生と結び付く可能性を秘めた文殊に対する信仰があったとしたい。行基信仰は文殊信仰との結び付きが強固であったので、重源においても両者を結び付けて理解していたと思われるのである。

（三）太子信仰

社会事業推進に関わるもう一つの信仰が太子信仰である。本編第一章で述べたごとく、聖徳太子が片岡山で飢人を救済する話（『日本書紀』推古天皇二十一年〈六一三〉十二月一日条）は片岡山飢人説話として名高く、その説話の変遷は興味深い。平安期にはその飢人は達磨であるという認識が一般化し、平安末期には飢人は文殊という説も現れ、太子と文殊との関係が説かれる。さらに鎌倉期には文殊は太子の師である、といった位置付けもなされるに至る。一方、太子の仏法弘通の意図実現の役割を担ったのが行基である、として太子と行基が関係づけられる信仰も浸透する。そして、文殊・行基・太子の三者が一体になった際には、慈善救済機能が発揮されることを特色とする信仰が鎌倉期に確立する。(18)

重源において太子信仰は表面上は顕著とはいえない。しかし、四天王寺の塔を修復し、同寺において複数回に渉る舎利供養・大法会・小法要を実施している。また、磯長太子廟には安阿弥陀仏（快慶）をして御堂を建立している（『作善集』）。このように太子との関係は浅くはない。また、重源は十一面観音像を造った際に、胎内に太子の墓から盗まれた歯を納めたとも伝えられている（『法隆寺古今目録抄』下巻）。

四天王寺は当時善光寺聖を媒介として、念仏信仰で善光寺と結び付いていた。重源が善光寺の念仏に関わっていたことは前述のとおりで、重源自身善光寺聖の一面も有していたことを思わせる。また、四天王寺の四箇院（敬田・施薬・療病・悲田院）は太子創建とする説が平安中期には成立していた（『四天王寺御手印縁起』〈十一世紀前後の成立とされる〉に初見）。四天王寺との関係を通じて、重源は太子と慈善救済の関係を意識したとも考えられる。

さらに、太子は観音の化身であるとの認識が一般的であった中で、伝承とはいえ十一面観音の造像は観音の化身としての太子信仰を重源が有していたことを思わせるものである。重源は快慶より伝えられた厨子を常に持ち歩いていた。その厨子の扉には大仏殿曼陀羅といって、行基・空海・聖徳太子・鑑真が描かれていた（『作善集』）。四人はいずれも東大寺ゆかりの人物である、という認識から描かれたのであろう。聖徳太子は直接東大寺とは関係ないが、行基が東大寺大仏建立という形で太子の意図を実現した、という点で行基を媒介として東大寺と結び付いているのである。

重源の信仰の核は行基信仰といえるであろう。それが文殊・太子と結びつくことにより、慈善救済の機能を発揮する信仰になり得る下地は、重源においては形成されていたと思われる。

おわりに

以上、土木事業を中心とした重源の宗教活動についてみてきた。彼の土木事業は基本的には東大寺造営の付帯作業に位置付けられるが、造営完成の目処がつくと利生自体を目的とした事業も行うようになる。

重源は事業推進の段取りに勝れた手腕を発揮したが、単に経営・組織化の腕だけではなく、自らの技術の発揮や技術指導面でも勝れていたと考えられる。

また、土木事業などを行う際の原動力となった信仰は、先人の事績を追慕するという念から生じた行基信仰であった。当時の行基信仰は文殊・太子信仰と三位一体になり、慈善救済面で機能を発揮する条件が整っていた。重源の信仰はその先駆的位置にある。

重源は、その宗教活動の類似性の点で約半世紀後の叡尊との対比で考えられることが多く、叡尊の先駆的位置を与えられてもいる。醍醐寺出身・勧進性・行基を中心とした諸信仰・慈善救済事業・技術者集団の組織化、など様々な点で重源と叡尊は共通するのである。そして叡尊を特色づける非人救済の面も既述のとおり重源にその淵源を求められそうなのである。

重源に見られる様々な要素は重源一代で終わらず、叡尊により継承された、という見方が承認されつつある。重源の事業達成を彼の類い稀な能力のみに還元してしまわないためにもそうした見方は重要である。しかし、両者の間に横たわる半世紀のブランクを埋めるのは、容易なことではないのも事実である。

重源の事業を正当に位置付けるためにも、今後は叡尊などへの連続面・断絶面などの究明が求められるのである。

注

（1）シンポジウム「重源のみた中世」実行委員会編『重源のみた中世―中世前半期の特質―』（二〇〇二年三月）、特別展図録『重源とその時代の開発』（二〇〇二年十月、大阪府立狭山池博物館）、特別展図録『大勧進重源』（二〇〇六年、奈良国立博物館）、GBS実行委員会編ザ・グレイトブッダ・シンポジウム論集第五号『論集鎌倉期の東大寺復興―重源上人とその周辺―』（二〇〇七年十二月）、特別展図録『頼朝と重源』（二〇一二年、奈良国立博物館）など。

（2）小林剛『俊乗房重源の研究』（一九八〇年改版、有隣堂）所収のものを使用。以下、特に断らない限り重源関係史料は、小林剛編『俊乗房重源史料集成』（一九六五年、奈良国立文化財研究所）所収のものを使用する。

（3）斯波義信「宋」（『国史大辞典』第八巻、一九八七年、吉川弘文館）。

（4）田中省造「俊乗房重源を巡る人々」（特別展図録『重源上人』所収、一九九七年、四日市市立博物館）。

（5）堀越光信「重源の入宋」（注〈4〉『重源上人』所収）。

（6）『奈良県の地名〈日本歴史地名大系〉』「慶恩寺」（一九八一年、平凡社）。

（7）三浦圭一「中世の土木と職人集団」（初出は一九八四年、同『日本中世の地域と社会』所収、一九九三年、思文閣出版）。

（8）重源上人杣入り八〇〇年記念誌編集委員会編『徳地の俊乗房重源』（一九八六年、徳地町）、青木淳「聖伝承の系譜―周防・徳地の俊乗房重源―」（『印度学仏教学研究』四十七―二、一九九九年三月）など。

（9）注（8）『徳地の俊乗房重源』五十頁。

（10）祝宮静「俊乗房重源と石風呂」（『立正史学』二十五、一九六一年三月）。

（11）毛利久「俊乗房重源と仏師快慶」（『仏教芸術』一〇五、一九七六年一月）。

（12）大山喬平「俊乗房重源の非世俗的経済活動」（初出は一九九九年、「俊乗房重源の宗教的経済活動」と改題し、同『日本中世のムラと神々』所収、二〇一二年、岩波書店）。

（13）井上薫「狭山池修復記と重源狭山池改修記念碑」（同編『行基事典』所収、一九九七年、国書刊行会）。

（14）大山喬平「重源狭山池改修碑について」（初出は一九九九年、注〈12〉の書に収録）、市川秀之「狭山池の発掘調査」（『日本歴史』五八一、一九九六年十月）、同「井堰と池溝―狭山池を中心に―」（大塚初重他編『考古学による日本歴史』二産業Ⅰ所収、一九九六年、雄山閣出版）など。

(15) 注（14）大山論文。

(16) 注（14）市川第一論文。

(17)『東寺観智院文書』建久八年（一一九七）八月十七日付「東大寺僧綱大法師等連署申状案」（『鎌倉遺文』補遺編・東寺文書第一巻二十五号）。

(18) 拙著『中世の南都仏教』第二部第四章（一九九五年、吉川弘文館）。

第二編　仏教説話に現れた神

――その機能を中心に――

第一章　日本と異国の神について

——その機能面を中心に——

はじめに

筆者は本編第三章「平安期の神の機能について」において、日本の神は神威の及ぶ範囲が限定されており、異域・異国においてはその機能を発揮し得ないことを神の特質の一つであるとした。その際に、本国と異国とを結ぶ領海域ではどうか、また異国から渡来し本国に定着した神と日本の神とではその機能面で差異があるのかどうか、などの点が課題として残された。本章は成稿の時期は第三章よりも後になるが、考察の対象とした時期は第三章よりも先んずることになるため、第一章に配置して検討してみたいと思う。

一、異域・異国における機能

(一) 領海域

領海域における本国の神の役割・機能は、航海の安全を司ることである。そうしたことを考える上での材料を提供してくれるのが、入唐・入宋僧らが記した記録である。前者は円仁の『入唐求法巡礼行記』（以下『行記』）、後者は成尋の『参天台五台山記』（以下『参記』）が代表的な記録であろう。航海中の様子に関しては、『行記』の方が参考になる記事が多い。

円仁一行による航海安全のための神仏に対する祈願行為で注目したい点の第一は、住吉神や霹靂神などの天神地祇を船上に祀っていることである（開成四年〈八三九〉五月二日、同六月五日条など）。出発前や帰国後に航海の安全祈願と無事帰国感謝のために諸社に参拝はしているが、それだけでは不十分で神を随行させる、という行為を行っているのである。航海安全・海上交通を司る神である住吉は、鎮座したままでも領海域に神威を及ぼすことができたのであろうが、その機能を十分に発揮させるためには随行させる必要があったと思われる。開成四年六月五日条では、船上の住吉大神を祭ったことに続いて、「為本国八幡等大神及海龍王、並登州諸山神嶋神等、各発誓願」したため雷鳴が止んだとある。ここには本国（それも大神）・異国の神々が混在して祈願されている。海は本国と異国とを隔てている領域ではあるが、神が機能を果たし得る場であり、本国と連続していると理解されていたと思われる。

一方、読経に加え仏菩薩への祈願も行っているが、その対象は阿弥陀・観音・妙見・四天王・毘沙門天などと一見多彩である。とはいっても、観音経によると、毘沙門天は観音の変化身の一つで観音には海難除去の功徳がある。また妙見は航海の目安となる星である北極星を神格化したものなので、航海にふさわしい菩薩といえよう。それらは彫像類が船上に安置されていた訳ではなく、画工により像が描かれたり、描かれないまでも繋念の対象にされたりしている。神は随行させないと機能の発揮は期待し得ないが、仏菩薩は機能を発揮させる領域が限定されていないため、念ずるだけでもよいし、像を安置しなくとも必要に応じて絵に描く程度でその機能が期待できたのであろう。院政期に僧兵の強訴などの際に、神は神木として担われたり神輿に乗せられ移動されるが、仏菩薩はそのようなことがされることはなかった。それは神と仏では機能を発揮させる範囲に違いがあることから生じた現象と考えられるが、こうした航海においても両者の違いが看取されよう。

『参記』では航海の安全は神よりも経典や仏力に祈願する割合が高く、法華法や如意輪・文殊供が繰り返し行われていることが知られる。そこでも如意輪・文殊像などが画像も含めて船内に持ち込まれていた形跡は確認できない。対象となる仏菩薩の名を唱える念仏が専ら行われていたことが知られる（延久四年〈一〇七二〉三月十六・二十一日条など）。

なお、船上の神を祀る役目である神主として、『行記』では卜部の存在が知られる（開成四年四月十八日条など）。ただ、彼らの役割は船内に限定されているようで、上陸後のことははっきりしない。遣唐使一行は航海安全を中国の神々にも祈願している（開成四年四月一日・五月十一日・六月五日条など）。祭祀を執行した「官人」に卜部は含まれていた可能性はあるが、明確ではない。また、円仁らの僧侶がその祭祀にどう関わったのかも不明である。卜部らは日本の神を祀ることはできたが、異国の神には手が出せないということであったのかもしれない。そうであるなら日本の神々の祭祀を司ることが役目であった彼らに、異国での出番はなかったのであろう。しかし、僧侶は異国の神を祭祀することは可能であったのもかもしれない。異国における当地の神に対する卜部らの神主と僧侶との役割の違いの有無は、今後の課題であろう。

（二）異国における日本の神

前節で日本の神は異国では機能し得ないと述べたが、そのことは本編二・三章で改めて確認することになろう。日本の神が朝鮮・中国において一定の信仰を得て、何らかの機能を果たしたという事例は今後の調査は必要ではあるが今のところは寡聞にして知らない。もっとも、神功皇后の新羅征伐のときに住吉明神が神威を及ぼしたとされるが、それは領海域内に限定されているようである（『日本書紀』巻九「神功皇后摂政前紀」）。それが平安末・鎌倉初期には、その時の住吉は大将軍、日吉が副将軍であったことが、顕昭の『古今集註』（巻十七）や『古事談』（巻五―十七）などで語られ、その機能が具体化されている。神が神威を及ぼす範囲が十二世紀末以降拡大されていくようではある。しかし、それは日本側の一方的主張でもあるので、異国における流布や受容の程は不明であるし別に考えねばならないことである。

また、神の事例にはならないが、『長谷寺験記』には長谷観音が異国（中国・朝鮮）にその霊験を及ぼす話が五話収められている。長谷観音は長谷という地名・寺院名が冠せられているように、本来普遍的存在であるはずの観音菩薩が地域神的に信仰されていることを示す典型的事例である。この長谷観音の対外霊験に注目したのは池上洵一氏である。(1)ただ、氏が主に分析した説話は五話中の一話（上巻第六話）であり、考察の主眼はその話の構造論であった。地域神が地域の枠を超えて異国で機能し得る条件などを考える上で、長谷観音の対外霊験譚は参考になると思われるので今後の課題としたい。

さて、日本の神が異国でどのように認識されていたのかをうかがえる史料もほとんど無いといってよい。その点に関して興味深い史料が、『参記』に引用された『楊文公談苑』中に見える寂照（?～一〇三四）に関わる記事である（『参記』巻五、熙寧五年〈一〇七二〉十二月二十九日条）。そこには宋の皇帝真宗が寂照を召問した際の問答の一部が、宋の文人官僚である楊億により記されており、その中に日本の神が登場するのである。寂照は日本の神について、「国中専奉神道。多祠廟多。伊州有大神。或託三五歳童子。隆言禍福事。山州有賀茂明神。亦然。」と語っている。入中した僧侶らが中国皇帝の問いに対して、日本の神について語っていたことが知られるのである。

この部分は、天皇・臣下・官人とその登用法など国家制度の骨格部分が語られた後に続く文章である。神についての記述の後は、官人必読書ともいえる日本国内所在の史記・漢書・文選などの中国書籍や国書・仏書などが列挙されている。

ここでは数ある神のうち、伊勢と賀茂のみが紹介されている点が興味深い。伊勢は皇祖神を祀る日本を代表する神社であるから当然としても、他の数ある神の中で賀茂が選ばれている理由ははっきりしない。伊勢・賀茂両社に共通するのは、ここでは童子に託宣することのようであるが、天皇の威力を維持・増強する役割を担わされた斎宮・斎院が派遣されていることであろう。すなわち、日本国を体現する天皇を説明する際の一環に、両神が位置付けられていたといえるのである。(2)

以上のように、国家構造を説明する一環として神が紹介されており、寂照以前の入中僧らも同様のことを語っていたことが推察される。しかし、中国人に日本の神についての関心を向けさせ、さらに信仰にまで導く、ということはなかったのである。

神々だけでなく日本で広く受け入れられていた権者・化身にまで対象を広げても、異国での受容の事例は見いだし難い。強いてあげれば、①聖徳太子伝説の中国への流入、②文殊の化身清範の宋帝皇子への転生、③渡唐天神、くらいなものである。①は太子が中国天台第二祖慧思（五一五～五七七）の後身であるという伝説を伴って、入唐僧らにより少なくとも八世紀後半以降中国にもたらされた。(3)②は利益衆生のため宋帝皇子に転生した文殊の化身清範（九六二～九九九）に、渡宋した寂照が会い霊験を示されたという『今昔物語集』所載の話である（巻十七―三十八）。これと類似の転生譚は『浜松中納言物語』にも見られるが、唐土の皇子への転生伝承は極めて稀なこととされる。(4)③は天神こと菅原道真が宋代の禅僧無準師範に参禅したという伝承で、天神が海を渡ったので渡唐天神と呼ばれる。これは、十四世紀末から十五世紀にかけて日本の禅僧により語られ始めた伝承である。

①の中国における受容に関しては、太子の『勝鬘経疏』に中国僧の明空が注釈をつけ、『勝鬘経疏義私鈔』を著したことなどが指摘されている。中国の人々に聖徳太子を流布させるために、太子は中国人に広く知られていた慧

思の後身である、という伝承が付加されたという王氏の指摘は重要であろう。今後は中国において太子がどの程度「信仰」の対象とされていたのかの検討が必要とされよう。②の話は中国の人々の教化が目指されている点は注目されるが、日本側からの一方的主張といえるものであり、中国における受容の様子は定かではない。ただ、清範は文殊の化身とされていることは重要で、聖徳太子慧思後身伝承が付加されたのと同様な効果が意図されている。すなわち、清範なる馴染のない僧を中国人に受け入れさせるために、知名度の高い菩薩である文殊の化身という説が付されたのである。③は古代の事例ではないが、天神である神が唐土に渡ったという点で興味深く、日本の神が異国で活動するという希有な例になる。ただ、天神は中国の師から法を学ぶ側で、中国の人々を教化したり信仰を得ている訳ではない。

以上のように対象を広げても、日本で信仰を集めていた神及び仏菩薩の化身などが中国においても同様に信仰されていた、という事例は見いだし難いのが現状といえよう。

日本の神祇の異国における活動例は今後の課題であることが知られた。時代は飛ぶが、日蓮に代表される善神捨国の考えにおいて、捨国した神の行き場も結局は異国ではないようである。善神捨国の源流などについては佐藤弘夫氏が丹念にたどっているが、[5] その事例の中で注目したいのが仏法の護法善神ではなく日本の神祇である賀茂明神の場合である。『百錬抄』仁安元年（一一六六）七月条に、

近日仁和寺辺女夢云。依天下政不法。賀茂大明神棄日本国。可令渡他所給云々。

とあり、仁和寺近辺の女が天下の政治が不法であるため賀茂大明神が日本を棄てて他所に移る夢を見た、ということである。これは『古今著聞集』にも見られる（巻一―二十二）著名な話であるが、問題にしたいのは賀茂明神が赴く「他所」とはどこかである。この点に関しては『新古今和歌集』の賀茂の歌とされる「われ頼む人いたづらになしはてば又雲わけてのぼる場かりぞ」（一八六一番）に基づき、賀茂の昇天と考えられている。日本を棄てた賀茂

明神は異国ではなく天に戻る、ということなのである。ここに、日本の神祇は異国では活動し得ないことが改めて知られるのである。

二、異国神の機能

日本には古来異国から多くの神が渡来したと推察される。渡来とはいっても、渡来人・入中僧らにより持ち込まれる場合や、香春神などのように自ら海を渡ってやってくる場合がある（『豊後国風土記』逸文）。渡来神の数の把握は困難であるが、新羅からの渡来神を祀る神社は『延喜式』神名帳によると全国一三四社を数えるとされる。(6) 神名帳登録総数三一三二座に占める割合は四％ほどであるが、一つの目安としておきたい。

宮地直一氏は異国神を氏族神と霊験神に分類し、前者は渡来氏族の氏神、後者は常世神・漢神・赤山・新羅神など氏族を越えて時代の盛況を呈したもの、としている。(7) 異国神の分類には多様な視点が考えられるが、ここでは特定の祭祀圏を持たず民間に広まったと考えられる俗神といえる神と、自国においては一定の祭祀圏は持ってはいてもその制約を離れて日本においては護法神となったもの、の二つに分類しその特質を考えてみたい。

(一) 俗神

この手の著名な神は漢神であろう。漢神そのものについての研究はさほど多くはなく、神の性格も不明な所が多い。萱沼紀子氏によると、その名称からして唐神（中国大陸の神）と考えられるが、むしろ朝鮮半島の韓国《から》の神であるとされる。さらに漢神は殺牛祭において祀られ、祭祀の際に捧げられる牛の頭の連想から牛頭天王・武塔神、そしてその本生である素盞嗚尊（須佐之男尊）との関係があるともされる。素盞嗚は渡来人により祀られた疫病神である点で、漢神も同様の性格を持つと考えられている(8)。

また、鈴木英夫氏は漢神を蕃客がもたらす「障神《さえのかみ》」とし、殺牛はその「障神」を祓うための儀礼と考えられるなら、漢神は渤海人・新羅人などの異国人がもたらす「災厄」の神といえる、とする(9)。漢神を災厄神とする点は萱沼氏とも通ずるが、「障神」は道祖神にもつながる悪神防遏の神で、悪神そのものではないことに留意する必要があろう。

漢神が文献上に登場する時期は、聖武・桓武朝の八世紀に限定される。その後の動向は定かではないが、萱沼氏の見通しが正しいとするなら、牛頭天王信仰などに吸収されていったのかもしれない。その漢神とも絡む部分があるので言及しておきたいのが、釜神である。時代は中世の文献に飛ぶが、無住の『沙石集』（梵舜本）でその神は語られる。中国のある山の麓にある社に古い釜が霊験あるものとして崇められ、牛・羊・魚・鳥などが供えられて祀られていた。ある時一人の禅師が釜を打ち割り、そのお陰で前世の報いで釜に変化していた神が苦患から救われた、という話である（巻一―八）。牛・羊・魚・鳥などが供えられていた点で、祀られ方が漢神に類似している。この話が示す時期や典拠も明らかではない。ただ、ここに登場する神は仏法により救われている点で、日本における神仏習合の初期段階に見られた迷える衆生としての神、といってもよい。その点では日本の奈良時代と近い時期の話ではないかと思われる。

この釜神の話は『源平盛衰記』巻九にも見られ、そこでは釜神の性格が一層明瞭にされる。硫黄島に流された平康頼は熊野信仰に篤く、三十三度の熊野詣の宿願を果たすため、島の岩殿を熊野権現に見立てて熊野詣を行おうとする。それに対して俊寛が反対意見を述べる中で、釜神が引き合いに出される。俊寛が言うには、神には権者の神と実者の神の二種類があり、後者は「悪霊死霊などの顕れ出でて、衆生に祟りをなす者なり。彼を礼し敬へば、永劫悪趣に沈む」ものである。その実者の神の例として釜神の話が引き合いに出され、康頼が詣でようとする岩殿は得たいの知れない実者の神のようなものだ、と岩殿を熊野権現に見立てることに反対するのである。

釜神は人々に害を及ぼす実類神であるとするなら、漢神もそうした類いの神ということになろう。釜神が日本で祀られた兆候は確認できないが、『沙石集』『源平盛衰記』に見られる点で、少なくとも中世初期までには広く流布していた神なのであろう。漢神も含め文献に現れない多くの異国の厄神が、日本のあちこちで祀られていた可能性は否定できないであろう。

（二）護法神

もともとは特定の地域に土着していた神であるが、それが日本に持ち込まれ護法神として定着した神がある。新羅明神・赤山明神が代表的なものである。これらの神々については研究も多く、ことさら付け加えることもない。ここでは先行研究の成果を利用しながら、日本の神との機能面での比較に重点を置きたい。

赤山明神は中国赤山法華院で礼拝されていた神で、円仁が帰朝に際して伴い比叡山鎮守の神として赤山禅院を建てて祀ったものとされる。一方、新羅明神は円珍が帰国の船中に出現し仏法の守護を約束したため、三井寺に祀られた神である。いずれも円仁・円珍という高僧により日本に持ち込まれた異国神で、赤山明神は比叡山、新羅明神は三井寺の護法神になったのである。

両神が円仁・円珍という高僧により勧請されたことになっているが、両僧の同時代史料ではそのことは確認できず、両神を権威付けるための後付けの伝承ともいえる。円仁・円珍伝承は異国の神を日本に定着させるため図られた措置といえよう。

赤山明神は中国赤山という地域の土着的山神とされ、一方、新羅明神は赤山明神と同神と見る説や、その名称から新羅国の神であるとする説など様々で、特定の祭祀圏は決め難いのが現状である。(10)ここでは、異国の神は日本の神とは異なり自国を離れてもその機能を発揮し得ると考えられており、その著名な例がこの両神であることをまず確認しておきたい。

赤山明神の機能は、本来は求法成就と海難守護にあったとされる。(11)一方の新羅明神は旅の安全を守る神で赤山明神の機能と共通するが、赤山明神よりパワーが大きく、素盞嗚尊と同体化して疫神となる、といった点も注目されている。(12)

新羅明神の方が赤山明神よりもパワーが大きいという点に関して、地主神《じしゅ》との関係が注目される。日本国内においても他地域から神が勧請される際に、地主神は渡来神に神地を移譲して従属するのが常とされる。(13)赤山明神は比叡山の地主神である日吉山王に取って代わることは無く、日吉山王の補助的役割を果たしていた。一方、三井寺の地主神である三尾明神及び火の御子は新羅明神に神地を移譲している。(14)地主神としての日吉山王の力の強さもあったのかもしれないが、赤山明神と新羅明神を比較した場合の力の差が知られる。また、新羅明神の本地は文殊あるいは千手観音、赤山明神は泰山府君とされていくが、そうした経緯も考慮すべきであろう。

さらに、新羅明神を祀る神社が赤山明神のそれよりもはるかに多いということも、両神のパワーの差の反映ともいえる。試みに『日本歴史地名大系』（平凡社）や『角川日本地名大辞典』（角川書店）で両社を抽出すると、新羅明神関係は二十二社で分布地域も北海道・九州を除き全国的である。一方、赤山明神関係は赤山禅院を含めても六社ほどで、分布地域も京都以外では滋賀・山梨・静岡・秋田の四地域である。詳細に調査するならもっと数は増えるであろうし、両神の伝播の過程自体解明しなければならない宗教史上の課題であるが、ここでは両社の勢力分布の一端を確認することに止めておきたい。

異国の神と日本の神では、機能上の違いは見いだし難い。日本の神のように神威の及ぶ範囲の限定は無いようである。俗神として取り上げた二神は疫神であったので、地域を越えて蔓延するものである。ただ、赤山・新羅明神はそれぞれ比叡山・三井寺の鎮守・護法というように役割が宗派内で限定的であったためか、神威を及ぼす範囲が限定されていた。したがって、地域を越えて縦横に護法の役割を果たすというようには考えられなかったのであろう。比叡山や三井寺の外に向かう場合は、勧請という手段で各地に広められていったのである。その点では日本の神と同様であったといえる。

おわりに

本章は日本と異国の神の機能上の相違を明らかにすることを主眼としたが、両者の相違は際立ってはいなく、類似のものであったという結果を得るに至った。ただ、日本の神が中国・朝鮮に持ち込まれ、その機能を発揮したという例の調査は今後の課題としても、現時点では見いだしてはいない。それに対して日本における異国の神は数多く見られるのである。その形態は、①渡来人とともに持ち込まれ一族の氏神として祀られる場合、②漢神などのように一種の疫病現象のような形態、③赤山・新羅明神のように高僧勧請伝承を伴って広まるもの、などである。

②のように日本の疫神の類いが疫病を流行させた、といった現象は中国・朝鮮においてもあったのかもしれない。しかし、日本固有の神の異国における機能例が見出せないのは、①のような日本からの集団的移住が恒常的には無かったことが要因の一つなのかもしれない。むしろ、本章の検討を通じて改めて課題としなければならないのは、③の場合の検討であろう。一の（二）で述べたように、対象となるのは神ではなく聖徳太子・清範・菅原道真などの高僧・知識人ではあった。しかも、いずれも知名度などの点で異国には通用しないと思われたためか、それぞれ南岳慧思後身・文殊の化身・天神といったように異国の人も共有しえるような何らかの伝承が付されたものであっ

た。

異国の人には全く知られていない日本の固有の神を流布させるためには、中国・朝鮮の高僧により勧請されるか、中国・朝鮮の人々に馴染み深い人物などと習合させ異国でも機能を発揮し得るようにする、などの措置が必要であった。それがなされなかったことが、日本の神々は異国では機能し得ない、という認識として定着していったものと思われる。本地垂迹説に裏付けられた神でも、異国で通用させるには神本来の性格が阻害要因であったと思われるのである。本地垂迹説に裏付けられたことにより神は仏菩薩のような普遍性を持つことになるのか、その神の機能は失われたり変化したりすることはあるのか、という課題は自明の事ではなく、改めて検討してみる必要のある課題なのである。そのことに関しては本編中の特に五・六章を参照願いたい。

注

（1）池上洵一「長谷寺対外霊験譚の構造」（初出は二〇〇六年）、同「勝尾寺百済王后説話の構造と伝流」（初出は二〇〇七年）。いずれも同『説話とその周辺〈池上洵一著作集第四巻〉』所収（二〇〇八年、和泉書院）。

（2）文徳天皇即位の事を使者が神に告げる際の順番が伊勢→賀茂であり、そのことが両神の格付けを示していたことが知られる（『日本文徳天皇実録』嘉祥三年〈八五〇〉六月二十一日、八月十二日条）。

（3）王勇『聖徳太子時空超越』（一九九四年、大修館書店）、同「中国における聖徳太子伝承の流入と変形」（『仏教史学研究』五十一―一、二〇〇七年十一月）。

（4）今野達「今昔・宇治拾遺零拾（一）」（初出は一九七七年、今野達説話文学論集刊行会編『今野達説話文学論集』所収、二〇〇八年、勉誠出版）。

（5）佐藤弘夫『アマテラスの変貌』一八〇～一八三頁（二〇〇〇年、法蔵館）。

（6）日本歴史地名大系『島根県の地名』三六頁上段（一九九五年、平凡社）。

（7）宮地直一「平安朝に於ける新羅明神」（初出は一九三一年、村山修一編『比叡山と天台仏教の研究』所収、一九七五年、名著出版）。

（8）萱沼紀子「漢神考」（『作新国文』二、一九九〇年十二月）。

（9）鈴木英夫「古代日本と朝鮮の殺牛祭祀・漢神信仰」（鈴木靖民編『古代日本の異文化交流』〈以下『鈴木論集』〉所収、二〇〇八年、勉誠出版）。

（10）両神についての論点は菊地照夫「赤山明神と新羅明神―外来神の受容と変容―」参照（注〈9〉『鈴木論集』所収）。

（11）斉藤円真「円仁と赤山明神」（初出は一九八四年、同『天台入唐入宋僧の事跡研究』所収、二〇〇六年、山喜房仏書林）。

（12）山本ひろ子『異神』第一章付論ⅠⅡⅢ参照（一九九八年、平凡社）。

（13）岡田荘司「渡来神と地主神―神地の移譲をめぐって―」（『神道学』七十九、一九七三年十一月）。

（14）山本ひろ子注（12）の書。

第二章　『今昔物語集』本朝部の神について

はじめに

『今昔物語集』（以下『今昔』）は世俗の説話が収められているにも拘わらず、仏教説話集的扱いがなされる傾向が強い。それは、量的にも仏教関係説話が多いことに加え、『今昔』がインド・中国を経て日本に伝来した仏法の展開を描くことを主眼としていると思われるためである。したがって、『今昔』が語る仏教に関心が寄せられるのは当然であろう。そのため、本章の主題である神をはじめ、仏教以外の宗教・思想にはあまり関心が払われてこなかった。それは、『今昔』には仏教以外の宗教に関する明確な部立てがないことも関係していよう。

神仏習合史の通説的理解によると、『今昔』成立期とされる平安末期は本地垂迹思想が確立し、神々の本地仏が比定される中で両者の関係は仏主神従となった時期とされる。しかし、中世には神々の復権がなされる中で神祇の地位が向上し、やがては神主仏従の説などが生み出されるに至る、という理解がなされている。『今昔』の時期は、仏主神従から神主仏従に至るまさに転換期、ということになる。

平安後期の文学作品を例にするなら、応徳三年（一〇八六）完成の『後拾遺和歌集』には「釈教」とともに「神祇」の部立が設けられ（第二十雑六）、『今昔』とほぼ同時期の『江談抄』巻一には「仏神の事」という段があり、その段の十五話中最初の三話が神関係である。また、同時期の『梁塵秘抄』巻二は「法文歌」と「四句神歌」「二句神歌」からなり、「四句神歌」「二句神歌」部分が神祇の部立に相当すると考えられる。

神祇の自立化の傾向はこうした文学作品の構成にも反映しているといえるが、『今昔』にはそうした兆候は見られない。したがって、『今昔』における神にはこれまでほとんど光が当てられず、積極的意義が見出されてこなかったといってよい。『今昔』の先駆的研究者の一人である片寄正義氏は、『今昔』には畏敬すべき対象の神の思想はほとんどなく、神は鬼と同様に怖しく、仏よりも一段低いものとされているとした。(1) こうした評価はその後も継承され、(2) さらには『今昔』は神を忌避している作品であるという認識がなされ、(3) 今日に至っている。

こうした『今昔』における神を消極的に扱う立場に立ちながらも、『今昔』における神について本格的に検討したのが前田雅之氏であった。(4) 氏の結論は論考の副題にあるように、『今昔』の神はまさに「周縁的存在」であり、さらに劣位的・末端的位置に止まっている、ということであった。そして、日本の神は①仏法に粉砕される、②仏法の護法神、③仏法に救われる存在、のいずれかであるとし、『今昔』は神を敬遠しているテキストであるとされた。(5)

前田氏の考察は本朝部のみならず天竺・震旦部の神も含めて周到になされており、『今昔』の神に関してはほぼ論じ尽くされた感がある。ただ、氏の主眼が神の存在形態にあるところから、神の機能（特に救済機能）や神仏習合史上における位置、などについてはまだ検討の余地があるように思われる。屋上屋を架すことを恐れるものであるが、氏の分析に導かれながら以下検討してみたい。なお、本章では日本の神に限定するため、『今昔』は本朝部のみを扱うことを予め了承されたい。

一、神の諸特徴

（一）本朝部の神々

『今昔』の神と一口にいっても、その種類や形態はさまざまである。前田氏は本朝部の仏法部の神々は非仏法神・反仏法神・護法神・仏神・鬼神などであり、数としては護法神が圧倒的で、神は仏法に対し劣等性で非自立性であるとする。一方、世俗部に登場する神は仏法の枠組みから解放され、神自体として容認され多様性に富むが、巻二十七の「霊鬼」程の場を与えられない矮小な存在に止まる、とされる。氏の神々の分類は、仏法部は仏法の観点から整然と分類されているが、世俗部は特定の観点からの分類が困難なためか「多様性に富む」とされ、十分整理し切れていない印象が残る。

氏はもう一方で、神々をその意味内容から、正的属性（護法神・国家神・地方神）・負的存在（鬼神など）・聖的存在（非公認の淫祠邪教）に分類し、それらは三国共通の特性であるとされる。こうした分類の方が統一的で理解はしやすい。

本朝部に限定した場合は、より明確な分類がしやすくなる。その際に参考にしたいのは、律令国家確立期に日本の神々は天照大神を頂点にした序列化がなされたとする田村芳朗氏の指摘である。氏によると神々は、天照大神―天皇族直系の神々―民族神―民俗神、というように皇祖神天照を頂点とした序列となる。(6)『今昔』では天皇史が想定されていたとされる巻二十一が欠巻であることもあり、天照は登場しない。したがって、政治的意味合いの強いこうした神々の序列が『今昔』にどのように反映していたかは明らかではないが、大雑把には天皇族直系の神々を含めた民族神と民俗神、という二区分で十分と思われる。

民族神は国造りに関与した神々、民俗神は原始信仰的段階に止まっている自然神で、狐狸・天狗・妖怪などの実類神もそれに含めてよいであろう。加えて、菅原道真の天神に代表されるように、怨霊が御霊化しさらに神として祀られた神々も存在する。こうした神々（本章では御霊神と呼ぶ）は十世紀以降崇拝の対象となる新しい神々といえるが、本章ではこれらも民族神に含めておく。

中世において民族神は護法神として受容されたが、民俗神は死霊・生霊・物霊など祟りをなすと考えられた霊神や占いやまじないの対象となった神などであるため、退けられたとされる。(7) 民族神と民俗神との間にはその機能上での格差があったが、『今昔』においても民族神の方が明らかに民俗神よりはランクが高いものとされている。道命阿闍梨の法華経読誦を聴聞するために集まった蔵王・熊野権現、住吉・松尾大明神らは「止事無キ神等」とされている（巻十二―三十六）。典拠とされる『大日本国法華経験記』（以下『法華験記』）下―八十六にはそうした表現はないので、『今昔』で独自に加えられた価値表現といえよう。

また、「止事無キ」とされた神々も必ずしも同列ではないようである。『法華経』の八巻目をどうしても暗誦できなかった明蓮が、稲荷→長谷寺→金峰山→熊野→住吉に祈請しその理由を尋ねたが埒が明かず、最終的に伯耆大山の大智明菩薩によりその因縁を知らされる、という話がある（巻十四―十八）。明蓮の祈りに対して稲荷・長谷寺・金峰山は験がなく、熊野・住吉は力が及ばないという理由で最終的に大山に回された、という形になっている。

本話は『法華験記』（中―八十）が典拠とされており、『今昔』独自のものではない。繁田信一氏は『法華験記』の方を取り上げ、ここに登場する仏神を本地垂迹関係で捉えるべきではなく、神と仏を同一範疇に捉える論理が背後にうかがえるとする。(8) 氏の主張は、平安貴族の生活感覚においては、神と仏は人々に同様の冥助をもたらす同一範疇の存在であった、という理解に裏付けられている。平安貴族は神仏の冥助に差を見いだしていなかった、という見解は注目され、『今昔』にも当てはまる所がある。

しかし、ことはそう単純ではない。この話の場合、稲荷から住吉に至る順が直接神々の序列を示すものではないかもしれないが、当時神々にはこうした能力差、あるいは役割分担があった、という認識がなされていたことが知られよう。さらに、この話には本地垂迹の論理も見え隠れしていると思われるので、その意義については後述したい。

一方、民俗神は明らかにランクが低いものと位置付けられていた。乱を起こして敗死した藤原広嗣は怨霊（悪霊）となり祟るが、吉備真備により鎮められ、その後「霊神ト成テ、其所ニ鏡明神」として祀られた（巻十一―十六）。怨霊が神に格上げされたのである。鏡明神（鏡神社、唐津市所在）は神功皇后が祀られている由緒ある神社で、広嗣は皇族と共に国を支える民族神となったわけである。

民俗神の一つといえる道祖神も、淫祠邪教の部類に属するものである。人の任官の可否をよく当てる豊前大君に対し、任官できないという予想を立てられた者が腹立ち紛れに「道祖ノ神ヲ祭テ狂ニコソ有ヌレ」と罵声を浴びせた（巻三十一―二十五）。その表現には道祖神の位置の低さがよく示されている。

（二）神の特徴

本節では本朝部の神の特徴点を指摘しておきたい。

第一は、当然のことかもしれないが日本の神は日本という地域でしか機能し得ない、ということである。そのことをよくうかがわせる話が巻十九―二である。本話は出典は未詳であるが、出家した大江定基（寂照）をめぐるいくつかの伝承から構成されている。その一つが、飛鉢にまつわる話である。中国に渡った寂照は皇帝から鉢を飛ばす行法を強いられる。それができずに困った寂照は、「本国ノ三宝助ケ給ヘ」と念じたところ、鉢が飛んで面目を保つことができた、という話である。

この話は『続本朝往生伝』（三十三）や、『宇治拾遺物語』（一七二）にも見られる。そこでは、寂照が三宝だけではなく「神祇」「神明」にも助けを求めている点が『今昔』と大きく異なる。『今昔』では「神祇」が削除され、それは意識的なものであるとされる。[9]『今昔』で神祇が意図的に削除されている理由について、これまで格別注意が払われてこなかったようである。恐らく『今昔』の選者は、神祇は仏よりも能力が劣っていると考え、かつ日本の神は異国では機能し得ないと判断したため、原話にはあったと推定される「神」を削除したものと思われる。

ただ、この話では仏にも「本国（日本）」という地名が冠せられ、地域が限定されていることに留意しなければならない。佐藤弘夫氏は、中世において日本という地域に不可分に結び付いた特殊な地域神とでもいうべき〈日本の仏〉が成立していたことに注目し、すべての衆生に平等の恩恵をもたらす形而上的・普遍的な仏とは区別すべきとする。[10]その点では、寂照が祈った「三宝」は何を指すのかは曖昧とはしながらも、「形而下的な寺院・仏像・高僧を考えているのであろう」とする理解は、[11]佐藤氏の指摘を踏まえるなら適切といえよう。形而下的地域神としての〈日本の仏〉は神と同レベルながらも、神はそれよりも一ランク下とされていた。[12]『今昔』の場合、それは能力差というよりも、能力の及ぶ範囲が問題とされていた、といえよう。

第二は、神はしばしば完全・不完全の度合いや、真偽の区別が問題とされていることである。巻十九―三十二は廃社を復興した陸奥国司平維叙に対する神の報恩譚で、維叙は神の計らいで常陸の国司に再任された。話の最後は、

神モ実ノ心在セバ、恩ヲ知テ此ク新タニ酬給フ也ケリ。（中略）恩ヲ報ズルヲバ仏天モ喜ビ給フ事ナレバ、神モ此レニ依テ苦患離レ給ヒニケム、トゾ、智リ有ル人ハ讃メ貴ビケル、トナム語リ伝ヘタルト也。

と結ばれる。前田氏はこの話は結局は神の報恩から仏の救済へと物語りの論理がねじ曲げられており、神は不完全な存在と認識されているとした。ここで注目したいのは、神により「実ノ心」の有無があるということである。報

恩の有無は「実ノ心」の有無による、ということになる。そういう点で神には完全・不完全さの別があり、真と偽の別もある、ということにつながっていく。なお、本話については本書第二編第三章で神の機能の視点から改めて分析しているので参照されたい。

神の完全・不完全さに関する話として、巻二十六―七の猿神退治の話を取り上げたい。生贄を要求する美作国中山神社の猿神を東国の勇士が身代わりとなり、犬を使って退治する話である。その勇士が猿を取り押さえた時、「神ナラバ我ヲ殺セ」と言う。真の神ならば自分を殺す力があるはずだ、ということであろう。猿は抵抗できず命乞いをするばかりであったため、結局は真の神ではなかったことになる。ここでは実類神は真の神ではない、とされているのである。

そうした真偽の区別は鬼神の場合にも問題とされる。『今昔』における鬼神の範囲は広く、護法善神から人間を害するものまで様々であり[13]、前田氏の指摘のように負的要素が大きいのは事実であるが、それがすべてではない。負的要素が大きく外面では実類神と区別が付けにくいため、しばしば真偽が問題とされている。

巻十九―四十四は犬が捨て子を養う話で、その犬の正体が、

可然キ鬼神ナドニヤ有ケム。然レバ、定メテ其ノ児ヲバ平カニ養ヒ立テケム。亦仏菩薩ノ変化シテ、児ヲ利益セムガ為ニ来給タリケルニヤ。

と推量されている。鬼神とはいっても、「可然キ」鬼神はこうした善行を行い、そうでない場合は捨て子を害することもあり得るという考えが言外に含まれている。

「霊鬼」譚が集められた巻二十七には、多くの鬼神が登場する。巻二十七―三十三は妖怪が出るとされる旧家に住んだ三善清行が様々な怪異現象にも動ぜず、老狐の仕業と見破り退散させる話である。老人に姿を変えて現れた狐を清行が叱責する際に、「実ノ鬼神ト云フ者ハ道理ヲ知テ不曲ネバコソ怖シケレ」という。実の鬼神はそれなり

に筋の通ったことを行うので、それがかえって怖い、ということである。野猪（狸）が「実ノ鬼神」と区別されて、退治される三十五話も同類のものといえる。

これらの話では、鬼神と実類神が区別され、実類神が排除されている。だからといって、鬼神自体が肯定的に受け止められているわけではないことに留意すべきである。

第三は、神は超能力とでもいうべき人間を越えた力を有していると考えられていたことである。前述の猿神の話で、「神ナラバ我ヲ殺セ」という表現にその一端がうかがえる。巻二十六―八も猿神退治の話であるが、猿を取り押さえた男が「神ナラバヨモ刀モ立ジヤ」と言う。真の神ならば刀は刺さらないはずだ、ということである。

巻二十八―四十は老人が外術を使い、売り物の瓜を食べてしまう話である。術を使う翁に対し下衆共は「此ハ神ナドニヤ有ラム」と言う。最後に「変化ノ者」かもしれないと、神のみならず仏菩薩の変化である可能性も示唆している。ともかく、神は人間業ではない術を使う存在、と考えられていた。

巻三十一―三十三は著名な竹取物語の話である。人間の生を受けたものではないという姫に対し、天皇は「汝、然レバ何者ゾ。鬼カ神カ」と言う。こうした表現に神は鬼と共に、超人間的存在であると考えられていたことが知られる。

それだけに、畏怖すべきものとされ、それが神の第四の特徴にもなる。この場合、しばしば鬼と対となり、巻三十一―三十三の竹取物語とは別な意味で、鬼と同様に畏怖の対象とされる。「鬼ニモ神ニモ取合ナドコソ可思ケレ」（巻二十五―十二）、「『鬼ニテモ神ニテモ有』ナド聞カバコソ怖シカラメ」（巻三十一―十三）、「鬼ニテモ、神ニテモ、今ハ何ニカハセン」（同巻十四話）、などに見られる神は、鬼と共に場合によっては人間に害をもたらす可能性のある存在である、という意味合いが強い。

その害とは怒りをなした場合という条件は付くが、祟りである。巻二十―三十七は鬼の化身に嫁いだ娘が食い殺され、贈られた財宝も失う話である。そうした結果となった娘の親は「此レ、鬼ノ人ニ変ジテ来テ□ゼルカ、又神ノ嗔ヲ成テ、重テ祟ヲ成セルカ」と言い悲嘆に暮れる。この話は『日本霊異記』（中―三十三）を典拠とするが、その部分は『霊異記』では、「或いは神怪なりと言ひ、或いは鬼啖なりと言ひき」と『今昔』よりも簡単な表現になっている。『今昔』の方が説明的で、神の機能がより明確になっている。

一方、鬼と対にされながらも、鬼とは区別される神が描かれる話もある。巻三十一―十六は見知らぬ島に漂着した佐渡の国の者が、島の者に上陸は拒否されるが食料を与えられ無事帰国する話である。島の者は「鬼ニハ有ザリケリ、神ナドニヤ有ラムトゾ」と評されている。これは松尾氏の指摘どおり、漂着民を殺さなかったので鬼ではなく、食料を供して窮地を救ったので神と考えられたのであった[14]。

二、神仏習合説話について

（一）本地垂迹説話

『今昔』の神仏混淆思想については、夙に片寄氏が指摘している。氏は語順の上で仏の語が神よりも先に来る「仏神」などの事例から、『今昔』では仏の地位が神よりも高いこと、神仏融合の事例として巻十六―三十六・巻十九―四十二・巻二十―四十一などを挙げているが、それらの話の意義についての説明はされていない。

近年では播摩光寿氏が、巻十一を素材にして『今昔』の神仏関係の特質を論じている[15]。氏によると、巻十一の前半は在来・在地の神が仏法に抵抗し仏法と戦うが敗北し、後半は神が仏法に迎合し仏法の守護を誓う、という構成になっている。これは本地垂迹思想を生み出す神仏習合の歴史的変容の過程を叙述したものであるが、垂迹関係には一切興味を示さず意図的に排除しているかのようである、とする。『今昔』が神仏習合を排除している、という点では前田氏も同見解である。(16)

確かに『今昔』は垂迹関係には無頓着といえる。「垂迹」という語が使用される唯一の例が巻十七―十五である。そこでは「彼ノ（＝大山）権現ハ地蔵菩薩ノ垂跡、大智明菩薩ト申ス」と、伯耆国大山の本地は地蔵であることが述べられ、地蔵の功徳が称賛される。

仏菩薩の垂迹ではないが、垂迹関係の事を述べているもう一例が、巻十二―十の石清水八幡宮の放生会に関する話である。その話の冒頭部である八幡の由来を説く部分で、応神天皇（「帝王」と表記され、固有名詞は示されない）が大隅・宇佐を経て「遂ニ、此ノ石清水ニ跡ヲ垂レ在マシテ」石清水八幡宮に祀られたとする。この場合の「跡ヲ垂レ」とは、応神が垂迹したというよりも、八幡が石清水に勧請されたことを示す。その点でこの部分は、仏菩薩の本地垂迹を語っているとはいい難い。

本来は本地垂迹思想が下敷きにされていると思われるのであるが、そのことを知らないかのような展開を見せる話が巻十六―三十六である。僧侶でありながら妻子を有するという不淫戒を犯していた醍醐寺の蓮秀が、日頃観音・法華経と賀茂明神を信仰していた功徳により、三途の川から蘇生したという話である。本話の典拠は『法華験記』（中―七十）とされるが、いくつか異なる点がある。蓮秀が日頃賀茂明神を信仰していたことや、蘇生後の賀茂明神への参拝などのことは『法華験記』には記されていないのである。

つまり、『法華験記』では蘇生し得た功徳が観音・法華経に求められているのに対し、『今昔』では観音・賀茂が共に機能した結果である、というように神仏の冥助が併存されているのである。むしろ、「神ニ在ストテヘドモ、賀茂ハ冥途ノ事ヲモ助給フ也ケリ。此クナム語リ伝ヘタルトヤ」と、現世のことしか扱わないはずの神が来世である冥途からの救済も行ったことに対する一種の驚きを示すとも思える評語が『今昔』には付けられている。

前田氏はこの話の賀茂明神を護法神とするが、賀茂は観音に従属しているようには見えず、両者の役割・機能はほぼ対等である。賀茂の本地は、大江匡房『江都督納言願文集』（六地蔵寺本）巻一所載の天仁二年（一一〇九）四月の願文では「十地の菩薩」とされる。吉原浩人氏は『古事談』（巻五―十四）で賀茂の本地が正観音とされていることなどから、匡房は「十地の菩薩」は観音と考えていた、とされる。(17)

『今昔』の時期には賀茂の本地は観音である、という認識が成立していたと考えてよいであろう。『法華験記』では話が観音に収斂されている点で賀茂の本地は観音である、という認識が下敷きにされているようである。一方、『今昔』ではそうした兆候は見られない。『今昔』は垂迹関係に無頓着であった一端が知られよう。むしろ、『今昔』においては蓮秀が蘇生できたのは、①観音に仕え②法華経を読誦し③賀茂明神を信仰していた、という三つの要素が対等に機能した結果、と見ているのである。いわば多数作善の功徳が強調されている、とも捉えることができる。

巻十九―四十二も、神仏がほぼ対等に機能していると見られる話である。長谷寺の地主神滝蔵権現と観音の加護により、谷底に落ちた村人が助かった話である。下出積與氏はこの話から、村人たちの生活意識においては神仏の区別は無く、神仏は同等の位置にいて同様の働きをするもの、と受け取られていたことが知られるとされる。(18)地方の庶民レベルでの神仏習合は、中央において本地垂迹説として完成されたそれとは異なるものであることを氏は主張するのであるが、この話は神仏が対等に機能している例と見てよいであろう。

本地垂迹の立場に立った場合、垂迹した神よりも本地である仏菩薩の方に重きが置かれる。巻十六―三十六の場合、同話である『法華験記』は本地仏である観音に重きが置かれていた。ところが、『今昔』では垂迹関係を踏まえていると思われてもそのことに注意を払わないか、功徳を必ずしも本地仏に収斂させようとはしていなかった。

その点で『今昔』には揺れがあるのではないかと思える話が、前述した巻十四―十八である。様々な神々をたらい回しにされた挙げ句、明蓮が法華経の八巻目を暗誦できない理由を大山の大智明菩薩に教えられる、という話であった。大山に至るまで稲荷・長谷寺・金峰山・熊野・住吉を巡るわけであるが、各神仏が因縁を説き明かせなかったことや、中でも長谷寺が法華経と関係が深い観音を本尊としているのに何ら験を示さなかったのはいささか不可解ではある。これは恐らく長谷寺も含めた地域神は守備範囲、というものがあり、霊験を及ぼすことの出来る範囲が限られていたことを示すものと思われる。前節第二項で寂照説話を通じて神の特徴の第一として、日本という地域でしか機能しえない、ということを述べたが、日本国内においても機能し得る地域が限られていたという点を付け加えておきたい。地域神としての仏菩薩も外国では機能し得るが、日本国内では全国的に機能し得るものでは無かったことが改めて知られる。

さて、大山が因縁を説き明かすことが出来たのは、自分のお膝下で起こったことであったからである。その因縁とはすなわち、明蓮の前生は牛であり、糧米を運んで大山に参詣し持経者の読誦する法華経を聞いたが、八巻目を聞かないうちに主人と共に本国に帰ってしまった。法華経聴聞の功徳で畜生の身を離れ人間となったが、前生で八巻目を聞かなかったために今生でその巻を暗誦できないということであった。

明蓮より祈請を受けた他の神仏は自分のところで起こった事ではないので、関知出来なかったものと思われる。ただ、住吉明神が大山のことを示唆し得た理由は不明である。能力差があったためとも考えられるが、強いていえば住吉の所在地である摂津が他の神仏に比べより大山に近かったためであろう。住吉の守備範囲は伯耆近くまで及ぶものであった、と考えられていたのかもしれない。

この話で大山の意義は自分のお膝下で起こった、ということだけではなく、大智明菩薩が明かした因縁の内容も重要である。前生・今生・後生といった六道転生の因縁は、六地蔵に象徴されるように地蔵が掌るものとされていたと思われる。したがって、そうした因縁を説き明かすのは地蔵がふさわしく、本地が地蔵である大山がふさわしかったのであろう。ただ、『今昔』では大山の本地は地蔵であるという認識を持ちながらも（巻十七―十五）、本話では地蔵のことは直接語られない。だから、本話は根底に本地である地蔵のことが認識されていたのかどうかは明確ではないのである。その点で微妙といったのではあるが、本地である地蔵に収斂していく話と見れないこともないのである。

神は仏菩薩の垂迹かもしれないが、仏菩薩に吸収させてしまうのではなく、神は神なりの役割を見出そうとするのが『今昔』の基本的姿勢のようである。もっとも、巻十九―三十二のように神の報恩を仏天が喜び神は苦患を免れる、という仏菩薩優位の思想を明瞭に語る姿勢があることも事実である。『今昔』は神仏習合を語ったり語らなかったりと、その間で揺れがあるようなのである。

次項では神仏習合における神と仏の関係を表す一表現といえる「仏神」について検討することにより、神仏の役割や両者の関係についてさらに考察を進めたい。

（二）仏神について

「仏神」という語順からして、仏主神従の語と考えられがちである。『今昔』の場合、仏神といっても必ずしも仏に重きが置かれている訳ではなく、前項で指摘したことと同様にその比重に揺れがある。

巻二十―四十六は正直な能登守が善政を施し、仏神を崇め熱心に仕えたことにより、「国内平ヤカニシテ、雨風時ニ随テ、穀ヲ損ズル事無クシテ、造リト造ル田畠楽ク生弘ゴリテ、国豊カ」になり思わぬ財宝を手に入れた、という話である。

仏神を崇める事により国内が豊かになる、という功徳は仏というよりも神がもたらす功徳の方が相応しい[19]。また、本話においては、「仏神」と一語の場合は「崇」、両者を分離した場合仏は「貴」、神は「崇」というように、崇める意の表現が使い分けされている。

「崇」は『今昔』においては神のみに使用されている訳ではない。例えば巻十一―一においては、排仏派の物部守屋・中臣勝海が「我国本ヨリ神ヲノミ貴ビ崇ム」と主張するが敗れ、結局「仏法ヲ崇ムル」状態になったことが語られ、神・仏両者に「崇」の表現が使用されている。ただ、この場合は、仏法伝来当初の神仏の区別がまだなされていない状況で、仏も神と同じものと解釈され本来は神に使用されるべき「崇」の表現が仏にも使用された、ということを反映しているともいえる。したがって、「仏神ヲ崇」といっても神に重きが置かれているとは一概に言い切れないが、その可能性は高いといえる。

さらに、この国司は正直であったことに注目したい。正直者への功徳は神のみがもたらすものではないし、「正直の頭に神宿る」という発想は中世に定着するようである[20]。しかし、本話はそうした諺に繋がっていく神の功徳が強調された先駆的話といってよいと思われる。

以上のことから、仏神という表記が使用されてはいても、必ずしも仏が優位ではなく神の功徳が強調される場合もあるといえるのである。

仏神に関してもう一つ触れておきたいのが、仏神の化身としての白い犬にかかわることである。『今昔』には仏神の化身として白く大きい犬がしばしば登場する。次にその事例を掲げる。

a、円仁が中国の纈纈城で命を奪われそうになったとき、比叡山の薬師に祈ったところ「一ノ大ナル狗」が現れ、その導きで無事城から脱出できた。里の者はその奇瑞を「実ニ仏神ノ助ケニ非ズハ、可遁キ様無シ」と評した（巻十一―十一）。

b、前述の達智門の捨て子を養育した犬も、「器量《いかめし》ク大キナル白キ狗」で、「仏神」という表現は使用されてはいないが、鬼神か仏菩薩の変化と考えられていた。

c、犬頭糸の由来譚である巻二十六―十一は、夫から離縁状態にされた本妻が飼っていた「白キ犬」が上質の糸を出した。妻は「此ハ仏神ノ、犬ニ成テ助ケ給フ也ケリ」と感謝し、夫も「仏神ノ助ケ給ケル人ヲ」おろそかにしたことを反省し元のさやに収まった、という話である。

d、巻三十一―十五は犬が女性をさらい京都の北山で結婚生活を送る話であるが、犬は「器量《いかめし》ク大キナル白キ狗」と達智門の犬と同じ描写がなされ、犬の正体は不明ながらも「神ナドニテ有ケルニヤ」と結ばれる。さらわれた女性に固く口止めされたにもかかわらず、犬と女性との関係を口外した「信無カラム」男性は死に至った。「信」（信義）という徳目は仏よりも神が求めた方がふさわしいと考えられるなら、この犬は「神」であった可能性は高いと考えられる。

以上、四例のうち仏と限定できるのがa、神に限定されるのがdで、b・cはどちらとも特定できない。これらは、本地である仏神が白犬として垂迹した、という関係になり、垂迹したものが神ではなく異類である、という点で本地垂迹説が応用されたもの、とみることが可能である。

中世に至ると神と仏は等質化し、機能面で両者ほとんど差がなくなるとされる(21)。そうであれば、仏神が一体化してしまった感を抱かせるb・cのパターンが中世的であるといえるが、a・dのようにどちらかに特定しようとする傾向に『今昔』段階での揺れが感ぜられる。dのように推量ながらも神と特定される場合は、概して肯定的ながらも負の側面も有していることが知られる(22)。

三、神の利益・救済機能

本節では神の利益・救済機能をみることにより、『今昔』本朝部における神の意義を探っていきたい。

（一）利益・救済機能

前節までの記述においても、神の利益・救済に関わることはあった。しかし、前節のような神仏習合に関わる話では、仏と神を並列させる傾向は見られても、神に特定しきれない場合もある。本節では材料は少ないながらも、神に限定できる利益について述べたい。

第一が神の独自性とされる共同体の禍福にかかわる事である。仏神に祈ることで国が豊かになり珍宝を得た正直な国司の話（巻二十一―四十六）は、「仏」の利益の結果という可能性もあるが、共同体の禍福に関わる神の利益の方が相応しいと思われる。あるいは国が豊かなのは神、珍宝入手は仏の利益、というように機能が分けて考えられているのかもしれない。

巻二十六―九は神の加護により島で理想的生活を送り、子孫が繁栄した話である。無人島に漂着した加賀国の七人の下衆は蛇神（加賀国熊田宮の本神）の依頼を受け、百足神との戦いに協力し勝利をもたらせる。神はその助力に感謝し彼ら及びその家族の島での豊かな生活を保証し、子孫も繁栄する。

神の報恩譚ではあるが、特定個人ではなく複数の人々に恩恵がもたらされている、という点では神の利益が共同体に福をもたらすものとして発揮されている事例、といってよいであろう。

第二に、神の機能は共同体のみならず個人にも及ぼされる。巻二十五―六は、東宮より狐を射落とすことを命ぜられた源頼光が見事その難題を成し遂げる話である。頼光は「此レハ頼光ガ仕タル箭ニモ不候ハ。先祖ノ恥セジトテ、守護神ノ助ケテ射サセ給ヘル也」と語る。頼光の謙虚さが強調されてはいるが、一族の名誉にかかわる難儀を氏神（ここでは八幡）が救ったと認識されている。

神は人間の守護・擁護をするもの、という認識は巻二十七―四十にも見られる。本話は狐の報恩譚である。狐の秘宝である白玉を返したお礼に若侍を常日頃守護し、盗賊の難を免れさせた、という話である。巫女に取り憑いた狐が白玉を弄んでいたところを若侍に取られ、狐は返してくれるよう懇願する。その際の条件として、狐は「若シ返シ令得タラバ、我レ神ノ如クニシテ和主ニ副テ守ラム」と言い、実際に約束を果たすのである。ここに出てくる狐は実類神の類である。したがって、実の神ではないが、実の神同様な役割を果たすことを誓い実行しているのである。

神は人に影のように寄り添い、人の難儀や危難を救済するもの、と考えられていたことが知られる。こうした機能は神のみではなく、仏菩薩にも見られることではある。『今昔』では特に地蔵がそうした傾向が濃厚である。地蔵は、結縁した人を自分の影の下に擁護し（巻十七―十二）、地獄から救済するための証拠として擁護する人の行動を逐一日記に記す（同巻十八話）。さらに結縁のきっかけは重視するが、一度縁を結ぶと特に地蔵を意識・信心していなくても守護するのである（同巻十九話）。地蔵は仏菩薩の中でも神と同様に人間に極めて身近な存在、と考えられていたのであろう。神の特質が地蔵に反映した結果なのかもしれない。

神の救済の他の事例としては、母の赤染が住吉明神に祈ることで息子である大江挙周の重病が平癒したこと（巻二十四―五十一）、賀茂への参詣により蘇生できたこと（巻十九―三十六）、美女（実は妻が変装したもの）を授かったのは稲荷に参詣した利益と思い込んだ男の笑話（巻二十八―一）、などはいずれも神の利益が個人に及ぼされた話といえよう。

このように神が個人に対して利益をもたらす場合は、人間の何らかの働きかけに対する報恩、という形で発揮される。前述の巻十九―三十二はそうした部類に属するし、同巻の三十三話も後半は欠文ながらも僧の読経に対して神が恩を施そうとした話である。

佐藤氏は古代の神は一方的に祟りをなす〈命ずる神〉であるが、中世の神は罰を下すだけではなく、人々の行為に応じて厳正な賞罰権を行使する〈応える神〉であり、その点が古代と中世の神の違いとする。[23]

そうした中世的な神観念は、貞永式目第一条の「神者依人之敬増威、人者依神之徳添運」という句に見られる神人相依の関係によく示されている。この神人相依論の系譜については牟禮仁氏が丹念に調査されている。[24] 氏によると、こうした句の初例は、天延三年（九七五）の兼明親王の祭文「祭亀山神文」（『本朝文粋』巻十三）にある「神不自貴、以人之敬則貴。人不自安、依神之助則安」である。この事例以後は少し間は空くが、その句に影響されたとされる十二世紀以降の事例を紹介している。

神人相依の観念は十世紀には確認できるものの、一般化するのは十二世紀以降ということになり、既述の『今昔』の事例はそうした状況を反映したものと思われる。

神は人間の願に応えてくれる、という認識は『梁塵秘抄』の「ちはやぶる神、神にましますものならば、あはれと思しめせ、神も昔は人ぞかし」（巻二、四四七）という歌によく示されている。神に対する切実なる人の願いが示されている点がこの歌の眼目であろうが、注目したいのは「神も昔は人ぞかし」という表現である。この神は北野天神と考えられている。[25] 菅原道真という人間が死後怨霊となり、さらに天神として祀られたわけである。

下出積與氏は人的な形態をとる「人間神」について考察している。氏は人間神として、①人格神、②祖先神、③現人神、④御霊の神々、の四類型が考えられるが、それらは「ひろく社会の各層にわたって、その生活と結びついたもの、実際の祭祀の対象となって、彼ら（＝古代の人々）の実生活の内面と深い関わりを持つ存在となった人間神」という点では不十分とし、『神社明細帳』より古代の人間神一四〇神・五七五社を抽出した。[26] ただ、鎌倉以前の創立が確認し得る神社はこのうちわずか三十七社、というのは気になるところである。

したがって、御霊は下出氏のいうように特殊な神格かもしれないが、『今昔』に即して問題にする場合は、人間が神に昇格した事例として人々に強く意識されていたのは、時期的に見ても御霊神と思われるのである。怨霊は祟を下し、鎮魂されて御霊となる。しかし、まだ神ではないので御霊は人に恩恵を与える力はない。『今昔』には神として祀られた御霊神の事例がいくつか見られる。既述の藤原広嗣は怨霊から鏡明神へと昇格するが、祟りが収まるところで話が終わっているため、神としてどのような恩恵を施したのかは知ることはできない。

応天門の変で政界から排除された伴善男は行疫神となったが、排除されるまでに被った朝廷の恩に報いるため悪疫を咳病程度に止めた（巻二十七―十一）。この話は善男びいきの話とされており[27]、本来は人間に害を及ぼす悪神とされる行疫神が善神として機能している。行疫神は怨霊が発現した形態であり、神ではあっても御霊が昇格したものとは異なる。したがって、民俗神に属するものなのであろうが、その中でも道祖神を使役するなど（巻十三―三十四）、威力のある神とされる。もっとも、悪疫を咳病程度に止めたのは、善男が誰かに「申行」った結果であることに注意する必要がある。「申行」った相手ははっきりしないが、善男は自分よりも威力のある行疫神に依頼したものと思われる。行疫神の間にも序列があったのであろう。

怨霊の代表ともいえる菅原道真は、天神に昇格後は学問の神として崇拝される。『今昔』では天神は人に漢詩の読み方を教示する詩聖として登場する（巻二十四―二十八）。これは『江談抄』にも見られる話であるが（第四―六十六）、『今昔』では「天神ハ昔ヨリ夢ノ中ニ如此ク詩ヲ示シ給フ事多カリ」と結び、天神が人に及ぼす功徳が強調される。

以上のように、『今昔』では事例は少ないながらも人々に恩恵を施す神に昇格した怨霊が描かれる。それは人間が神となったものである。もと人間が神になったのであれば、それだけ神と人間との間の距離が縮まり人々にとっては神が身近なものとなり、そこに神人相依の考え方が生まれるのではないかと思われる。さらには佐藤氏の言うように祟るだけではなく賞罰を下す神、といった観念に繋がっていくものと思われる。

牟禮氏によると、神人相依の句の初見が十世紀後半であったが、それは丁度菅原道真の怨霊が天神として祀られ、祟りがほぼ鎮静化する時期と重なる。御霊神への崇拝が盛んになっていく十世紀以降が、祟る神から応える神へ転化していく一つの画期となる時期ではないかと思われる。

（二）神の「変化」身について

本地垂迹は仏菩薩が神に垂迹して人々を救済するものであるが、その型は仏本神迹のみに止まらずいくつかの型が生じた。その一つが観音→聖徳太子、文殊→行基などのような仏本人迹の型である。仏菩薩が人として垂迹した場合、「化身」「化人」などと表現されるが、それらはほぼ聖人・僧侶に限られる。僧に姿を変えて人々を救う地蔵がその典型であるが、そのことを『今昔』では「僧ハ皆此レ十方ノ諸仏ノ福田ノ形也」（巻十七—十一）と、地蔵自らに語らせている。仏本人迹の思想はこうした発想に支えられていた。加えて、高木豊氏が言うようにその根底には仏教の転生観があるのであろう。[28]

神祇信仰にはこうした転生観はないから、神が垂迹するような事例は少ない。しかし、前節で述べた白犬は神が変化して人を救済した事例とすることはできよう。狐狸などの実類神も神の一種であるので、こうした異類も神の変化身として受け止められたのはむしろ自然といえよう。

神が人の姿として現れ、救済的機能を果たした事例は、既述の巻十九—三十二・三十三、二十六—九、三十一—十六などが該当しよう。神は貴く清い姿で現れるが、巻三十一—十六は「男ニモ非ズ童ニモ非ズ、頭ヲ白キ布ヲ以テ結タリ、其ノ人ノ長極テ高カシ。有様実ニ此ノ世ノ人ト不思ズ」というように、異様な風体でそれだけに鬼と間違われる場合もあった。

仏本人迹思想では説明できない不可思議な現象などに対しては、『今昔』では神の垂迹（化身）として説明しているようである。そうした事例は主に世俗部に見られる。

「世ニ並無カリケル学生」である紀長谷雄が夜に朱雀門の二階で「冠ニテ襖着スル人ノ、長ハ上ノ垂木近ク有ル」人が、詩を口ずさみながら巡り歩いているのを見た。長谷雄は「我レ此レ霊人ヲ見ル。身乍ラモ止事無ク」と感動した（巻二十四―一）。「霊人」という事例は『今昔』ではここ一ケ所のみであるが、前述の巻三十一―十六などに照らすなら、異形ではあるが神が現じたものと見てよい。神を見ることができたのは長谷雄の学徳の賜物なのである。

同じ巻の六は碁聖寛蓮が見知らぬ貴女と対戦し、完敗を喫す。その女の正体は不明ながらも、人間ではなく「変化ノ者」とされる。神は人間には無い超能力を持つものであったから、この「変化ノ者」は神と見なしてよいであろう。

以上の話は、長谷雄・寛蓮らの能力が人並みはずれて秀でていることを、神を出現させることで示したといえよう。

また既述の外術を使って瓜をせしめた老人も、「変化ノ者」とされていた（巻二十八―四十）。この場合も、老人が使った超能力ともいえる術が神の仕業とされたのであろう。ただ、巻二十九―三に登場する女盗賊は「変化ノ者」とされるが、神とは言いがたい。盗賊集団の機動力或いは規律の厳しさが、人間業とは思われない為に「変化ノ者」とされたのであろう。(29)

神は本来姿が見えないものとされていたが、本地垂迹思想の影響を受け、神像がつくられていった。しかしながら、固定した神のイメージが形成されていなかったため、その姿は多様であったと考えられる。『今昔』において具現化された神はそうした状況が反映していたと考えられよう。

神が人として顕現する場合、必ずしも利益・救済を施すものではない。特に「変化の者」の事例をみるなら、不思議な現象に対する驚きの意味合いが強い。しかし、正負でいうなら、どちらかといえば正で、肯定的に評価されているといえよう。

(三)『今昔』の時代観と「神ノ代」

さて、前項で紀長谷雄が霊人を見た話の結びは、「昔ノ人ハ此ル奇異ノ事共ヲ見顕ス人共ナム有ケル」とある。巻二十四―一話は、箏の名手源信が飛天を見た話と長谷雄の話の二話からなっており、神仏の顕現が芸能の腕のすばらしさの目安とされ、それは昔のことである、という尚古思想に裏付けられている。巻二十四は概して尚古思想に基づき、昔の技能が優れた芸人・芸能が称賛されている。その「昔」の行き着く先が「神ノ代」なのである。

同巻第十五話は、幼少の賀茂保憲が祓の場に集散する鬼神類を洞察したのに驚いた父忠行が、「世モ神ノ御代ノ者ニモ不劣」と、子の能力を称賛した話である。

『今昔』では他に「神ノ代」の事例が二つある。一つは大化改新時に蘇我蝦夷が自宅を焼いた時、「神ノ御代」より伝わった公財がすべて焼失した事(巻二十二―二)、もう一例は、若殿上人に馬鹿にされた老尾張守が怒って発した言葉に、「天地日月照シ給フ神ノ御代ヨリ以来、此ル事無シ」という表現に見られる(巻二十八―四)。『今昔』の「神代」については既に前田氏が検討し、さして意味のある時代ではなかった、とされる。(30) 結論的には異存はないが、『今昔』の時代観とも絡めて少し補足しておきたい。

『今昔』の時代認識は大きく「今」と「昔」に二分される。しかし、「昔」の内訳は単純ではなく、本朝部に限っても「神ノ代」を始源とし、「古」「中頃」「近来」「末代(末世)」など、様々な時代を表す語がその中に含まれる。それらの関係を図示すると次のとおりである。

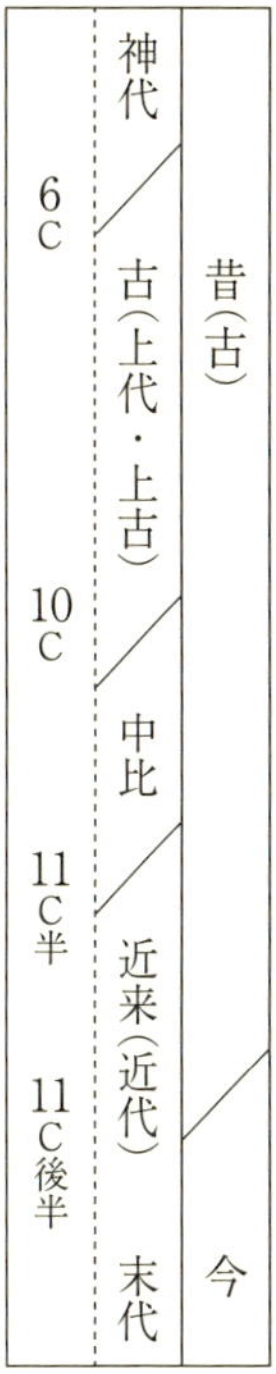

「古」は「昔」と同義ではあるが、村上天皇を「古ノ天皇」としているように（巻二十四―二十六）、漠然とした「昔」の中でも「中比」とされる時期より以前のことを指す場合がある。『今昔』では使用されていないが、「上代・上古」に相当する概念でもある。

「中比」は本朝部のみに六例見られ、平定文（?～九二三）が「中比」の人とされているので（巻三十―二）、十世紀初頭が上古に相当する「古」と「中比」の境となろう。

「近来（近代）」は小峯和明氏の指摘のとおり、当代である「今」そのものを示す場合と、当代に近い時期を指す場合がある。[31] 藤原親任（十世紀後半から十一世紀前半）が「古の人」で「近来ノ人」とは区別され（巻二十九―十二）、藤原長良（八〇二～八五六）の子孫が「今」に繁昌し「近代」まで栄えた（巻二十二―五）とされる。栄えた「近代」は道長・頼通の時代が想定されていると考えられるので、十一世紀中頃より「近来」に入り「今」に連続するが、十一世紀後半までは「昔」に属する「近来」、ということになろう。

本朝部の開始の巻十一―一が聖徳太子の話であるので、「上代」に相当する「古」の始源は六世紀としてよいであろう。ただ、欽明天皇（巻十一―十六）や応神天皇（巻十二―十）[32] のことも出てくるので、上代の上限を四世紀頃まで引き上げることも可能であるが、『今昔』ではその時期は意味を持った時代として描かれていない。したがって、六世紀以前が「神代」ということになろう。神代はその名のとおり神々のみの時代で、人間は存在しないことになる。すると、上代の始まりである聖徳太子の時代は、神代に対する人代の始まりということになろう。

各時期の具体的世紀の確定は余り意味ある作業ではないが、曖昧にもしておけないので一応右のように整理してみた。

さて、巻二十四で「古」には優れた達人（芸人）が多かったことが語られたように、「古」は「今」と比べ理想化される。さらに、その「今」が「末代（末世）」として語られると、「古」の理想性がさらに強調される効果をもたらすことになる。とするなら、「古」の最始源である「神ノ代」は理論上は欠点の無い完璧な世、ということになる。しかし、『今昔』では「神代」が具体的に語られることは無いので、「神代」は観念として設定されているに過ぎない、といえよう。

おわりに

人代に仏法が伝来し、仏菩薩が神々より優位に立つ様子を『今昔』は確かに描いている。しかし、一方では神々と仏菩薩との習合は、『今昔』では余り顕著に描かれていない。それを『今昔』における神の忌避とみるのが現在では定説となっている。しかし、見方を変えると、仏法と習合していない神が描かれていると見ることもできよう。『今昔』は神の独自性を結果的には描いている、ともいえるのである。

神は確かに仏菩薩の周辺部に位置付けられるものではあるが、仏菩薩と対等に機能する神が描かれているのも事実である。『今昔』の神は仏菩薩と同一範疇で捉えられる面と、そうでない面の両面を有しているのである。

本章は以上の観点で検討してみた。従来の評価の域を出るものではないが、『今昔』は神や神仏習合を忌避しているという評価だけでは十分ではない、といえそうなことを論じてみた。

注

（1）片寄正義『今昔物語集論』一一五～一一六頁（一九四三年初刊、一九七四年復刊、藝林舎）。

（2）池上洵一「今昔物語集の猿神退治―巻二六第七話を中心に―」（初出は一九七七年、同『今昔物語集〈日本文学研究大成〉』所収、一九九〇年、国書刊行会）。なお、同論文は同『『今昔物語集』の世界』（一九八三年、筑摩書房）に「説話のうらおもて―中山神社の猿神―」と改題され収録され、そこでは仏教は神に対して圧倒的優位にあり神は迷界にある衆生にすぎないことが付加されている（同書、一〇二頁）。

（3）吉原浩人「中世説話集における「神」」（『国文学解釈と鑑賞』五十二―九、一九八七年九月）。氏はこの論考で『今昔』の神についていずれ別稿を用意する旨を予告しているが、管見では今のところ未見である。ただ、そうした作業の一環として、石清水八幡宮の放生会創始譚である巻十二―十について考察している。本話は『今昔』における唯一の神社縁起といえるが、そこでの八幡は神ではなく、あくまで大菩薩という仏教的論理の枠組みで語られているとされる（同「『今昔物語集』巻十二石清水縁起譚小考」〈『武蔵野文学』三十三、一九八五年十二月〉）。

（4）前田雅之「今昔物語集の〈神〉―その存在形態をめぐって―」（初出は一九八七年、「〈神〉の存在形態―周縁的存在としての〈神〉―」と改題し、同『今昔物語集の世界構想』〈一九九九年、笠間書院〉第Ⅲ部第五章に収録）。以後特に断らない限り前田氏の研究はこの論文を指す。

（5）前田雅之注（4）の書三七二頁。

（6）田村氏はこうした指摘をあちこちでされているが、「仏教の日本的形成」（『理想』三六四、一九六三年九月）が早い時期のものといえる。

（7）田村芳朗『伝統の再発見〈人生と仏教九〉』一二二頁（一九七〇年、佼成出版社）。

（8）繁田信一「「仏神」「神仏」―平安貴族の生活感覚における神仏の関係―」（『歴史民俗資料学研究』九、二〇〇四年三月）。

（9）『今昔物語集〈新日本古典文学大系三十六〉』四、一〇九頁注三十九（一九九四年、岩波書店）。

（10）佐藤弘夫『アマテラスの変貌』九十八頁（二〇〇〇年、法藏館）。

(11)『今昔物語集〈新編日本古典文学全集三十六〉』二、四三六〜四三七頁注十八（二〇〇〇年、小学館）。
(12)佐藤弘夫注（10）の書、九十五頁。
(13)松尾拾氏は『今昔』の鬼神を、人間を害する・廟を守る・持経者擾乱・仏法外護・冥府や大山府君の使・役行者の使・漢神、の七つに分類している（同『今昔物語集読解』一、五一〇〜五一一頁、一九九〇年、笠間書院）。
(14)松尾拾『今昔物語集読解』六、二五〇頁（一九九九年、笠間書院）。
(15)播摩光寿「寺社縁起」（岩波講座『日本文学と仏教』第八巻「神と仏」所収、一九九四年、岩波書店）。
(16)前田雅之「『今昔物語集』に見る御霊信仰と神仏習合—存在しないはずの御霊の存在を巡って—」（初出は一九九八年、「御霊の非在と実在」と改題し注〈4〉の書に収録）。
(17)吉原浩人「神仏習合思想史上の大江匡房—『江都督納言願文集』『本朝神仙伝』などにみる本地の探求と顕彰—」（和漢比較文学会編『説話文学と漢文学〈和漢比較文学研究叢書十四〉』所収、一九九四年、汲古書院）。
(18)下出積與「いま一つの神仏習合」（初出は一九九一年、「地方の庶民社会の神仏習合」と改題し同『日本古代の仏教と神祇』に所収、一九九七年、吉川弘文館）。
(19)平雅行氏は神は共同体、仏は個人の禍福に関与するところが神と仏との相違で、仏が共同体の禍福に関与する場合は神を媒介にする、とされる。（同「神仏と中世文化」〈歴史学研究会・日本史研究会編『日本史講座』第四巻所収、二〇〇四年、東京大学出版会〉）。
(20)『十訓抄』六—三十八「また八幡大菩薩、かたじけなくも「正直の者の頭にやどらむ」と誓はせ給ふ」とあるのが、早い例といえる。ただ、『古事談』に「正直者ハ、冥官ノ召モ遁事ナリ」（巻二—三十五）とあるのは同様の発想といえる。
(21)佐藤弘夫注（10）の書、五十七頁。平雅行注（19）の論考。神仏に差が無いという意識は注（8）の繁田論文によると、平安中期に既に見られることになる。
(22)『今昔』の犬に関しては、永藤美緒「『今昔物語集』に登場する犬」（法政大学『日本文学誌要』五十七、一九九八年三月）がある。氏はそこで、『今昔』登場の犬をａ「神としての犬」、ｂ「卑しまれる犬」、ｃ「境界的な犬」に分けて考察し、ａはオシラサマのような神、ｂは疫病神の化身とし、ｃで犬には異界との仲介・案内者及び畏怖される存在としてのａ、ｂの両義性があることを論じている。

(23) 佐藤弘夫注（10）の書、四十四～四十五頁。

(24) 牟禮仁「「神者依人之敬増威」考―神人相威論の系譜―」（初出は一九九七年、同『中世神道説形成論考』所収、二〇〇〇年、皇学館大学出版部）。

(25) 『神楽歌　催馬楽　梁塵秘抄　閑吟集〈日本古典文学全集二十五〉』三一七頁注四四七（一九七六年、小学館）、『梁塵秘抄　閑吟集　狂言歌謡〈新日本古典文学大系五十六〉』一二五頁四四七の注（一九九三年、岩波書店）。

(26) 下出積與「古代の人間神について」（初出は一九六六年、同氏注〈18〉の書に収録）。

(27) 佐伯有清『伴善男』三一六～三一八頁（一九七〇年、吉川弘文館）。

(28) 高木豊『平安時代法華仏教史研究』四八七頁（一九七三年、平楽寺書店）。

(29) 松尾拾『今昔物語集読解』五、四五〇～四五一頁（一九九八年、笠間書院）。

(30) 前田雅之注（４）の論考。

(31) 小峯和明『補訂版今昔物語集の形成と構造』Ⅲ第一章・ⅰ（一九九三年、笠間書院）。

(32) この話では「帝王」とのみ記され、応神と明記されてはいないが、八幡の本地は応神であるので、応神が想定されているとみてよい。

第三章　平安期の神の機能について

――『今昔物語集』巻十九―第三十二話を中心に――

はじめに

筆者は第二編第二章において、『今昔物語集』（以下『今昔』）本朝部に現れた神々について、特にその機能面を中心に考察してみた。『今昔』には周知のとおり神に関する部立は無いが、神々が登場しない訳ではない。「止事無キ（＝尊い）」（巻十二―三十六）格の高い神から実類神に至るまでの種々雑多な神々が、様々な説話に登場している。第二章ではそれらを本朝部全体からかき集めるような形で分析したため、どうしても総花的かつ散漫になり、個々の説話の分析が不十分な結果に終わっている。

近年活発化している古代・中世の神祇（神）に関する研究成果をより豊かなものにするためにも、第二章の不備を補い、平安・鎌倉期の神の特質について自分なりの見通しを立てる必要を感じている。本章の執筆意図はそこにある。

最初に、『今昔』の神に関する研究について、前章では言及しなかった点を少々補足しておきたい。『今昔』に関する総合研究の嚆矢は、坂井衡平氏の『今昔物語集の新研究』(1)であろう。氏はその中で短文ながらも、『今昔』における神道と民間信仰の問題に触れている。氏は、『今昔』の著者の立場は仏教主義であるため、日本の固有思想や神道は努めて除外しているが、仏教的方面に接着した最小限度の神道の状景をうかがうには興味深いものがある、とされた。坂井氏の研究から時期は飛ぶが、勝田至氏はいくつかの説話を例に『今昔』における神々の扱われ方の特質について述べている。そこでは、『今昔』は本地垂迹的説明で神祇を仏教的世界に取り入れなかったが故に、神祇及び霊鬼の世界を民間の実態に近い形で描き出している、とされた(2)。また速水侑氏は、勝田氏が指摘した本地垂迹的説明で神祇を仏教的世界に取り入れなかった理由の解明が、今後の大きな課題であるとされた(3)。

坂井・勝田両氏の指摘は、『今昔』においては仏が主で神は従の扱いをされ、かつ仏教とは切り離されており、それだけに却って神の特質が見えてくるのではないか、ということであろう。本地垂迹説に裏付けられた神の場合、機能面に関しては神と仏のどちらの側面が述べられているのか判別がつきにくい。その点、『今昔』に登場する神は本地垂迹の影響が希薄といえるので、神の独自性が見え易いということになろう。速水氏が指摘した点と共に今後深めて行くべき課題であろう。

以上のような各論者の指摘を踏まえて改めて『今昔』を見ると、注目されるのが巻十九―第三十二話である。この話は神の報恩譚であるが、『今昔』においては神が主役となって展開する数少ない話である。この話の分析を中心に、前章と重複するところもあるが『今昔』に描かれた神の特性を考え、併せて今後の課題も見いだしていきたい。

一、巻十九―第三十二話について（課題の抽出）

最初に、巻十九―第三十二話（以下「本話」）の内容を紹介し、検討すべき課題を確認しておきたい。粗筋は次の通りである。

陸奥守平維叙が、任国に赴き任務の一つである神拝を行うため任国内の神社を参拝した。ある郡で、荒廃したまま放置されていた祠を目にした。地元の庁官よりその祠の神は「止事無キ神」であったが、坂上田村麻呂が国守であった時、禰宜・祝らが起こした不祥事以来放置されたままになっているという事情を聞き、神を哀れに思い郡に命じて再建・再興した。維叙在任中はさしたることも無いままに国司としての任期が終わり、維叙は帰京した。その後、維叙に祠の由来を説明した庁官の夢に祠に祀られていた神が現れ、報恩のため維叙を京まで送り国司に再任させてから戻ってきたい、という意向を告げた。この夢のことを忘れかけた頃、庁官の夢に再びこの神が現れ、維叙を常陸守に再任させたことを告げた。それが本当であったことが確認され、夢を見た庁官も祠再興のきっかけをつくったということで、その後幸せな生活を送った。

粗筋は以上の通りである。話末評語の部分では、神は「実ノ心」があったのでこのような報恩をするものであることが語られ、続いて、

恩ヲ報ズルヲバ仏天モ喜ビ給フ事ナレバ、神モ此レニ依テ苦患離レ給ヒニケム、トゾ、智リ有ル人ハ讃メ貴ビケル、トナム語リ伝ヘタルト也。

と結ばれる。

本話から確認しておきたい点は、以下の事である。

①平維叙は『尊卑分脈』によると平貞盛の子で、「上野・常陸・陸奥等守、右衛門尉、従四位下」とある。長和四年（一〇一五）に上野守（あるいは介）を辞退している(4)。史実に関わる詮索は本章の目的ではないのでひとまず措くが、維叙は十一世紀前後の摂関期の人物であること、陸奥・常陸の国司任官は事実らしいこと、などを確認しておきたい。この話は先行説話は確認されていないので、現在のところ『今昔』独自の摂関期の状況を反映した話として扱うことができよう。

②神は夢の中に登場している。その様子は、「二三尺許リ有ル唐車ノ艶ス微妙ク荘タルニ、乗リ給ヒタル人有リ。気高クシテ止事無気也。御共ノ人多ク土ニ居並タリ」と描写されている。庁官の二回目の夢に登場の際も同じ出で立ちながら、唐車は少し古び、神も旅の疲れでやつれている様子が語られる。

③神は報恩を達成するために維叙に付き従い上京し、しばらく在京し目的を達成した後に本国に戻ってきた。

④神社の再興とそれに対する報恩という関係に、神人相依の双務的関係が見いだせる。その報恩の内容は、維叙の国司への再任と庁官の幸せな生活、という現世利益であった。

ここまでであれば、神の報恩譚として純粋な神祇説話といえるが、先述の話末の選者の評語が問題となる。こうした報恩による功徳により、神が仏天により救済される、と結ばれているからである。『今昔』は巻二十までが本朝仏法部であるから、本話も内容は神祇説話ながら、仏教との関連づけをする必要があった。その結果、仏によりこの神は救済されることになる、とする話末の評語が付加されたのであろう。

前田雅之氏はこのことは、神の報恩から仏の救済へと論理がねじ曲げられているとしたように、(5)確かにこじつけ的で話の展開の上でも無理が感ぜられる。そのことの詮索は『今昔』選者の神祇観の特質に関わることでもあり、前章でも前田氏の説を前提として多少論じたところである。そのためここでは繰り返さないが、その後気の付いたことを少し述べておきたい。

この話に出てくる神は本地垂迹説では説明されておらず、神身離脱をしていない神である。しかるべき由緒はあるようであるが、陸奥国の一郡に鎮座していた一地方神である。こうした神は本地垂迹説が確立した段階でも、まだ仏菩薩により救済の対象となっていた神々の一つであったことが知られる。煩悩具足の衆生的神から神身離脱をして本地垂迹に裏付けられた仏菩薩へ、という現象は全ての神々に当てはまる訳ではない。本地垂迹で語られる神とそうでない神（御霊・実類神・自然神などの類）は、時代が下っても重層的に存在していたのである。それゆえ、本話の神は仏菩薩により救済されるべき段階の神である、というわば神の格付けに関することを話末の評語で述べたものと思われる。言い換えるなら、本話の神は、本地垂迹説の対象にはならない神であることが『今昔』の選者により表明されていることになる。そういう点では、本地垂迹説に対する選者の立場が示されているのである。以上のことから、本話は話末評語により話の論理がねじ曲げられている、という解釈をする必要は必ずしもないように思われる。

さらに加えるなら、本話の神は仏により救済されるべき対象とされてはいるが、神身離脱を求めて仏教に救済を願っている神ではないことである。『日本霊異記』には、猿身となって近江国の神社に祀られた陀我神が、法華経読誦の功徳により猿身を離れることを恵勝に願う著名な話がある（下―二十四）。この猿神はまさに迷える衆生といえるが、『今昔』の本話の神は同じ衆生の扱いをされてはいても、猿神とは趣が異なる。すなわち、報恩という善行を行うことにより仏の救済の対象とされている点である。さらに、「実ノ心」がある点も仏の救済に叶う条件と考えられる。本話は報恩と実の心の二つの要素により仏の救済に預かった神の話、と捉えることができよう。本地垂迹説では捉えられてはおらず、衆生扱いをされているが、神自身の善行が評価されている点で『日本霊異記』で語られる神とは異なっているといえよう。

本題に戻り、神の報恩譚部分を独立させて考えたい。ちなみに、本話に続く第三十二話は末尾欠話であるため全容は不明ではあるが、僧による法楽に対する神の報恩譚である。神が僧に報恩をしようと準備をしている間に、僧が禁忌を犯し佳景を見て行くという展開の途中で文が切れている。禁を犯したのだから神からの報恩を受けることができなかった、という結末が予想される。仏教説話として分類されているだけに、話末に仏教的戒めが説かれていたのであろうが、どのような表現がなされていたのか興味を惹かれるところではある。

さて、確認点のうち最初に注目したいのは、報恩の内容に関わる④である。国司に再任されたことが利益であるということは、本話が語る①の時期的なことも絡むので、併せて検討したい。国司再任は維叙にとって神社再興という行為に対する神の利益として見合うものであったのかどうか、という問題である。表面的には、陸奥から常陸に配置替えになっただけに見える。位階のことは不明であるが、昇任でも昇格でもない。しかし、これはやはり神の利益としては摂関期においては、相応かつ十分なものであったと考えられる。

摂関期の国司は、「受領は倒る所に土を摑め」の諺で著名な藤原陳忠の例（『今昔』巻二十八―三十八）を持ち出すまでもなく、国司請負制のもとで従来より裁量権が増し、実際に任地に赴いた場合、任期中に巨富を蓄えることが可能であった。中央政界で志を得なかった中下級貴族にとっては、垂涎の官職でもあった。したがって、多くの収入が期待出来る同じ官職への再任、ということは願っても無い事であったはずで、神の利益としては十分であったといえよう。

我々は『今昔』のこうした話により、改めて国司の重要性を知らされたともいえるのである。すなわち、本話は国司という官職の意義を我々に示している話と見ることも可能なのである。

さらに、陸奥・常陸両国ともランクは大国であるので、国の格としては同格ではあるが、都へ多少なりとも近くなった、という点で条件が良くなった、ともいえる。また、常陸国は「古の人常世の国といへるは蓋し疑ふらくは、この地ならむか」（『常陸国風土記』総説）とも認識されており、これを文字通り受け止めるなら理想的な国、ということになる。『風土記』に収録された各国の報告はお国自慢的な要素も多分にあったであろうから、こうした自己主張的認識を鵜呑みにはできない。また、こうした認識が当時他国の人々にも共有され、かつ摂関期に至るまで継続されていたのかどうかは疑わしい。ただ、逸文も含め現存の『風土記』を見る限り、常陸は他国に比べ自国の良さを強調し積極的に売り込む姿勢が顕著である。『風土記』の常陸の記述は参考程度にしかできないが、陸奥に比べてより条件が良かった国である、と認識されていたことの傍証としておきたい。

本話では、神の計らいにより維叙が国司に再任できたことになっている。しかしながら、計らいの具体的内容は不明である。ただ、『更級日記』富士河の条に、実際の人事どおりの除目書が富士河に流れていたこと、それは神々が富士山に集まり除目を決めているからである、という伝承が記されている。除目は神々が集まり相談の上決定されていることになる。さらに、それは単なる神々の戯れではなく、現実の決定を左右しているのである。つまり、任官などの人事は人間ではなく神により決定されている、ということになる。相談の場が富士山であったかどうは別としても、陸奥国の神が神々の相談の場で再任のための運動をした、ということであろう。除目を左右することが、神固有の機能であったかどうか即断できないが、現世利益でもある点でその可能性は高いことがうかがわれる。

なお、今後の精査は必要であるが、『更級日記』の記事は、神々が一ケ所に集まり相談事をする、という事例の早い時期の文献といえそうである。「かみなづき」（神無月）の名称は、表記は別としても『万葉集』などでも使用されていた（一五九〇番）。その名称の由来を神々が出雲に集まることと結び付けて紹介され始める早い例は、十二世紀初頭成立とされる『奥義抄』辺りかららしい[6]。神々はある場所に集まり相談事をするものである、という認識が「神無月」という表記やその由来を記すという行為などになったものと思われる。『今昔』のこの説話も、神々はそうした行為をするものである、という認識を反映していると思われる。さらに、集まって相談する場が、本話の場合は不明ながらも京都と考えられるし、その他出雲、富士山などというように平安中期においてはまだ固定していなかったことが知られる点も注目しておきたい。

次に注目したいのが、②の神が夢の中に高貴な人として登場することに関してである。夢は神と人間を結ぶ回路であること、高貴な人の姿は老人・童子などと並んで神が現れる際の姿の一つの典型であること、である。こうした特質は既に指摘されていることなので、改めて繰り返す必要はないであろう。

ただ、『今昔』の描写の仕方は曖昧ではあるが、庁官は神の顔を見ているようである。夢の中とはいえ、神の顔まで見ることができるのは特別に選ばれた者に限られることが多いため(7)、注目しておいてよいであろう。実際、二度までも夢に神の姿を見た庁官は神の利益に預かり、幸せな生活を送った。維叙が祠を再興するきっかけになったのが、この庁官による祠の由緒の説明であったから、神も庁官に恩を感じていたのである。庁官が神の夢を見たことは、自身も神から何らかの利益を受けることになるであろうことを示す伏線ともいえる現象であった。

二、神力（神威）の及ぶ範囲

残る課題が③に関してである。これは神の力が及ぶ範囲に関わる問題であるので、節を改めて考えてみたい。③に関する素朴な疑問は、神が報恩を果たすために何故維叙に同行し、再任という報恩が実現するまでしばらく在京したか、ということである。これは、神が所在地である陸奥国某郡に鎮座したままでは、維叙に報恩が果たせなかったからであろう。ここに、神が力を及ぼせる範囲（領域）の問題がある(8)。

一体に人が神に祈願する場合、目的の神が鎮座する社殿に参拝し直接その願いを伝える、という行為が通常である。遠隔地から目的の神が鎮座する方角に向かって祈願する、ということはまずない。ここで遠隔地といったが、神が力を及ぼせる範囲はどのくらいの距離までなのかを特定するのは容易ではない。しかし、仏菩薩のように空間を飛び越えて無限であるわけではない。神がある地域に祀られる際に、神が力を及ぼすことが出来る範囲はどのように想定されていたのであろうか。その場合の範囲として、日本国全体、一国規模、郡単位などがあり、その下は郷・荘園・村落などの単位になるのであろう。神は一定の領域には神威を及ぼすことができるが、その領域の範囲は最大でも日本国全体であり、外国に及ぶことはなかった。設置された単位により、一国内・郡内・村内、というように限定されていた。

日本国全体に神威が及ぶ神としては、皇祖神天照大神を祀る伊勢神宮が原則としては唯一であったであろう。ただ、藤原氏の春日大社などのように特定氏族と結びついた有力社や応神天皇を祭神とする八幡宮などは、平安期までには伊勢神宮に準じて神威が全国に及んでいたと考えられる。しかし、八幡神でも当初は大仏建立の援助のためには自ら入京しなければならなかったし、(9)道鏡の野望を阻止するために八幡の神託をうかがいに和気清麻呂は宇佐に赴かなければならなかったのであった。(10)八幡の神威が全国化するのは、石清水八幡宮を初めとしてあちこちに八幡神が勧請されて以降であろう。

八幡神は入京の際に、輦輿に乗っていたが、これが神輿の始まりである。神が移動することを動座というが、院政期から鎌倉期にかけて、僧兵・神人たちにより盛んに行われた行為である。強訴の際、それぞれゆかりの神を担いで入洛するが、その神々が興福寺は春日社の神木、延暦寺は日吉社の神輿であった。これは、神を現地に移動させ、その神の威光を背景に自己の要求を通そうとする行為である。神の側からすると、用のある場に赴き、用が済むと帰還するという行為で、大仏建立の際の宇佐八幡の行為と同質のものである。さらに、本章で検討している陸奥の神の行為も同様のものである。動座させなければ神の役割が果たせないからであって、ここにも神の領域的な守備範囲が問題となることが知られよう。

僧兵の強訴の際に、本尊が持ち出された様子が見られないことは興味深い。本尊はその大きさにもよるのであろうが簡単に持ち出せるものではないこと、本地垂迹説に基づき神の動座は仏の動座と同様のことと認識されていた、などのことが本尊を移動させない理由として考えられる。さらに、仏は神と異なり仏威の及ぶ範囲は限定されておらず、また移動して何らかの働きかけをするものではない、という仏と神の役割の違いなどもここから考えることができると思われる。もっとも、仏菩薩の中でも地蔵のように移動して人に寄り添い救済する、という神同様の機能を果たす菩薩や、長谷観音のような遊行の姿の菩薩もいることは考慮すべき点ではある。そうしたことを考慮しつつも、仏に比べて神の威光が及ぶ範囲には限界性があったことをここでは確認しておきたい。

一国規模単位で神威を及ぼすと考えられていた神社は、国名を冠せられた神社であろう。そうした神社は伊勢を含めても多くはなく、古来から著名なのは出雲大社、安房神社、大隅正八幡宮などであろう。もっとも、後に一宮などの社格を得る神社は国の名が冠せられていなくても、その神威は当初から一国全体に及んでいたものと思われる。例えば、常陸の一宮である鹿島神宮の所在地は香島郡である。ところが、伝駅使が初めて常陸国（東海道の常陸への入り口が信太郡榎浦之津の駅家とされる）に入ろうとする際に、東を向いて鹿島の大神を拝まねばならない、とされている（『常陸国風土記』「信太郡」）。こうした行為は直接参拝しているわけではないので一種の遥拝といえるが、鹿島神は香島郡のみではなく常陸一国に神威を及ぼしていた常陸を代表する神であったことが知られるのである。国の下には郡・郷・村・荘園単位で神社が設置されており、それらの神の神威が及ぶ範囲はそれらの設置単位であったと思われる。

さて、伊勢神宮は皇祖神天照大神を祀る神社で、その子孫である天皇は律令制下では国家の統治者であった。伊勢神宮・天照大神は全国諸社・八百万神を統括していたこともあり、その神威・神力は伊勢国一国のみならず、日本全国に及ぶものであったと思われる。

皇室ゆかりの神社であったにも拘わらず、前近代において天皇が参拝することがなかったのは、遠くから拝する「遥拝」という行為が可能な神社であったことと、(11)斎王をいわば天皇の代理として伊勢神宮に派遣し皇祖神からの力を得ていたからだと思われる。また、内裏の内侍所に天照大神の御霊代である神鏡が祀られていたため、それが伊勢神宮参拝の代替行為ともなっていたのであろう。遠隔地の神を身近に鎮座させる行為が勧請であるが、内侍所の神鏡は伊勢神宮が内裏に勧請されたもの、と理解してもよいであろう。(12)

『更級日記』において作者が「天照大神を念じませ（念じ申せ）」と示唆され、どこにいる神仏か、どこに参拝すべきか惑い、参拝の場として伊勢・内侍所いずれも困難であることに思い至る場面がある。この場合祈願内容が曖昧なため、参拝するという行為も及び腰になったのであろうが、「念ずる」という行為が示唆されていることに注目したい。「念仏」ならぬ「念神」という行為であるからである。直接神のもとに赴き祈願することを願いながらも、とりあえず心のうちで神を念じたのは、天照大神が日本全体に神力を及ぼすことができた神であったことを示している。

遥拝できる神は全国区ともいえる伊勢神宮のみで、他は直接参拝しなければ利益を被ることができないものであった。前述の信太郡の駅家から香島郡の香島神を拝する行為は遥拝に近いが、他国から拝している訳ではないので遥拝には当たらない。

本話に戻るなら、この神は恐らく郡を単位として祀られていた神であろうから、郡内に鎮座したままでは郡外には神力が及ばなかったのであろう。だから、神自身が維叙に寄り添い同行したものと思われる。神は人に影のように寄り添い、利益を及ぼす存在である事を示す話は『今昔』に見られ（巻二十七―四十など）、前章でもそのことは指摘したとおりである。

寂照が中国で遭遇した難儀を、日本の神仏に祈ることにより解決した話がある（巻十九―二）。同話はいくつかの説話集に見られるが、寂照が祈った「神仏」のうち、『今昔』では「神」が祈願対象から外されていた。前章では、その理由として、神は日本でしか機能し得ないと『今昔』の選者が考え、恐らくは原話にあったであろう「神」の語を意図的に外したのではないかと予想した。

寂照説話では全国に神威を及ぼしていた神でも、その神威は外国には及ばないことを示していた。というよりも、遥拝し得る神でもそれは国内の場合には有効であるが、外国からは遥拝自体が意味をなさない、と考えられていたのかもしれない。この点について少し補足しておきたい。

寂照が本国の三宝等に祈った部分を改めて示すなら、『今昔』は、

心ヲ至テ、本国ノ三宝助ケ給へ。我レ若シ鉢ヲ不令飛ズハ、本国ノ為ニ極テ恥也ト念ズル程ニ（後略）

とあり、『宇治拾遺物語』（以下『宇治』、巻十三―十二）では、

日本の方に迎て祈念して云、我国の三宝、神祇たすけ給へ。恥見せ給なと念じ入てゐたる程に（後略）

となっている。本来普遍的に機能するはずの仏菩薩に「日本（表記は「本国」「我国」）」という地域が冠せられている点に、仏菩薩の地域神化の状況が見て取れる。その点は『今昔』『宇治』とも共通しているが、『宇治』では寂照が日本の方向に向かって祈念しているのに対し、『今昔』では寂照が祈念する方向が示されていない点に違いがある。『宇治』における寂照の行為は遥拝に相当する。『今昔』では遥拝とはいえず心の中で念じている点で、地域神化はしていても仏菩薩は領域を超えて機能するものである、と認識されていたことが知られる。

一方、『宇治』では方角が示されている点で、神と共に仏菩薩に対しても遥拝していることになる。仏菩薩の地域神化の段階が『今昔』より一歩進んでいると考えられる。外国から日本の神仏に遥拝した場合、機能し得るのは仏菩薩だけで、神は力が及ばないはずである。したがって、『宇治』では神仏両者に祈願してはいるが、鉢を飛行させたのは神ではなく三宝の計らいであった、ということになろう。

ただ、日本の神が外国でも機能を果たし得るものなのかどうか、という問題は検討しておく必要がある。その参考になる事例は、『今昔』までの時代に限ると寡聞にして知らない。中世に時代を下げても的確な事例は見出し難いが、明恵と春日明神の関係に幾分ヒントが得れそうに思われる。

明恵と春日明神をめぐる様々な関係のうち、外国の問題に関わるのが明恵の渡天計画に関してである。周知のとおり、明恵は印度への渡航計画を二度立てるが、二度とも病気や春日明神の神託により中止せざるを得なかった。

この話の史実性はともかく、春日明神の役割や機能の面に焦点を合わせてみたい。春日明神が明恵を止めた理由について、『沙石集』（巻一―五）では次のように記す。

ハルバルト、ハナレ給ハン事ヲ、歎思食ス由仰アリテ、御留アリケルコソ、哀レニ覚侍レ。サテ若シ思立候ハバ、天竺へ安穏ニ渡リ付候ナンヤト申給ケレバ、我ダニ守ラバ、ナドカハトゾ仰有ケル。

春日明神の「明恵房・解脱房ヲバ、我太郎・次郎ト思フナリ」という託宣で始まる、著名な話の一節である。春日明神が明恵を止めた理由は、明神は明恵を自分の子のように寵愛しているため、明恵が日本を去って天竺に行くことが親子の別れに等しいことになるからなのである。いうなれば、春日明神の一方的かつ身勝手ともいえる理由、ということになる。外国に行くことが別れにつながる、ということは春日明神の力は外国には及ばない、ということを露呈していることになろう。

ただ、明恵が思い立って出発したら無事渡れるか、と神に聞いたところ、自分が守れば無事渡れる、と答えていることに注目する必要があろう。つまり、神が明恵に随行すれば、無事渡航出来る可能性を述べているからである。神は日本に鎮座したままでは外国に神威を及ぼせないが、随行すればそれは可能である事を示唆しているのである。ただ、ここでは神の威力は上陸までの航海に限定されており、上陸後も随行して明恵を守護し得ることまで含んでいるのかどうか定かではない。海は外国と日本の境界領域であり、かつ日本国の延長と認識されていたものと思われる。つまり、本編第一章で論じたように海は異国と自国を隔てるものではあるが、両国をつなぐ領域でもあったのである。したがって海までは、神の力の及ぶ範囲であると、認識されていたのであろう。

航海の安全を司る神、という点では古来から住吉神が著名である。遣唐使が渡海の安全を祈願し[13]、乗船にも住吉神が奉祀され航海の間祈願が行われていた[14]。住吉神に関して、『江談抄』所載の吉備真備の入唐譚（巻三―一）は外国における神の機能を考えるうえで、『今昔』寂照伝と共に興味深い。入唐後、楼に幽閉された真備が、皇帝から課せられた難題の一つを住吉神と長谷観音に祈ることにより解決した、という部分である。

住吉神が想起されたのは、入唐に際して航海の安全を祈願していたからであろう。観音も海難除去の功徳ある仏として古くから信仰されていた(15)。ただ、一般的な観音ではなく、長谷寺と限定されているところに、本来普遍的であった仏菩薩が日本においては地域神として信仰されていた状況を物語っている(16)。

さて、住吉神・長谷観音両方に祈願したとしても、神は外国では機能し得ないのであれば、難題を解決できたのは長谷観音の功徳によるということになる。ただ、この場合住吉・観音が想起された理由は、両者が共に航海安全の神であったということばかりではなく、両者が本地垂迹の関係で捉えられているようなのである。住吉社には四所の神が祀られているが、その本地は、建保二年（一二一四）の住吉神主長盛注申状によると、薬師・阿弥陀・大日・聖観音とされている(17)。住吉神の本地の一つに観音が比定されていたのである。その比定がいつ頃から始まるのか明確化し難いが、『江談抄』のこの話は、住吉神の本地の一つが観音（この場合は普遍的観音となる）と認識され始める早い時期の状況を物語っているのではないかと思われる。

寂照が祈願した本朝の神仏は漠然としたもので、真備の様に特定されたものではなかった。神仏を特定する場合は、祈願する本人に縁があることと共に、両者が何らかの関係あるものが選定されたと思われる。その基準となったのが両者が本地垂迹の関係にあるか否かであった。神が機能したとしてもそれは仏の垂迹としてであって、神が単独で果たし得る機能ではなかった。日本の神が外国で機能し得る場合は、このように限定されていたのである。『今昔』にはこの真備の話は収録されていない。もし『今昔』がこの話を収録したとするなら、『今昔』が本地垂迹関係には無頓着で、かつ神と仏菩薩の役割を分離して捉える姿勢からして、寂照説話同様に住吉明神の名は削除されていたかもしれない。

明恵の話に戻ると、春日明神が明恵に随行し大陸での道中の守護を果たすためには、その本地仏が前面に出る必要があったのであるが、そうなっていないため中途半端な印象を与えるのである。

日本の神は外国においては機能を果たせない、という前提で考察したが、同じ神でも外国から渡来あるいは将来されて土着化した神の場合は別であると思うので、今後の課題としたい(18)。

おわりに

神の力の及ぶ範囲に関する部分に少し紙数を費やしたが、本編第二章の補足を兼ねて平安期の神をめぐる問題点に触れてみたつもりである。本地垂迹説が仏教側からの理論であるため、神の説明もこれまでは仏教的になされがちであったと思われる。仏菩薩には無い（あるいは仏菩薩に収斂し切れない）神固有の機能や特質は何か、という視点からの検討は今後深めて行くべき課題と思われる。本地垂迹説も神の存在を前提とした理論であるから、前提とされている神の役割は何であったのかは当然課題となる。そのことは、必ずしも自明のこととして共有されているわけではないのである。

最後に『今昔』が本地垂迹説を語らない、という問題に少し触れておきたい。第二編第四章で『宝物集』における神の問題を検討してみた。その結論部分を先取りして少々述べておきたい。『宝物集』は仏教説話集であるだけに、神に関する叙述は極めて少ない。その少ない神々を検討した結果、『宝物集』においては、神々を本地垂迹説で説明する傾向はさほど顕著ではなく（とはいっても『今昔』より一歩進んでいるが）、むしろ仏菩薩により救済されるべき煩悩具足の衆生、という側面が強いことが特色であるとした。そのことは『宝物集』という作品の目的や編纂意図に関わることから生じた特質ともいえるので、『今昔』と同列に扱うべきではないであろう。しかしながら、『今昔』より成立が半世紀ほど後のものとはいえ、同じ院政期を代表する二つの説話集において神々の扱いに共通性が見られることは注目してよいであろう。

このことから改めて留意したいことは、両説話集において本地垂迹説が顕著でないのは、編纂意図に加えて、本地垂迹説は当時の社会においてはさほど浸透していなかった、という状況を反映しているのではないか、ということである。それが言い過ぎであるなら、本地垂迹説は教説の段階から時代思潮として平安中期以降一定程度広まったとしても、当時の人々に必ずしも共有されていた訳ではない、と言い換えてもよい。本地垂迹説を思想として推進する層、積極的に受容する層、距離を置いている層、などに分けてその浸透度を見るべきと思われる。

また、日本の神々全てが本地垂迹の対象になった訳ではないから、本地垂迹の対象となった神（垂迹神）と、対象にならなかった神（非垂迹神）に分けて検討する必要もあろう。[19]そのことは、『今昔』が本地垂迹説を語らない、という理由を解明するに際して留意しておくべき課題であろう。前者の神々はおそらく格の高い民族神で、後者は自然神を中心とする民俗神であろう、という予想は立て得る。本章で検討した神は、本地垂迹説の対象にはならない神であると、『今昔』の選者は判断した。その基準は民俗神であったからかも知れない。しかし、賀茂社のように格の高い神でも、本地垂迹説では把握されていない（巻十六―三十六）。『今昔』の選者が賀茂の本地が観音であることを知らなかったからではなく、知っていながら適用しなかっただけかもしれない。そこに、本地垂迹説を受容する態度には濃淡があったことが見て取れるが、その辺の事情は今後の検討課題としたい。

注

（1）　初刊は一九二三年。一九二五年に増訂版が出され、それは一九六五年に再刊された（名著刊行会）。本書の神道に関する部分は第四章第三節「平安時代の神道と民間信仰」である。

（2）　勝田至「『今昔物語集』の地域社会」（安田章編『鈴鹿本今昔物語集―影印と考証―』下巻所収、一九九七年、京都大学学術出版会)。
(3) 速水侑「『今昔物語集』の末法思想」(初出は二〇〇三年、同『平安仏教と末法思想』所収、二〇〇六年、吉川弘文館)。
(4) 『御堂関白記』長和四年(一〇一五)八月二十七日条。
(5) 前田雅之「今昔物語集の〈神〉—その存在形態をめぐって—」(初出は一九八七年、「〈神〉の存在形態—周縁的存在としての〈神〉—」と改題し、同『今昔物語集の世界構想』に収録〈一九九九年、笠間書院〉)。
(6) 『日本国語大辞典』第二版「かみなづき」の項(二〇〇一年、小学館)。
(7) こうした問題に関しては、山本陽子『絵巻における神と天皇の表現』第一部参照(二〇〇六年、中央公論美術出版)。
(8) 上田さち子氏による本章初出時の筆者への私信(二〇〇八年八月二十三日付)において、神が機能を及ぼす範囲とは、自然・生産・交通等がその神を必要とするエリアのことで、狭義にはその神の祭祀圏、とされた。有益なご教示として受け止めたい。
(9) 『続日本紀』天平勝宝元年(七四九)十二月十八日条。
(10) 同右、神護景雲三年(七六九)九月二十五日条。
(11) 『日本書紀』天武天皇元年(六七二)六月丙戌条が早い例で、ここでは「望拝」という表現がなされている。
(12) 『延喜式』神名帳には伊勢・天照大神などの名を冠する神社が見られるが(山城の伊勢田神社・天照御魂神社、隠岐の伊勢命神社、備前の伊勢神社、淡路の伊勢久留麻神社、筑後の伊勢天照御祖神社)、伊勢神宮から勧請されたものとは異なるようで、伊勢神宮の勧請は平安末以降の御厨や伊勢神明社の設置まで待たねばならない。御厨・伊勢神明社の設置は各地に伊勢神宮の拠点を築くということで勢力の拡大を意味するが、反面ではそういうことをしなくても威信を保てた時期の終焉という評価も可能であろう。神々が一同に会する場が神々を束ねる位置にある伊勢ではなく、固定していなかったことも伊勢神宮の求心力の弱体化を示す現象といえるのかもしれない。
(13) 『日本後紀』大同元年(八〇六)四月二十四日条。『日本三代実録』貞観三年(八六一)二月七日条。
(14) 『入唐求法巡礼行記』開成四年(八三九)三月二十二・二十八日、同年四月十三・十八日条など。

(15) 拙稿「良忍渡道伝説について」（初出は一九九七年、拙著『日本中世の説話と仏教』所収、一九九九年、和泉書院）。
(16) 佐藤弘夫『アマテラスの変貌』九十八頁（二〇〇〇年、法蔵館）。
(17) 『鎌倉遺文』二二三〇号（建保二年十月十九日）。下って鎌倉末の存覚による『諸神本懐集』では、鹿島明神（本地は十一面観音）の摂社である武甕槌神（本地は不空羂索観音）は難波では住吉明神となって現れたとする見解が示されている。
(18) 『叡山大師伝』に見える最澄が渡海の無事を祈った賀春山神（香春岑神）は、『豊前国風土記』逸文によると、新羅から渡来した神である。こうした神の場合、日本の神のように神威の及ぶ範囲が限定されていた訳ではないのであろうから、航海中のみならず上陸後も機能し得たと考えられる。円仁・円珍らが唐から将来した赤山明神・摩多羅神・新羅明神などのような異国神の受容と展開については、鈴木靖民編『古代日本の異文化交流』（二〇〇八年、勉誠出版）所収の諸論考が近年の水準を示しているが、日本の神との機能上の違いについて比較・検討するという視点も求められよう。その一端は本書第二編第一章参照。
(19) 『諸神本懐集』では、日本の神々を権社・実社の二種に分け、権社は仏菩薩が垂迹した神々で、実社はそうではない神々であるとする。このように本地垂迹の対象から外れた神々も多数いた訳である。この分類によるなら、本話の神は実社の神に属するのであろう。なお、本地垂迹説において本地仏とされるのは文字どおりの如来・菩薩であって、守護神的役割を担う明王や特に天部の諸尊などが本地仏に比定されることは極めて少ない。もっとも、『諸神本懐集』では鹿島明神の眷属である左右の八龍神の本地を不動と毘沙門天に比定しているので、天部の例は存在はする。この八龍神の例は、神の中でも眷属の位置にある者は守護神として天部の諸尊が本地仏に比定されることを示し、悟りの有無とは別物と考えるべきであろう。

〔付記〕
神威の及ぶ範囲に関することで少々補足しておきたい。九世紀のことであるが、承和七年（八四〇）に出羽国飽海郡の大物忌神（現山形県鳥海山大物忌神社）が、正五位下から従四位下に昇叙された。その理由を詔では、①近年の内裏での物怪はこの神の祟と思われること、②南海の賊地に漂着した遣唐使第二船が賊に打ち勝ち帰還できたのは神助によるもので、この神が前年に十日間ほど雲の中で戦声を上げその後石の兵器を降らせたことが時期的に符合するとし、神の威稜が遠くに及ぶことは「驚異」かつ「歓喜」すべきことである、とされている（『続日本後紀』同年七月二十六日条）。

①の物怪に関しては『続日本後紀』承和六年（八三九）七月五日及び八月二十三日条にみえる紫宸殿・常寧殿での物怪調伏の修法が関連するが、そこでは物怪出現の原因は示されていない。②については、承和六年八月に出羽国田川郡（飽海郡の隣郡）の郡司が、十日間ほどの雷電交じりの雨の後海岸で鏃や鋒風の石器を発見し、国司に届けた由の記事が対応する（『続日本後紀』承和六年十月十七日条）。この石器は嵐などが原因で海岸の砂が飛ばされ石鏃類が露出したもので、現存の遺物からもそのことは確認されている（『山形県史』第一巻、四二六頁、一九八二年、山形県）。遣唐使船の報告では、南海の賊と戦ったのは確かで、その時期も田川郡郡司の報告時期と一致はする。しかしながら、船員らが神助に相当する思いを抱いた形跡は見出せない（『続日本後紀』承和七年六月五日条など）。昇叙の理由とされている①②ともにこじつけであることが知られる。

何よりも神がその領域を越えて神威を及ぼすことが「驚異」「歓喜」と表現されていることは、裏を返せば神威の及ぶ範囲はその神の領域内（大物忌神の場合は後に出羽一宮になることからして、九世紀にはその神威が出羽一国に及ぶことになる前提が形成されていたものと考えられる）に限られると考えられていたことを示していよう。もっとも、神威が遠方に及ぶと考えられていた点に、大物忌神に対する特別な意識が存在していた可能性は今後の課題として考慮せねばならないであろう。

第四章 『宝物集』における神について

はじめに

平康頼が配流先の鬼界ケ島から帰還後に著したとされる『宝物集』（以下「本集」）は、院政期を代表する説話集の一つである。本集の性格付けに関しては論者の間には大きな揺れは無く、在家一般に対して語られた仏教入門書、というのが公約数的な見解であろう。さらに、本集に採録された歌の数の多さから、本集を一種の類聚和歌集とし、歌書（仏教証歌集）的性格を見ようとする見解も、ほぼ共通認識になっているといえよう。

したがって、人々を仏道に導くために本書ではどのような仏教思想や説話が語られているか、ということがその唱導書的性格とともに注目されてきた。本集が仏教説話集として位置付けられたため、そうした方面に関心と研究が集中するのは当然のことであった。

本章が課題とするのは、右記の傾向とは趣きを異にする本集における神の問題である。仏教説話集においては、作品や成立時期により神の取り上げられ方はまちまちである。神祇勢力の伸張が顕著になる鎌倉期には、『古今著聞集』や『沙石集』などのように、説話集においても神の部立てが明瞭に立てられるようになる。そうした作品においては神自体が見えやすいこともあり、論じられることは珍しくはない。しかしながら、本集を含む他の作品においては積極的に神のことが論ぜられることは少なかったといえよう。本集は○巻○話のような構成にはなっていないため、構造自体が把握しにくく、加えて後述のように神に関わる記述は極めて少ない。本集においては神自体が見えにくく、そのこともあってか神の問題を取り上げた専論はこれまでなかったといってよい。

しかしながら、近年、これまでの神道史という狭い分野ではなく広く日本宗教史における神の問題に関心が集まり、説話集における神の問題も、その作品の成立時期を問わず独立した課題として取り上げられる傾向も出てきた(4)。筆者も本編二・三章で、『今昔物語集』（以下『今昔』）の本朝部を素材に、主に機能面から神の特質について考えてみた。そこでは、『今昔』成立期とされる十二世紀は本地垂迹説が確立していた時期であるが、『今昔』においては本地垂迹思想はほとんど確認できないこと。それだけに却って、仏菩薩に還元しきれない神の本来の姿が描かれており、そこに『今昔』的神の特質があるのではないか、という見通しを立ててみた。

本集の成立時期は『今昔』よりも半世紀ほど後であるが、院政期という点では『今昔』と同時代である。同時代ではあっても作品により神の取り上げ方は異なるはずである。本集の構成上での神の位置や役割を検討することにより、『宝物集』における神の特質という課題に迫ってみたい。併せて、院政期における神に対する時代思潮の特質も探ってみたい。そうした点で、本集は歌神への報恩の歌集に仏への報恩をこめて仏前（清涼寺釈迦）で聞いた物語を加えて編まれたもの、とする大場朗氏の指摘は(5)、本集における神の問題を考える上で重要と思われる。また、本集は在家一般に語られた仏教入門書ではあるが、その教化の対象に神々も含まれていた、ということを前提にしておきたい。そのことは、本論の展開の中で確認することになるであろうし、本集の性格付けにも関係するものと思われる。

本集は周知のように、一・二・三・七巻本など多数の伝本があり、相互の関係は複雑である(6)。本章ではその中でも最も分量の多い第二種七巻本を用い(7)、他本(8)の使用は比較する上で必要な場合に限りたい。

一、『宝物集』の構成と神の位置

（一）『宝物集』の神（神社）一覧

次の表は第二種七巻本に見える神（神社）に関する説話項目を抜き出し、項目の有無について一・二・三巻本と比較したものである。完形・要約説話には◎、標題説話には●、話の展開がない項目提示的なものには△を付けた。ただし、完形・要約説話と標題説話との境界は微妙なため、一応の目安としてもらいたい。要目部分は新日本古典文学大系本『宝物集』に付された小見出しであり、それを示すことにより構成を把握する一助とした。以後、説話の該当箇所は、五(1)①のように随時要目に付した数字で示すことにする。

宝物集要目と神の記載表

＊◎は完形・要約説話、●は標題説話、△は事例紹介的項目、を意味する。
＊＊一・二・三巻本に付した○×は七巻本に示した項目の有無を示す。

要目	七巻	三巻	二巻	一巻
一、島から帰ってきた隠士				
二、釈迦堂参詣の道行				
三、釈迦像の由来				
四、宝物の論 (1)隠蓑が宝 (2)打出の小槌が宝				ここまで欠

(3)打ち出の小槌は宝にあらず				
(4)金が宝	△神は金峰山	○	○	×
(5)金は宝にあらず				
(6)玉が宝				
(7)玉は宝にあらず				
(8)子が宝				
(9)子は宝にあらず				
(10)命が宝	◎神代（天照）の頃より千秋万歳	○	×	×
(11)命は宝にあらず	◎増基法師と熊野	×	×	×
五、仏法が宝				
(1)善安王のさとし				
(2)仏法遭い難し				
(3)諸法空・諸行無常				
①維摩の十喩				
②荘周の夢				
③二人三餅の譬喩				
④善女の四理				
⑤人命おぼつかなし				
⑥飛花落葉				
六、六道				
(1)地獄	◎金峰山の日蔵	○	○	○

(2)餓鬼				
(3)畜生				
(4)修羅				
(5)人				
①生苦				
②老苦				
③病苦	◎但馬守国高の神拝時の話	○	○	×
④死苦	△神に祈るもしるしなし	○	○	○
⑤怨憎会苦	◎大火雷天神	○	○	○
⑥愛別離苦	△荒ぶる神の鎮魂歌	×	×	住吉
⑦求不得苦	◎忠胤、日吉の宝前で名句を申す	○	×	×
⑧五盛陰苦				
(6)天				
七、十二門開示				
	△神の十二（十二所熊野権現）	○	×	○
(1)道心				
①発菩提心の功徳				
②道心おこし難し	◎藤原公章（公利）の神拝	○	×	×
	◎広田明神の由来、住吉（梶取）	○	×	×
	◎賀茂重保の御祈	○	×	○
③出家・遁世した人	◎花山法皇、那智に籠もる	○	×	○
④若い女の遁世者				

⑤出家の功徳
(2)三宝
①帰依仏
②帰依法
③帰依僧
(3)持戒
①不殺生
②不偸盗
③不邪淫
④不飲酒
⑤不妄語
(4)行業
(5)発願
(6)懺悔
①事理の懺悔
②利那居士の懺悔

		放生会の起源	
△観音の垂迹の例（熊野・日吉八王子・那智）	○	×	×
△二十五善神	○	○	×
◎道鏡（宇佐八幡）	○	×	×
◎伊勢斎宮（恬子）と在原業平	○	×	×
◎前斎宮（当子）と藤原道雅	○	×	×
◎賀茂斎宮と源俊房	○	×	×
◎伊弉諾・伊弉冊、出雲大社	○	×	×
△仏道行の一つ（大峰・葛城）	○	○	ここから以下欠
◎竜神	×	×	
◎開成皇子と八幡・諏訪	×	×	
◎俊綱上人と熱田、国司俊綱と熱田、神罰	×	×	

(7)布施				
(8)観念				
①真如実相観				
②空観	◎讃岐国の依女と鬼神	×	×	
③不浄観				
(9)善知識				
(10)臨終正念	●函谷関の神（遊子）	×	×	
	●玉津島の神（衣通姫）	×	×	
(11)法華経	●神明随喜（宇佐・松尾）	○＋春日	○（春日なし）	
(12)称念弥陀				
八、語りの結び	△素盞嗚、鬼神、和歌の神（住吉・玉津島）	×	×	

この表には、国司の職務の一環としての神拝（六(5)③、七(1)②）、金峰山（六(1)）や大峰・葛城（七(4)）などの修験道関係、伊勢・賀茂斎宮（七(3)③）及び賀茂重保（七(1)②）などの項目も、広義の神祇関係事項として拾ってある。

一巻本は首尾が欠けているため断言はできないが、神の項目に関しても七巻本がその分量に比例して一番多く、三・二・一巻本と巻数が減るにつれ項目数も減少することが確認できよう。ただ、七巻本には見られない項目が他本にはわずかであるが散見することに注意しておきたい。

七巻本に見られない項目として、七(11)では法華経読誦による神明随喜の例として七巻本は宇佐・松尾を挙げるが、三巻本では「春日大明神ハ紫雲ノ中ニ現ジ給ヒ」と、さらに春日明神が加わる（表中の「＋」の記号はそのことを意味する）。同じく七の(6)②では、二巻本では放生会の起源が述べられ、その中で八幡大菩薩の母である神功皇后のことが述べられる。

一巻本に関しては、六⑸⑥で赤染之右衛門（一巻本の表記による）が息子の病気平癒を願い住吉に奉幣し、歌を書き付けた話が述べられる。歌徳説話としてよく知られた話ではあるが、七巻本のこの箇所では歌は荒ぶる神の鎮魂の役割が述べられるのみである。

（二）特徴的なこと

本項では、本表からうかがえる特徴的なことを述べておきたい。

イ、数量的なこと

最初は、数量的なことに関してである。前述のように、本集は〇巻〇話といった部立ての構成をとっていないので、全体の説話数は把握しにくい。高橋伸幸氏は第二種七巻本の説話数について、完形・要約説話二九九話、標題説話二七一話の合計五七〇話とし、これに他本の説話を加えると六〇〇話程度とした。そして、標題説話は「怨憎会苦」（六⑸⑤）が五十四話、和歌数は「愛別離苦」（六⑸⑥）が一一二首（本集全体の歌数は四二八首）、と数にして他の要目部分より群を抜いていることを特徴的なこととして注目された[9]。

ここで本集全体の構成を述べるなら、著者が鬼界ケ島からの帰還後嵯峨の釈迦堂に赴くまでが導入部（要目の一・二・三）、仏法が宝であることを説く四・五が序論部、迷いの世界である六道を離れ、仏になる道の方法論を説く十二門論の展開部である要目の六・七が本論となる。したがって、六道は構成上は六番目と最後の方に位置してはいるが、七巻本では巻二の前半から六道が説かれ、十二門論は巻三の終わりから最後まで充てられている。このように、分量的にも六道以降が本論であることが知られよう。

神に関する事項の記載は少ないながらも、本論部分である六(5)③の「病苦」以降目立ってくることがうかがわれる。ただ、その数は極めて少なく、表記載の項目数は合計三十である。このうち、完形・要約説話は十九話で、標題説話は三話となる。他の八項目は説話とはいえない事例紹介的なものである。これらの二十二話に前項で紹介した他本の三例を加えても二十五話で、全体の四％ほどにしかならない。本集の神は数値上ではほとんど取るに足らない、ということになりかねない。

ロ、神の種類

次に本集に登場する神（神社）を登場順に列挙するなら、次の通りである。

金峰山・天照大神・熊野権現・北野天神・日吉・広田明神・（賀茂）・那智・宇佐八幡・伊弉諾・伊弉冊・出雲・大峰・葛城・諏訪・熱田・竜神・鬼神・函谷関の神・玉津島の神・松尾・素盞嗚・住吉

傍線部は平安中期以降朝廷から特別の尊崇を受け、十一世紀には二十二社として固定化した神社である。二十二社は、伊勢・日吉を除く外は畿内に存在する神社であることが一つの特色である。本集の八幡は宇佐八幡のことで石清水八幡ではないため、二十二社には入らない。ただ、同じ八幡神ということで同列のものと見なし、三巻本に見られた春日を加えるなら、本集には二十二社中の三分の一強の神（神社）が登場していることになる。

金峰山・熊野・那智・大峰・葛城などの修験道関係のうち、神として直接名が示されるのは熊野権現のみである。ただ、直接神の名は明示されてなくても、金峰山の神（四(4)）は蔵王権現が想定されていると見てよいであろう。なお、七(3)の二十五善神は灌頂経などに登場し、五戒を持するものを守護する仏法上の神である。日本の神祇とは異なるため、ここでは考察の対象から外すこととする。

賀茂を括弧内に入れたのは、直接登場はしておらず間接的なためである。すなわち、賀茂別雷社の神官賀茂重保が年来建春門院について御祈を行っていた話であって（七(1)②）、前述のとおり広義の賀茂社関係事項に含めておいた。

竜神（七(4)）・鬼神（八）などの格の低い神も見えるが、概して彼らの役割は大きくない。むしろ鬼神は素盞嗚とともに、『古今集』仮名序を捩ったと思われる「語りの結び」に登場していることに注意する必要がある。また、七(3)④の伊弉諾・伊弉冊関係説話は鎌倉・南北朝期成立の古今集注釈書類に散見し、中世日本紀的叙述にかなり近いことから、本集と古今注の共通の母体としての和歌の注釈書的世界の存在を想定すべきことも主張されている(10)。これらのことは、本集の神々の世界の独自性を追究する際に極めて重要な要素となるので、今後深めて行くべき課題と思われる。

いずれにせよ、本集には実類神や天狗などの淫祠と見なされがちな神は登場せず、二十二社を初めとする由緒ある神々が多い。その点が本集の神々の特色の一つであるとするなら、その理由が求められるが、次節でその一端に触れたい。

二、『宝物集』の神々の特質

（一）康頼の行動圏との関係

本集に登場する神々の問題を考える際に必要と思われることは、著者康頼の行動圏との関係である。それはすなわち、本集の説話圏と著者の知識・体験の範囲との関係を考えることで、著者が判明している場合の説話集を考察の対象とする際には行うべき作業といえる。本集記載の神々は、康頼の行動のどのような側面が反映したものといえるのであろうか。

康頼の伝記については不明な所が多いながらも、山田昭全氏による康頼伝が現在の水準を示しているといえる。[11]康頼は後白河院の近習であったため、後白河院としばしば行動を共にした。そのことに注目し、康頼の行動圏を後白河のそれと重ねて考えることが、康頼を語る史料が少ない今日においては一定の有効性を有すると思われる。

行動圏をここでは信仰圏と言い換えても良いが、第一に注目できるのが、熊野詣である。熊野社は日吉社と共に、後白河院にとって守護社的性格を有する重要神社であった。[12]後白河近習時代ということで、一一七七年の鹿ケ谷事件以前の後白河院の神社参拝の事例を見ると、[13]回数では熊野（含新熊野）・日吉（含今日吉）参拝が圧倒的で、賀茂・石清水八幡宮がそれらに続いていることが知られる。康頼がそれらの参拝に随行していたであろう事が推測されるのである。

後白河の熊野詣は生涯三十四回とされる。[14]記録上で確認されるのは二十八回であるが、鹿ケ谷事件直前まででは十九回を数える。それらの参詣に康頼が随行したであろうことは想像に難くないが、史料的に確認できるのは仁安四年（一一六九）正月十四日進発の第十二回目の熊野詣である。[15]その時には十二所権現に参り、康頼は神歌を歌っている。こうした後白河の熊野詣の随行を通じて、康頼の熊野信仰が育成されていったのであろう。『平家物語』巻三（高野本では巻二）「康頼祝言」「卒都婆流」では、康頼は熱心な熊野信仰者で鬼界ケ島に熊野三所権現を勧請した様子が述べられている。『平家物語』の記載がそのまま事実ではないにしても、根拠がないとはいえないとすれば、[16]康頼における熊野信仰の存在を想定してもよいと思われる。

こうした点で、本集の数少ない神に関する記載のうち、二話・二項目の四つが熊野関係であることは注目される。中でも、人々を仏道に導く方法論を示す十二門開示の冒頭で、十二という数字にゆかりの神の例として十二所熊野権現が挙げられていることは注目してよい。

何か事例を挙げる際に、神を先にし次は仏という順で記すことは、院政期には定着していた約束事的なことである。神を先とするのは、物事の始まりは神代の時代から、という認識と関係があろう。それは、本集では千秋万歳の神楽は天の岩戸の前での神たちの謡いが始まりであるとか（四⑽）、『古今集』の序の引用ではあるが和歌の始まりを素盞嗚の三十一文字に求める（八）、などの事例で確認されよう。十二所熊野権現の場合は、神を先とするという約束事が反映されていただけのことかもしれない。同様の例は死苦の項で、死自体は「神にいのるしるしなく、仏に申もしるしなし」という部分にも確認される。ただ、四⑷の金が宝であるとする事例を述べる部分では、「仏を金身と申、神に金峰山おはします」とある。ここでは仏を先とし神が後になっている。この点では本集では、神が先で仏は次、という原則が必ずしも一貫していないことが知られる。

本集の四苦八苦の項では、苦の中の苦ともいうべき第一の苦が死苦で、他の苦はすべて死苦に収斂される、という理解が示されていることに注意する必要がある。死は神仏に祈っても逃れ難いものであることが強調されており、祈る対象の第一に神が配置されていることとの意味は小さくない。本集の本論である十二門開示の最初に熊野十二所権現のことが語られていることは、神の中でも熊野権現の持つ意味の重要性が語られているといえよう。

本題である康頼の行動圏との関係に戻るなら、前述の康頼が神歌を歌った、という事に関して付加しておくべきことがある。康頼と歌謡に関しては、『梁塵秘抄口伝集』巻十のあちこちに今様の名手振りが記されている。後白河編纂の『梁塵秘抄』は、当時流行していた今様を集成したものである。康頼が後白河の近習でかつ今様の名手であったことから、『梁塵秘抄』に収録されている今様の世界と康頼とを重ねることはあながち不当とはいえまい。後白河の信仰圏との重なりの第二として、『梁塵秘抄』の神祇関係歌に注目したい。

『梁塵秘抄』巻二「四句神歌」百七十首と「神社歌」六十九首に神々（神社）が歌われているが、それらは康頼の意識に上り得る可能性が高かった神々（神社）といえよう。本集と『梁塵秘抄』で歌われている神々（神社）で重なるのは、四句神歌では熊野・日吉・賀茂・熱田・住吉・広田・諏訪・金峰山で、神社歌ではこれらに松尾・春日・八幡らを加えることができる。さらに、他の法文歌（一八八番）や僧歌（二九八番）などから、大峰・葛城・那智などを加えることも可能である。現存の『梁塵秘抄』でも、本集の神々の六割強が重なることが知られた。本集の神々は著名な神々が多いことから、散逸した『梁塵秘抄』の他の巻を検討することができるなら、恐らくは本集の神々はほとんど網羅できるのではないかと思われる。こうした神仏が読み込まれた今様を康頼自身が歌っていたとするなら、それを康頼の行動圏の一環と捉え、本集に取り入れられた神々の素材の出所の一つに位置付けてもよいであろう。

後白河の信仰圏の第三として注目したいのが、蓮華王院（三十三間堂）の惣社である。後白河法皇は安元元年（一一七五）に、蓮華王院の鎮守として惣社を建立した。(17)そこには伊勢を除く二十一社と、日前国懸・熱田・伊津久島（厳島）・気比社などが勧請された。(18)その際に各社の本地を図絵して送り、本地不明の場合は鏡を提出するようにという指示が出され、松尾・平野・国懸・熱田が鏡を提出したことが知られる。(19)この惣社勧請の神々と本集の神々を対照すると、さらに熱田明神を加えることができる。

以上、本集登場の神々は、後白河法皇をめぐる信仰圏とほぼ重なることが知られた。康頼は後白河の近習であった点で、その影響を受けたものと推察しておきたい。とはいっても、康頼が後白河の信仰圏をそのまま踏襲していた訳ではなく、一定の取捨選択がなされていたと思われる。そのことは証明し難いことではあるが、厳島が一つの素材となり得よう。

後白河は蓮華王院惣社に厳島を勧請した。それは、蓮華王院の造営が平清盛の成功に委ねられたことや、後白河・清盛両者の対立が蓮華王院建立当時はまだ深刻化していなかったことによるものであろう。ところが康頼は、鹿ケ谷事件で清盛により鬼界ケ島に配流になった。平氏との対立は、後白河よりも近臣の方が直接的であったのもかもしれない。

こうした政治的事情が本集の構成に直接反映した訳ではないであろうし、本集の構成上厳島は必要なかったのかもしれない。しかしながら、右記の反平氏という事情により、平氏の氏神厳島が本集には取り入れられなかったとするなら、そこに康頼の主体性を見てとれるのである。

（二）神の機能と神仏習合

本項では、神仏習合の流れの中での本集における神の位置をめぐる問題を中心に検討していきたい。

イ、本地垂迹説

本集は序論部である四の⑪以降最後までは、嵯峨の釈迦堂で夜を明かすことになった人々の一人である「若やかなる女」の問いに、「声少しなまりたる」法師と思われる者が答える形で仏法への道を展開する、という構成になっている。二巻本では、

のちにこれを思ふに、ひとへに嵯峨の釈迦如来、かりに一人の僧に現し給ひてしめし給ひけりと知りぬ。

と、仏道を説いた僧は実は嵯峨の釈迦如来の化身であったとされる[20]。本集は垂迹した化人が語った仏道物語なのである。そうしたことも関係してか、本地垂迹説は神と仏菩薩のみならず、人と仏菩薩との関係でも語られている。後者の人と仏菩薩との関係では、本集独自の事例ではないが、聖徳太子（六⑸⑤）と聖武天皇（七⑷）が救世観音の垂迹で、空海は第三地の菩薩（六⑸⑤）とされる。また、本地仏は特定されていないが、浄飯王は「権者」とされている（七⑹②）。

神と仏菩薩との関係では、熊野・日吉八王子・那智は観音の（七⑵①）、八幡が釈迦の垂迹とされている（七⑸）。

熊野は社殿により祀られる神が異なり、本地仏もそれぞれ異なっている。すなわち、熊野として一本化されている訳ではないが[21]、本宮であれば阿弥陀である。『江談抄』に熊野の本地を詮索する話があるが（第一―三十五）、そこでは熊野は伊勢と同体で伊勢の本地は救世観音としている。その理屈を延長すれば、熊野の本地は観音ということになる。

社殿による本地仏の違いはともかく、院政期においては熊野は阿弥陀・観音信仰を基本として信仰を集めていた場であったといえよう。本集は人々を極楽浄土に導くことを最終目的にしている書であるので、その役割を果たす阿弥陀の脇侍である観音が重視されるのは当然といえる。本集における観音の比重は大きく、観音・阿弥陀一体説ともいえる論が展開されてもいる（七(2)①）[22]。本集の神は、極楽往生を勧める意味からも、阿弥陀や観音を本地とする神にやや力点が置かれているといえよう。

また、八幡は釈迦の垂迹とされるが、それは両者の関係が説かれ始める十世紀辺りの認識といえる[23]。八幡の本地は十世紀以後の浄土教の進展の中で阿弥陀へと変化していく[24]。そうした風潮の中にあって本集における八幡の本地を釈迦とする認識は、古態を色濃く残しているものとして注目されよう。

ロ、衆生的神

さて、神々の本地は実は仏菩薩である、ということで時代の進展に伴い神仏の一体化が進んでいく。それは圧倒的な仏教優位の中での一体化とされる[25]。もちろんその一体化は神の仏化あるいは仏の神化の両面があるから、神に即していうなら仏菩薩に還元し切れない神々固有の機能などは残っていくことになる。しかし、本地垂迹関係で把握された神の場合、その神の固有性は極めて見えにくい。本地垂迹を主題とした研究においても、神の固有性について意識的に詮索されることは少ない。その点本集では、神の固有性についてはどのように示されているのであろうか。それは神には煩悩具足の衆生的側面がある、ということで示されているといえる。

北野天神は、「右近の馬場の辺、心につくがゆへに、一夜に松を生して跡をたれたりとぞ侍るめる」とされる（六⑤⑤）。北野天神が北野という地に祀られた事情を説明した部分である。北野天神は、怨憎会苦の事例の一つとして語られている。怨憎会苦は、「よろづにつけてものの恨みをいだく」ことをいう。[26] すなわち、北野天神は恨みの心を持った神、ということになる。恨みの心は、往生の妨げになる心でもある。

続く求不得苦の事例としてあげられる日吉山王も、同様に苦から免れていない神ということになる。説教師忠胤は長承年間（一一三二～一一三五）に起こった疾疫・飢饉の要因の一つは、日吉七社への幣帛を怠ったことにある、と説いた（六⑤⑦）。幣帛が供えられないことにより日吉の神は求不得苦を生じ、人間に罰（祟）を下したのである。

このように、本集では神は人間同様に煩悩具足の存在としても描かれている。数多い煩悩の中でも執着心は臨終正念を乱し、往生の妨げになる心である散乱心を起す要因になるのである。したがって、月に心を止めた中国の遊子は函谷関の神（道祖神）になり、和歌に執着した衣通姫は玉津島の神となった（七⑩）。執着心の結果神になったというのであるから、仏教の解釈では神はそうした煩悩を具足した衆生ということになる。神はそもそも荒ぶるものであり、その心をなごめるために歌が詠まれたのであった（六⑤⑥）。

この和歌と神に関して、前述の通り一巻本には赤染之右衛門が息子の病気平癒を願って住吉神に奉幣し歌を詠んだ話が載せられている。平癒したという結果は記されていないが、『今昔』（巻二十四―五十一）などにも同話がある歌徳説話として著名なものである。ただ、本集の他の伝本ではこの話は継承されていない。本集には神の救済機能を語った話は見られない。そうした傾向を持つ本集の中で、本話は歌に随喜した神の一種の報恩譚ともいってよい話である。しかし、それが他本に継承されていないということは、神は仏教による法施に対しては恩を示すが、それ以外には感応しない、という著者の理解によるため、と考えておきたい。

すなわち、読経すれば神々は随喜して恩を施したり、苦から脱したりするのである。最澄が法華経を講読すると紫衣を施した宇佐八幡は前者であり、空也の読誦により寒夜の苦患を免れた松尾大明神は後者の例になる（七⑾）。このように神は基本的に煩悩具足の衆生であり、験を示すのは仏教に関係した時に限られ、それ以外は験を示すことはない、という著者の理解が感ぜられるのである。

これらの神々は宇佐八幡を除くと、本地垂迹の関係では語られていない。つまり、本地垂迹説成立以前の段階である仏教により救済される対象としての神の姿が語られている、ともいえるのである。北野天神は『愚管抄』では観音の化身とされ、煩悩具足どころか先見の明により日本における臣は藤原氏のみという、あるべき政治の方向性を示した権者として描かれている（巻三）。本集の北野天神は、そうした能力を有した神という理解はなされていない。

同じく観音の化身である聖徳太子の評価も、本集と『愚管抄』とでは異なり興味深い。『愚管抄』では、太子の役割を仏法の受容と定着にあるとする。そして、その観点から慈円は牽強付会ともいえる論法で、太子が蘇我馬子による崇峻天皇暗殺行為を黙認したことや物部守屋討伐に加担した行為を肯定した（巻三）。一方本集では、「聖徳太子は救世観音の垂迹なり。されども、守屋の大臣が頸きりたまふ」とする（六⑸⑤）。これも怨憎会苦の一事例であることに注意したい。

太子の行為は、『愚管抄』が述べるような仏法を定着させるという先見の明に基づいたものではなく、単なる恨みによるものである、ということになる。続いて第三地の菩薩である空海も好敵手とされた守敏を調伏したことが述べられている。すなわち、菩薩の化身である権者でも、怨憎会苦のような苦を免れるのは困難であることが述べられているのである。聖徳太子・空海は、本集では神として扱われていない。しかし、垂迹される対象は本地と一体化し完全無欠になるではなく、垂迹される以前の人間としての脆弱性を色濃く残しているものと考えられるのである。本集の聖徳太子・空海の事例はそのことをよく物語っていよう。

(三)　俊綱上人と熱田大明神

本集の神に関する話で多少まとまった筋を持ち、先行説話も現在の所確認されていない本集独自ともいえる話が本項の表題の話である（七(5)）。尾張国に俊綱上人という聖がおり、熱田大宮司に奉加を求めた。その際に大宮司は水をかけて追い返してしまった。その後俊綱という国司が神拝にやってきた際に、迎えるべき大宮司は国司を待たせてしまった。怒った国司が大宮司に水をかけたところ、宮司はそれは大明神に対する恥辱でもあるとして呪詛した。ところが大明神が示現して言うには、国司俊綱の前身は昔宮司が水をかけた俊綱上人で、宮司はその時の報いを受けたものである。自分は俊綱上人より多くの法施を受けているので、国司俊綱に対しては神罰には及ばない、ということであった。以上が話の概略である。

本話とは趣は異にするものの、同様の話は『宇治拾遺物語』（以下『宇治』）にも見られる（巻三―十四）。『宇治』では、俊綱は藤原頼通の子であるなどの素性の説明がなされたり、国司として尾張に下り大宮司とやり取りする部分が詳しくなっている。

本話は本集成立の百年ほど前の時期を語った話、ということになり、法施を受けた神の一種の報恩譚ともいえよう。法施の内容は本集では明記されていないが、『宇治』では法華経千部の読誦と記されている。法楽に随喜した神が恩を与えるという点で、前述の最澄の法華経講読に対する宇佐八幡の報恩と同様の話といえよう。

本話は、「発願」の項の一話に配列されている。「発願」は「浄土に往生せんと云ふ」願なのであるが、自力的なものよりも仏菩薩による他力的衆生救済願が最初に列挙されている。すなわち、釈迦の五百願・薬師の十二願・阿弥陀の四十八願・普賢の十願などである。そして「願」にかかわる一連の説話の一つとして本話が配置されているのである。本話の「発願」は、俊綱上人の法華経読誦の願であり、神はその法施を受けたことにより救済されたのである。本話に登場する熱田明神は本地垂迹関係では捉えられておらず、仏教により救済されるべき衆生的神といえる。それは、法施を受けたことにより神罰を行使することができない神、といってもよい。

熱田明神も神仏習合の進展の中で、本地垂迹の色彩を強めて行き、十一世紀初頭にはそのことが確認できる。[27]本地仏も平安末には五智如来、中世には大日如来とされるなど、密教との結合が顕著になる。[28]しかし、熱田明神の本地は蓮華王院の惣社の所でも確認したとおり、康頼の時期には不明とされていた。熱田の本地仏については、当時はさほど定着・普及はしていなかったようである。本話の熱田明神が本地垂迹関係で捉えられていないのは、そうした状況も関係していよう。

先に本話は一種の報恩譚であるという理解を示したが、報恩というよりも俊綱は神の配慮により神罰を及ぼす対象とはならなかった、という解釈もできよう。神の利益が積極的に語られている訳ではないのである。ここで注目したいのが、「神罰」という語である。佐藤弘夫氏によると、本来神は「祟る」ものであったが、神と祟りを結び付ける記述は平安時代以降しだいに減少し、代わって「罰」という言葉が用いられ十二世紀以降頻用されるようになり、起請文がそのことを裏付ける、とされる。[29]

起請文的な「神罰」の使用例は七世紀には既に見られる。天智天皇の死に際して大友皇子らとともに左大臣蘇我赤兄らが天智天皇の詔の旨に従うことを誓った際に、「天神地祇、亦復誅罰」と述べている。[30]赤兄らの誓文は一種の起請文ともいえるので、最古の起請文とされる良源起請中に見える「冥罰」なる語[31]よりもさかのぼり得るといえよう。なお、良源の言う「冥罰」は護法善神によるもので、日本の神祇によるものではないことに留意しておく必要がある。

神罰相当語は七世紀後半には既に見られるとしてよいであろうが、「神罰」という語が確認されるのは十二世紀前半まで下るようである。[32]本話における「神罰」の語は、説話集の使用例としては最も早い用例と考えられ、その点で注目してよいであろう。

前述のごとく、本集の神を分類するなら、本地垂迹説に基づいた神と本地垂迹説成立以前の衆生的神の二種類となる。神に関する全体的に少ない記述においても、前者の神についてはさほど目立つものではない。むしろ、後者の神の方が印象深く、本項の熱田明神もその一例といえる。

すなわち、本集においては本地垂迹説成立以前の神の姿が描かれており、それだけに仏菩薩に還元仕切れない神の固有性がうかがわれる、といってもよい。神ではないが菩薩の化身でありながら怨憎会苦の煩悩から脱し切れていない聖徳太子や空海なども同類といえよう。本集の神の特質を、この点に求めたいと思う。

加えて、『今昔』でも本地垂迹思想は本集同様顕著ではなかった。選者自身の姿勢による所も大きいのであろうが、本地垂迹説が進行していたとはいっても、その浸透・普及は当時はさほどのものではなかった、ともいえよう。

結びにかえて

以上、本集における神について述べてきた。神に関する記載が少ないだけに目立った特質は見出しにくく、事例提示的な形になってしまった。最後に、本集における神の意義について述べ、結びにかえたい。

山田昭全氏は、本集の構造性に注目して伝本の成立を推測した。それによると、本集はブロックを積み上げるように全体が作り上げられており、その構造体は一巻本から七巻本に至るまで不変である、ということであった。[33]すなわち、前掲の表に示した要目は各伝本とも基本的には同じ、ということである。そうすると、神に関しては各伝本共通の項目が、本集においては欠くべからざるものとして重視されていることになる。本集が一巻本から七巻本へと増補されたにせよ、その逆にせよ、欠くべからざる項目として重視されていたことになる。そうした関心から改めて表を眺めるなら、六⑴と六⑸③④が各伝本共通であることが確認される。

六以降が本集の本論であり、六道中の死苦と怨憎会苦の部分の神の記述が各本共通していることは興味深い。これは八苦のうち死苦が基本であることに他ならないからであろう。すなわち、生老病苦は行き着くところは死で、結局死に収斂されるものである。怨憎会苦の項では、その結果相手を「殺す」に至った歴史上の事例が列挙されているが、皆死に通ずる事例である。愛別離苦も最大の苦は死に別れであろう。求不得苦は「貧窮」のこととされ、死苦よりも苦しいものである、という毘沙門天の言葉が示されてはいるが、「貧窮」の行き着く先はやはり死であろう。直接死苦に結び付かない苦は、「もののおそろしく、あやうき」をいう五陰盛苦位かもしれない。押しなべて苦は最終的には死苦に収斂されるものと考えてよいであろう。

本集では六道のうち人道のみに苦という小項目が立てられ、詳細に語られている。さらに、標題説話数が最も多いのが怨憎会苦の項で和歌数は愛別離苦が群を抜いている、とする前述の高橋氏の調査(34)を踏まえるなら、本集における苦の重要性が知られよう。そこで語られる神がどの伝本でも記されているところに、神でも苦からは逃れられないことを述べることにより、苦の重要性を認識させようとしたのではないかと思われる。

ただ、死は前述のように「仏に申もしるし」ないものであった。死は逃れ難いものであるからそうした認識が示されるのは当然であろう。しかしながら、釈迦の死は「涅槃」と捉えられており、本集が強調する極楽往生は死を媒介としてなされるものである。したがって、仏との関連で死が語られる場合は、推奨することはしないまでも、死の否定的な側面は強調されないことになる。

本集の神はどちらかというと本地垂迹説で語られるよりも、それ以前の迷える衆生的側面が強い神が語られる傾向があることを指摘した。それは、神は苦しみ楽しみを味わった人間である、という人神観念に裏付けられたものともいえる。そうした観念は「ちはやぶる神神にましますものならば、あはれと思しめせ、神も昔は人ぞかし」（『梁塵秘抄』四四七番）の歌を引くまでもなく、当時熟していたものであった。さらに、菩薩の化身である聖徳太子・空海らが苦を脱し切れていないのは、同じく『梁塵秘抄』に歌われている「仏も昔は人なりき（後略）」（二三二番）、という観念に基づき、人間としての側面に注目したものといえよう。『梁塵秘抄』からうかがえる当時の思潮を共有していたともいえる康頼が、そうした意識を本集に反映させたであろうことは推察するに難くない。

本地垂迹説が熟していないということは、仏教による勧化が神には十分なされていないことの現れ、いう理解も可能であろう。

本集は嵯峨の釈迦が天竺に帰るといううわさを聞いた著者が、その様子を確認がてら参詣するところから始まっていた。そして、その釈迦の化身とも思われる僧侶による仏道が説かれて物語は終わる。結局、釈迦が天竺に帰ろうとする理由や、帰ったのかどうかという結論は示されていない。本集の神の意義を考える際に、こうした課題への見通しを述べておく必要があろう。そのためここでは、釈迦が天竺に帰ろうとしたのは、本朝での教化の縁、すなわち化縁が尽きたからという仮説を前提として立ててみたい。言い換えれば、本朝の神や衆生への教化に限界を感じたから、ということである。ところが、釈迦の化身である僧により人々や神々に仏道の要点が十分に語られた。そのことにより、教化を効果ならしめる可能性が出てきたため、帰国を思い止まるに至ったのではないか、という理解をしておきたい。

その僧が教化した証しは多数の歌により示されていた。冒頭で紹介した大場氏の理解を公式風に示すなら、『宝物集』＝「歌神への報恩の歌集」＋「仏への報恩の仏前物語」、ということになろう。その際に、歌集と仏前物語は同列ではなく、歌は仏道の証歌ということであるなら、歌集は仏道の前提的位置にあることになる。歌の存在により、教化の可能性の展望が開けた訳である。日本の神々が衆生と共に教化され、仏菩薩の手足として果たす役割が大きくなれば、本地垂迹思想を促進させることが可能になる。本集は、そうした見通しを内包した書ではなかったのかと思われるのである。嵯峨の釈迦が帰国を思い止どまったのかどうか実のところは分からない。しかし、本地垂迹が熟す見通しがついたのであれば、自己の役割を神々に委ねればよいことになり、天竺に帰国しても問題はなかった、とも考えられよう。

本集の神々について積極的な意義は見出し難かったが、その位置付けについては、今後も議論が必要と思われる。その意味で本章は基礎的考察の域を出るものではないが、不十分な点は今後に期したい。

注

（1）小泉弘『古鈔本宝物集』研究編一二一頁など（一九七三年、角川書店）。

（2）木下資一「宝物集」（大曾根章介他編『研究資料日本古典文学』第三巻所収、一九八四年、明治書院）。

（3）ただ、本集は歌集編纂を意図した訳ではない、という見解もあり（大島薫「化人の語る仏道教化―『宝物集』の構想―」〈関西大学国文学会『国文学』九十一、二〇〇七年三月〉）、諸本間の歌の位置付けの違いも含めて単純ではない。

（4）説話と説話文学の会編『説話論集』第十六集「説話の中の善悪諸神」（二〇〇七年、清文堂出版）。なお、吉原浩人氏は比較的以前に、中世は神を意識しないでは説話集という小宇宙を表現することが不可能な時代である、と説話集における神の重要性を説いていた（同「中世説話集における「神」―『古事談』『古今著聞集』の篇構成意識を中心に―」〈『国文学解釈と鑑賞』五十二―九、一九八七年九月〉）。しかし、神に関する検討の度合いは作品によりまちまちである。

（5）大場朗「『宝物集』―歌書的性格の濃い説話集―」（『国文学解釈と鑑賞』七十二―八、二〇〇七年八月）。

（6）小泉氏は多数の伝本を七つの系統に整理し、一巻本は草稿本で、それが増補改稿されて七巻本となる、という見通しを示された（同注〈1〉の書）。本章でも伝本の相互関係は小泉説に依拠する。

（7）小泉弘他校注『宝物集　閑居友　比良山古人霊託〈新日本古典文学大系四十〉』（以下『新大系』）使用（一九九三年、岩波書店）。

（8）一巻本は宮内庁書陵部蔵本（小泉弘翻刻『国学院女子短期大学紀要』第六巻、一九八八年三月）、二巻本は北海道大学附属図書館蔵本（追塩千尋・北海道説話文学研究会翻刻『北海学園大学人文論集』三十二号、二〇〇五年十一月。なお、同論集三十七号〈二〇〇七年十月〉に校訂本文を掲載）、三巻本は静嘉堂文庫蔵本（山田昭全他編『宝物集』一九九五年、おうふう）を使用した。

（9）高橋伸幸「宝物集とその周辺」（今野達他編『日本文学と仏教』第三巻所収、一九九四年、岩波書店）。ただし、同論文の第九表によると第二種七巻本の標題説話数は合計二七三話となる。

（10）山下哲郎「『宝物集』神功皇后説話小攷」（駒沢大学大学院国文学会『論輯』二十一、一九九三年五月）。

（11）山田昭全「平康頼伝記研究（その一）―後白河近習時代―」（『大正大学研究紀要』仏教学部・文学部六十一、一九七五年十一月）、「同（その二）―鹿谷事件・帰洛・麻殖保司―」（『豊山教学大会紀要』三、一九七五年十一月）、注（7）『新大系』宝物集解説。

（12）岡田荘司「後白河院と神祇の世界」（初出は一九九二年、同『平安時代の国家と祭祀』所収、一九九四年、続群書類従完成会）。

（13）康頼が何時から後白河院の近習であったのかは不明である。平治の乱時には既に後白河に仕えていたようなので（『平治物語』）、その翌年である永暦元年（一一六〇）から鹿ケ谷事件の前年である安元元年（一一七六）までの間の後白河院の神社参拝を、『史料綜覧』で探った結果である。

（14）宮地直一『熊野三山の史的研究』一五八頁（一九五四年、国民信仰研究所）。ただし、三十四回目は同時代史料では確認できない。

（15）『梁塵秘抄口伝集』巻十二。『兵範記』にも上皇参詣のことが見えるが、該当記事には康頼随行は確認できない（仁安四年正月十四日条）。

（16）注（11）山田第一論考。

(17)『百錬抄』安元元年六月十六日条。
(18)『吉記』安元元年二月十六日条。
(19)同右。
(20)大島薫氏は注（3）の論考で、仏道を説く法師が「声少し訛りたる」と表現されていることに注目し、それは異国「訛り」ともいうべきもので、法師が天竺から渡来した釈迦の化人であることを暗示するものである、という趣旨のことを述べている。
(21)『長秋記』長承三年（一一三四）二月一日条では、三所丈相（阿弥陀）・両所（千手観音）・中宮（薬師）・五所王子若宮（十一面観音）・禅師宮（地蔵）などとされる。
(22)7⑾で七巻本では『千手千眼大悲心経』を引用し、「千手は、「我本師阿弥陀如来をねんじ奉るべし」とをしへ給へり」（『新大系』三三三頁）とある。ただ、二巻本では「わか本地阿弥陀如来を念したてまつれとをしへ給ふなり」（下五十八オ）となっている。もっとも、同じ二巻本でも小泉弘蔵本では「本地」は「ほんし」となっている。観音と阿弥陀の関係は本地垂迹説的な解釈のもとで、一体のものと理解されているようである。
(23)応和二年（九六二）の奥書を持つ『大安寺八幡宮御座記幷塔中院建立之次第』（大安寺史編集委員会『大安寺史・史料』所収、一九八四年、名著出版）では行教が宇佐に参籠したとき、衣の袖の上に釈迦三尊が映じたとある。
(24)『続本朝往生伝』十六「真縁上人」。
(25)平雅行「神仏と中世文化」（歴史学研究会・日本史研究会編『日本史講座』第四巻所収、二〇〇四年、東京大学出版会）。
(26)注（8）の書、九十一～九十二頁。
(27)寛弘元年（一〇〇四）十月十四日付の大江正衡「於尾張国熱田神社供養大般若経願文」には「侍熱田権現之垂跡」という表現が見られる（『本朝文粋』巻十三「願文」上）。
(28)この辺の状況については、久保田収「中世における熱田神宮の崇敬」参照（初出一九五九年、同『神道史の研究』所収、一九七三年、皇学館大学出版部）。

(29) 佐藤弘夫『アマテラスの変貌』四十三〜四十四頁（二〇〇〇年、法蔵館）。
(30) 『日本書紀』天智天皇十一年（六七二）十一月丙辰条。この記事は北条勝貴氏のご教示による。
(31) 天禄元年（九七〇）七月十六日付「良源起請」（『平安遺文』第二巻三〇三号）。二十六箇条起請の第十九箇条に「護法善神、先加冥罰」とある。
(32) 起請文ではないが、保延二年（一一三六）六月付の金剛峰寺が東寺の横妨停止を要求する奏状文（『平安遺文』第十巻補二一六号）中の威嚇的表現の部分に、「衆僧若奏虚誕於我君者、各蒙冥罰神罰者」などのように「神罰」の語が見える。
(33) 注（8）の「宝物集解説」五三一〜五三二頁。
(34) 注（9）の論考。求不得苦の標題説話数は標題説話全体の二割（説話全体では一割弱）、愛別離苦の和歌数は全体の二割五分を占めることになる。

第五章　垂迹神の諸相
――『私聚百因縁集』巻九―四を中心に――

はじめに

神仏習合が進行する中で本地垂迹説が成立し、神々の本地が比定され、本地である仏菩薩の機能に裏付けられた垂迹神の活動が現れ始める。この本地垂迹説における神仏の習合形態については論者の間に必ずしも共通理解があるとはいい難く、さらに和光同塵という考え方が加わることにより複雑性を増す。仏主神従の立場から唱えられた本地垂迹説及び和光同塵における神の役割・機能のことが自明のことでないのであれば、実際の事例に即してその実態を明らかにし、改めて本地垂迹説・和光同塵の意味することについて考えていく必要があると思われる。

筆者はその一環として、無住における本地垂迹説と神の意味について検討してみた(1)。そこでは、神仏の習合形態や、和光同塵における神と仏菩薩との関係についての試案も提示した。和光同塵とは、文字通り本地の光を和らげ塵に交わって現れたのが神であるという考えである。したがって、垂迹神は仏菩薩そのものとはいえず、その機能も仏菩薩のそれと同質ではなく、塵により薄められかつ弱められたものである、ということを無住の説話を通じて示してみた。筆者の試案はもとより不十分なもので、今後事例をさらに積み重ねることにより試案の当否を検証し、補強あるいは修正していく必要があろう。

和光同塵における神仏の習合形態は多様であり、一義的に定義し得るものではないのかもしれない。したがって、習合形態の実際に迫るには、垂迹神の実際の活動の姿を検討し事例を積み重ねていくことが必要と思われる。本地である仏菩薩側も神と習合することにより、神から何らかの影響を被っていると思われ、その解明も必要である。ただ、本章ではとりあえずは仏主神従の視点から見た場合、垂迹神はどう位置付けられるのか、という関心から垂迹神の動向に焦点を当てることにし、仏菩薩が被る影響については今後の課題としたい。

以上の関心に立ち、和光同塵の実態に迫るための一作業として、ここでは『私聚百因縁集』（以下『百因縁』）の一説話を取り上げ、垂迹神の機能について考えてみたい。『百因縁』の研究に関しては北海道説話文学研究会編『私聚百因縁集の研究』本朝編（上）があるが、作業が中断し成果の刊行も中途半端なままで今日に至っている。(2) 同書には本章で検討する話は扱われていないので、いまだ手付かずの『百因縁』の諸話に関する作業を推進する一助になれば幸いである。

一、巻九―四「松依事〈付神祇結縁〉」について

（一）話の概要

本章で取り上げるのは、巻九―四「松依事〈付神祇結縁〉」である。以下内容紹介を兼ねた口語訳を示す。本文は古典文庫本『私聚百因縁集』を使用し、文中の「　」で示した部分は、読みやすいように平仮名交じりで原文を読み下したものである。なお、会話文にも「　」を付してあるが、原文読み下し部分との区別は容易と思われる。

〈内容〉

まず、「衆生の得道、事により不定なり。和光同塵は結縁の初めなれば、仏神本迹同じく人を助け者を救う。その例はなはだ多し」という文が冒頭に示され、話が展開する。

近江国日吉社の神領に住む安松依という一人の下臈が、日吉社の宮役を勤めるために比叡の坂本に登った。そこで、山王の三聖四社などに毎日供える御供を入れた長櫃を担う役を一日勤めた。その後神領を離れ琵琶湖の辺に移住し、漁業（殺生業）で生計を営んでいたが、五十三歳で死去した。

その中有の間、一人彷徨していた時に「白馬に乗り弓胡籙を帯して綾井笠を着した俗人」に逢った。その俗人の立ち振る舞いは自国において見慣れた風であったので「馴《なつか》しく」見ていたら、彼の人は馬から下りて「お前は極悪の罪人である。閻魔王宮で罪の軽重を問われたならば、自分は生身の阿弥陀如来と契りを結んだと言え」と教えた。松依は「阿弥陀如来に結縁した覚えがないので、そのように申すことはできない」と言うと、俗人は「神明は本は往古の如来で、深位の菩薩である。粗雑な行動をする衆生を利益するため、光を和らげ塵に交わっているのだ。日吉七所の明神は、本地は三如来四菩薩である。一度でも参詣し結縁した者は、必ず彼らの済度により永く三途を離れ、終には八相成道に至ることができる」と言った。さらに、「神と仏菩薩とは以上に述べた関係にあることを理解せよ。ただし、実類神はこれには該当しない。さて、お前は日吉社に供える日の御供を担って参詣したことがある。しかしお前は（殺生業の罪により）三悪道に堕ちることになっているため、本地である阿弥陀如来が真子（聖真子）権現と相談して、お前がこれからとるべき行動について知らせたのだ。この事は虚妄ではない。私は八王子の宮である」と名乗り、「諸仏諸菩薩、因果幷慈悲、和光為垂迹、広導諸群生」という偈を唱えて去っていった。

閻魔王宮に詣でた松依は、八王子から教えられた通りの問答を王との間で行い、許されて生還した。そこで松依は直ちに出家し、日吉社に参詣し社頭を整え、比叡三塔の三千の衆徒と同じく神明を憑み、日吉権現による日本国（一州七道）の済度を仰いだ。そのため松依は今生においては安穏に過ごし、最後は乱れることなく臨終正念した。

最後は「故に知りぬ、衆生の出離生死は此の体には色々なる事多しと云々」と結ばれる。

以上が話の筋である。要約するなら、安松依は殺生業を生業にしていたにも拘わらず、その業に就く前に日吉社に一度だけ日の御供を運んだ功徳により、日吉の一神である聖真子とその本地仏阿弥陀の救済に預かれることを八王子から教えられ、そのため地獄堕ちを免れ生還する。その後出家して神明への信仰も篤かったため臨終正念（極楽往生）した、という話である。

（二）本話に関する二・三の知見

本話は、出典及び関係説話などが現在のところ確認されていない孤立的な話の一つである。(3) 手掛かりに乏しいが、いくつかのことを補足しておきたい。

一つは、先行する文献で確認される表現が若干見られることである。冒頭部の「和光同塵は結縁の初め」や、八王子神が語る中に見られる「八相成道に至る」などの文は、『摩訶止観』の「和光同塵結縁之始、八相成道以論其終」（巻第六下）という文を分散させた表現ともいえる。『山家集』中「雑」に「いかなれば塵にまじりてます鏡つかふる人は浄まはるらん」という和光同塵を詠った歌があり、(4) その詞書に「和光同塵結縁始と云事を」とある。『沙石集』においては『摩訶止観』と明記した上でこの文が引用されており、無住の『摩訶止観』に対する強い意識が知られる。(5) ただ、『山家集』の詞書きと同様に、『摩訶止観』からの引用であることが明記されない場合もままみられる。時代は下るが、『諸神本懐集』（存覚、一三二四年）の「和光同塵ハ結縁ノハジメ、八相成道ハ利物ノオハリナリ」（本）などが一例である。したがって、経典名の表示の有無に拘わらず、この表現は中世においては人口に膾炙していたと思われる。こうした点では、撰者が直接『摩訶止観』から引用したとは必ずしもいえないことには注意が必要である。

また、八王子が語る「八相成道に至る」の前の部分の原文は、「神明は本往古の如来、深位の大士なり。麁動の衆生を利益せんがために光を和らげて塵に交わりたまふ振舞なり」という文で始まる。『諸神本懐集』では前述の引用の文に続いて、「権社トイフハ、往古ノ如来、深位ノ菩薩、衆生ヲ利益センガタメニ、カリニ神明ノカタチヲ現ジタマヘルナリ」（本）とあるが、『百因縁』と同内容のことを述べているといえよう。

以上、本話には中世において広まっていた定形句化した表現が使用されていることの一端が知られた。八王子が唱えた「諸仏諸菩薩、因果幷慈悲、和光為垂迹、広導諸群生」という偈も、何らかの典拠に基づく定形句的なものであることを思わせるが、現在のところ他の使用例は確認し得ない。今後の調査課題としたい。いずれにせよ、本話は現段階では手掛かりに乏しい説話であることには変わりは無い。

次に本話が語られている時代を探っておきたい。時代を探る手掛かりは、①固有名詞である安松依、②山王七社とその本地を示す「三聖四社（三如来四菩薩）」「日吉七所」などの語、③比叡三塔の衆徒は三千であった、④本地垂迹・和光同塵の思想が確立していた、こと位であろう。①については現在のところ手掛かりは得られず、③④も一般的で決め手とはならない。もっとも、③に関していうなら、寺院大衆勢力が成長し僧侶数が急激に増加するのは十世紀から十一世紀にかけてであること(6)、比叡山の衆徒を三千人とする早い事例が十一世紀前半に見られること(7)、などが指摘されている。④の思想が形成・確立して行く時期とほぼ同時期となり、本話が語る時代の上限を窺う参考用語にはなるであろう。

したがって、もう少し時期を絞りこめる有力な手掛かりは②ということになり、山王七社の成立とその本地の確定時期が一つの目安となろう。ちなみに、山王七社とその本地とは、大宮（大比叡）―釈迦、二宮（小比叡、地主権現とも）―薬師、聖真子―阿弥陀（以上三聖、あるいは三如来）、八王子―千手観音、客人―十一面観音、十禅師―地蔵菩薩、三宮―普賢菩薩（以上四菩薩）であり、日吉社は七社成立以後二十一社へと増加する(8)。

佐藤真人氏によると、山王三聖は円珍の時代である仁和四年（八八八）にはその存在が確認されるが、山王七社の体制が整うのは永久三年（一一一五）とされる。[9] 七社の成立が十二世紀初頭ということであれば、それらの本地が比定され様々に論ぜられるのはそれ以降ということになろう。菅原信海氏は、『梁塵秘抄』（四一一番）に大宮の本地が釈迦であることが示され、鎌倉期撰とされる『園城寺伝記』巻一に三聖について大宮（釈迦）・地主権現（二宮、薬師）・聖真子（阿弥陀）、と本地が記されていることを指摘している。[10] 大宮の本地を釈迦であると詠んだ『梁塵秘抄』の歌は、『日吉山王利生記』第二では慶増僧都（一〇一七～一一〇七）作となっているので、三聖の本地の確定時期は七社の成立期とほぼ同時期の十二世紀初頭ということになろう。

同じく『梁塵秘抄』では残り四社も和光同塵の関係にあることが歌われており（歌番号二四三・二四四番）、本地の仏菩薩は十二世紀後半には確定していたと思われる。『梁塵秘抄』にはその本地は具体的には示されていない。ただ、『梁塵秘抄』とほぼ同時代の作品である『宝物集』（一一八〇年前後の成立か）には、「日吉山王八王子、観音の垂迹にあらずや」と、日吉八王子の本地は千手とまでは限定されていないが、観音であることが明記されている（巻四、七「十二門開示」第二「三宝」の一「帰依仏」の項）。[11] 少し時代は下るが、大隅国所在の比叡山末である台明寺の住僧と思われる郎弁が、山王宝殿に七社の本地等を造立した願文には七社の本地が明記されている。[12] これは七社の本地が勢揃いして示される早い例といえそうであるが、十三世紀半ばまでには八王子を含む残り四社の本地も確定していたことは間違いない。

以上のことから、本話は十二世紀前半から十三世紀前半に至る時期の間の話、ということになろう。先行説話が確認できないことを重視するなら、『百因縁』成立期（一二五七年）に比較的近い時期の状況を語った話と見ることもできる。そうであれば、本話は『百因縁』の中でももっとも時代が下る話の一つで、『百因縁』の同時代説話である可能性もあろう。[13]

二、本話の垂迹神について

（一）本話の諸課題

次に本題である本話に登場する垂迹神について検討したい。留意したいことは次の諸点である。

①冒頭で述べられている「和光同塵」は、神とほぼ同義で使用されており、神の役割は「得道」のきっかけを与えるもの、という原則論が示される。

②松依の前に現れたのは日吉七社のうちの八王子神であるが、その本地は明かされていない。また、八王子神が松依と逢った時期と場は、地獄行きは逃れられないまでもまだ行き場は決定されていない「中有」の期間である。神は閻魔王宮までは随行していない。

③八王子神の役割は、同じく日吉七社の一神である聖真子の本地である阿弥陀の功徳を松依に知らせることであった。そこに七社の神々の間には序列や役割分担があったことが窺われ、その序列は本地仏の序列とも対応しているようである。

④八王子神が語ったもう一神の聖真子は話には直接登場はしないが、本地仏と相談する垂迹神の姿が示されているところが注目される。

⑤松依は日吉の神についての本地垂迹関係を知らなかった。それどころか、一般論として仏菩薩と神とは本地と垂迹の関係にあるという理屈を知らなかった可能性が高い。そのためか八王子神は本地垂迹、すなわち神と仏との関係の一般論的なことを語っているのであろう。

その中で実類神は本地垂迹の対象とはならない、と述べられているのは注目してよい。それは、本地仏は如来と菩薩に限られるかのように八王子が述べていることとも関係しよう。実類神は天狗・地狗・狐・狸など人を惑わす邪神でもあるので、当時の知識人たちは退散させたり排除すべき対象と考えていた。慈円は『愚管抄』において、実類神は冥界から人間世界に立ち現れるもっとも下位の存在で、怨霊と区別し難い面もあるがよく見極め退散すべき対象とした。(14) 専修念仏者の神祇不拝の態度を批判した貞慶は「興福寺奏状」において、神明を「実類の鬼神」と「権化の垂迹」に分け、前者については「置いて論ぜず」、と扱いを保留している（第五「背霊神失」）。慈円同様、実類神に対しては警戒していることが伺える。実類神に対する念仏信仰者の考えは、後の史料になるが、存覚の『諸神本懐集』においては、神を「権社の霊神」と「実社の邪神」に分け、生霊・死霊等の「実社の邪神」は如来の垂迹ではないと述べられている。これは本話と同様の認識といえよう。こうした認識は念仏信仰と神祇信仰との関係をうかがう上で重要な問題を孕んでいる。

『百因縁』が説く念仏は専修一辺倒の立場からのものではないから、本話のように神祇信仰の重要性が説かれることになる。一方、周知のように親鸞は専修の立場から神祇不拝を明確にした。しかし、親鸞以後の教団形成の中で信徒の伝統的な信仰とそうした教義の関係が問われることになった。『諸神本懐集』は阿弥陀一仏帰依の立場から日本の神々の役割を説いた書とされる。(15) すなわち、神々は阿弥陀仏と併存するわけではなく、すべて阿弥陀仏に収斂することを説いた書が『諸神本懐集』であったといえよう。存覚の立場を「雑修」ということはたやすいが、「専修」を否定したわけではなく、「専修」を可能な限り柔軟に解釈した考えともいえよう。専修は阿弥陀仏以外の信仰形態を認めないということではなく、阿弥陀仏と横並びに自立的に併存したり、阿弥陀仏を凌ぐような信仰形態は認めない立場といえよう。そうでないと、阿弥陀の脇侍である観音・勢至の存在自体が専修と抵触することになりかねない。

存覚は日本の神々を阿弥陀仏の下位に置き、阿弥陀仏に収斂させることにより「専修」とは抵触しないという広義の「専修」の考えに立っていたものと思われる。親鸞の時期においても、専修の解釈にはそうした問題が常に孕んでいたと思われる。[16]『百因縁』の本話も神祇の役割が語られながらも、結局は阿弥陀仏に収斂されているといえる。そういう点で『百因縁』は存覚の考えに通じ、広義の「専修」の考えに立っているともいえるのである。[17]

(二) 垂迹神の機能

以上の留意点を踏まえて垂迹神の機能・特質を考えようとすると、それは②③によく示されている。②では神は本地を得ることにより冥界に赴けるようになったが、それは次の生を受けるまでの中有の期間に限定されているようである。この問題を考える上で参考になるのは、『今昔物語集』(以下『今昔』)巻十六—三十六の話である。この話については旧稿で、本地垂迹思想に基づいていると思われるがそのことを『今昔』選者が知らないかのような展開を見せる話である、という評価をした。[18]

その話の概要は、僧侶でありながら妻子を有するという不淫戒を犯した醍醐寺の蓮秀が日頃観音・法華経と賀茂明神を信仰していた功徳により、三途の川から蘇生した、というものである。三途の川を渡ろうとしていた蓮秀を賀茂明神の使いである天童が娑婆に連れ戻すのである。『今昔』選者は最後に「神ニ在スト云ヘドモ、賀茂ハ冥途ノ事ヲモ助給フ也ケリ」と、神が現世のことのみならず冥途からの救済を行っていることに一種の驚きを示しているのである。賀茂明神の本地が観音であることを踏まえるならこの話の展開は理解しやすいのであるが、『今昔』選者は本迹関係を知らないかのようなのである。

そのことはともかく、三途の川を渡る前はまだ中有の段階と考えられる。ただ、そうした場を『今昔』では「冥途」といっているので、中有の期間亡者がさまよう場は冥途と認識されていたといってよい。神(『今昔』では神の使者であるが）は中有の期間は冥途（冥界）までは赴けるのであろう。しかし、亡者の行き場が決定すると神は手出しができず、本地の仏菩薩の直接の登場、ということになるものと思われる。

『百因縁』の話に戻るなら、地蔵であれば自ら地獄に赴き直接閻魔王と交渉し、罪人を弁護し救済に導く。しかし、阿弥陀を本地とする聖真子は直接登場せず、松依とともに自ら閻魔王宮に赴き、本地阿弥陀仏を後ろ盾とした罪人救済を行おうとはしていない。ここでの垂迹神の役割は、墮地獄を免れるための方法を松依に教示する、ということであった。地獄行きが決まっている亡者の救済という点では、地蔵を本地とする十禅師が登場してもよいはずであるがそうなっていないのも興味が引かれる。十禅師は地蔵を本地とはしていても、地獄までは救済の手を及ぼすことは出来ず、それが和光同塵の限界でもあったからと思われる。(19) したがって、地蔵菩薩よりも上位の阿弥陀如来が登場するのであろう。如来であればその垂迹神は地獄まで救済の手を及ぼすことができたのであろう。すなわち、如来は和光同塵によりその光が弱められると、その垂迹神は菩薩程度の機能しか果たせなくなる、ということであったらしいことが推察されるのである。

ここで、①に示したことが問題となる。「仏神本迹同じく人を助け者を救う」のではあるが、仏と神との違いは「和光同塵は結縁の初め」という認識である。すなわち、神は得道のきっかけを与えるのみで、仏菩薩の領域に属する行為は行えない、ということである。つまり、直接の救済はしないということになる。これが光を和らげる（弱める）ということの具体相の一つと思われる。①②③を踏まえて垂迹神の役割（裏を返すと限界）の一端が知り得るのである。

次は③④に関わることである。この話には日吉神として七社のうち、聖真子と八王子の二神が登場する。八王子は松依に日吉七社全体のことを告げながらも、救済に預かれるとして阿弥陀と聖真子の本迹関係を述べるのである。ここに、一口に日吉明神（山王権現）とはいっても、七社全体を体現する一体の神が存在する訳ではなく、目的に応じてそれぞれの神による役割分担がなされていることが知られるのである。

もっとも、七社の神々は横並びではなく、一定の序列があった。『耀天記』では、釈迦を本地とする大宮が始まりであり、次に薬師を本地とする二宮、そして、

彼陰陽二神（＝大宮・二宮）ノ中ヨリ出給ヘバ聖真子トイハレ給ハ理也。其外ニ八王子、三宮、十禅師、客人ヨリ始テ、自余ノ王子諸神ト申モ、大宮二宮ノ陰陽和合ノ父母ト顕ハレ給レバ、五行ノ子ト成テ和光同塵ノ化ヲタスケ給モ理ナルベシ。（「山王事」）


と、諸神の関係が親子に譬えられて述べられ、大宮が筆頭祭神であることが知られる。したがって、日吉（山王）という場合、大宮を指しているといってよいのかどうかは検討する必要があろう。春日神も四神（四宮）から成っているため、ただ春日明神という場合筆頭神で代表させているのかどうか注意が必要と思われる。この点に関して『耀天記』「山王事」では、慈悲広大の神として十禅師を取り上げ、「七社ノ利益ノ我一人トホドコシ、一切衆生ヲ我一人トカナシミ給ヘリ」とする。弥勒・地蔵の垂迹神たる所以はここにあり、七社を代表する神であるかのような位置付けがなされている。そのためか日吉神が語られる際に、十禅師が登場する話は少なくない。

『百因縁』巻九には山王が登場する話が二話あるが、そこに登場するのは実際は十禅師なのである。その話は、第二十二話「山王に詣する僧、死人を担うを許す」と第二十三話「成通卿、山王の咎を忌む事」である。二話とも典拠が確認されており、前者が『発心集』巻四―四十七、後者が『異本発心集』巻三―三十七である。二話に登場する山王はいずれも十禅師で、不浄を時に応じて赦したり（二十二話）、咎めたり（二十三話）と緩急自在の柔軟な姿が語られる。本地のことは語られてはいないが、二話とも語られている時期が十二世紀前半以前であるので、本地がまだ確定していなかったことが反映しているのかもしれない。二話に登場する十禅師は仏教の教理については詳しいことから、本地が定められていたことの反映であることが知られるが、地蔵の特性を具体的に示す要素は確

認できない。したがって、各神々の役割分担は、本地が確定され固定化する中で進められていったものと思われる。

（三）本迹関係の課題

さらに、本話は複数の神からなる社における各神の役割分担や相互の関係、かつ本迹関係にある本地と神との関係を知る上でも示唆的である。特に後者の本地阿弥陀と垂迹神聖真子との関係は興味深い。本迹関係とは神仏が一体化してしまうわけではなくあくまで分離していて、それぞれの姿や特性が維持されていることが知られるのである。また、八王子は聖真子の使者的役割を果たしており、それは阿弥陀とその脇侍観音との関係とも対応していると思われる。阿弥陀（聖真子）の命を受け、観音（八王子）が遣わされた、という関係が看取される。ちなみに、日吉七社には阿弥陀のもう一体の脇侍である勢至菩薩を本地とする神はいない。また、十禅師が登場しないのは、十禅師の本地である地蔵は阿弥陀の脇侍ではない、ということも関係していると考えられる。八王子の本地が記されていないのは、阿弥陀の命を受けるのは脇侍の観音である、という自明の理解があったためであろう。

最後の⑤についてであるが、本地垂迹関係の認識の違いは身分や階層によるものであることを示している。『百因縁』巻九―五「花園左大臣事」では花園左大臣こと源有仁は石清水八幡の本地が阿弥陀であることを認識し、毎夜自宅から徒歩で七日間通い八幡に極楽往生を願っているのである。ただ、お供の者は、左大臣という官職を極めた人物がそれ以上何を望むのかという疑問を抱いている。お供の者は八幡の本地については知らず、現世利益を叶える神としてのみ捉えている。お供の者は八幡の本地に関する知識がなかったというよりは、神仏は本地垂迹の関係にあること自体の認識が無かった可能性が高い。このように知識人は本地垂迹関係については認識していたが、身分の低い知識に欠けた者は必ずしもそうした認識を有していた訳ではなかったことが知られる。

本地垂迹説を推進する側からするなら、人々がすべて本迹関係を認識していることに越したことはないのであろうが、必ずしもそうした認識が必要であったとはいえない。「実類神は除く」という本話の八王子の発言は、本迹関係にない神を崇拝することを戒めているものではある。裏を返すと実類神以外の神は本迹関係にあることを認識していなくても（あるいは本地の仏菩薩が何であるかの知識はなくても）、ひとたび結縁したならその功徳（救済）に預かれることを表明（教示）しているとも取れる。義江彰夫氏は、十二世紀末には「その所の神に祈れば、おのづから本地仏の効験をえるところまで、本地垂迹説は発展してきた」とされる。[20] ただ、本話の検討を踏まえるなら、氏の指摘は本地垂迹説を推進する側の理屈を述べているもので、本地垂迹説の人々への浸透度・理解度は別問題である、という留保条件をつける必要があると思われる。

三、『私聚百因縁集』「和朝編」の構想

（一）本書第三編第四章での意義づけと補足

以上で本章で課題にしたことは論じた。本章で論じた話を含む巻九の意味については本書第三編第四章で時代認識との関係で論じたところではある。要約するなら、『百因縁』の時代認識は、六世紀を我が国への仏法伝来の第一期とするなら、八～九世紀は第二の仏法伝来期と見なしていたらしいことを特色とする。その八～九世紀を浄土教が本格的に導入され展開して行くという意味での画期とし、そこを起点として『百因縁』の成立年である正嘉元年（一二五七）までの通算年を記載することにより、仏法の霊験・功徳などが継続して機能していることが強調されていた。『百因縁』はそうした構成であることを前提として改めて巻七・八・九の「和朝編」をみるなら、巻七・八には日本浄土教に基本的筋道を付けた高僧伝が集成されている。そして、第二期の仏法伝来以降も仏法の功

徳が継続していることを証明する位置にある巻が巻九であった。巻九の二十五話中十九話が『百因縁』が使用している時期区分用語によれば、「中比」（十世紀後半から十二世紀初頭）以降の話であることもそのことを裏付け得る。

以上が第三編第四章で「和朝編」の構成の特質として論じたことである。その考えは基本的には変わらないが、本章の垂迹神の機能に関する作業を踏まえ、改めて神の役割という視点から「和朝編」の構成の特質・意義を考えてみたい。

神は巻七の冒頭から登場する。神に関する認識として重要と思われるのは、「此（＝伊勢大神宮）則我朝の根源なり。故に世の中にあるところの衆生、皆此神の末なり」（巻七―一）という部分である。そうであるなら、神と人とはどう区別されるのかが問題となるが、そのことは明確にされていない。神と人とが分かれるのは時の流れと共に、としかいいようがないのであろう。いずれにせよ、天皇だけではなく人間は神の子孫で、本来は神＝人、ということになる。『梁塵秘抄』で「神は昔は人ぞかし」（四四七番）と詠われていたことは著名で、この場合は天神菅原道真に対して詠われたものともいわれる[21]。当時神と人とは分化し区別されてはいたが、もとは一体であったという認識の痕跡の現れ、という見方も可能であろう。この考えを前提として、本地垂迹説を適応するなら、理屈上は人は原則皆仏菩薩の垂迹の対象となり得るということになる。しかし、実類神が除かれるなど神々すべてが本地垂迹の対象になった訳ではないように、仏菩薩の化身となる人は特別な人に限られ、時代によってもそのあり方は異なっていたはずである。基本的には上代は人が仏菩薩の垂迹であるという事例もまま見られたが、時代が下るにつれそうした傾向は薄れていく。

（二）和朝編の展開

巻七に収められている僧侶で本迹関係が設定されているのは、第二話聖徳太子（観音の化身）、第三話行基（文殊の化身）である。第四話の当麻曼荼羅作成に関わった横佩右大臣の姫は仏菩薩の垂迹ではないが、蓮糸を集めさせた化尼は阿弥陀の化身、実際に織った織女は観音の化身であった。ここでも仏菩薩が直接人間に化現していることには変わりはない。

巻七において、他に仏菩薩の垂迹とされる僧侶はみられない。しかし、第六話「伝教大師」において、

> 所謂役の行者の熊野権現、金剛蔵王。伝教大師の法宿権現、高産天王。弘法大師の丹生の明神。得一大師の石梯の権現。泰澄大師の白山権現。勝道上人の日光の大菩薩。慈覚大師の赤山または摩多羅神。智証大師の新羅明神。行教和尚、宇佐の宮。皆これ神明仏法を貴み、権現行徳を随喜せし儀なり。

という記載に注目したい。役行者・伝教大師・弘法大師・得一（徳一）大師・泰澄大師・勝道上人・慈覚大師・智證大師・行教和尚らは、垂迹神も含む内外の神々に擁護・援助され、それぞれの仏法を打ち立てた、ということである。

ここに上げられた僧侶のうち、伝教大師を除くと、役行者（巻八―四）と慈覚大師（巻七―七）には独立した話が当てられている。加えて、得一説話は伝教大師の話の中に挿入されているものの、独立した話として扱って良いと思われる。これら九人のうち、役行者と泰澄を除く七人が、時期的には第二の仏法伝来を担った僧侶であるともいえる。

巻八は役行者から始まり、教信・増賀・源信・永観、そして法然で締めくくられる。これらの僧侶たちは役行者を除き、時期的には第二期に伝来した仏法を推進し浄土宗確立に向けて重要な役割を果たした僧侶たちである。このうち、永観は住信の時期に隆盛していた浄土宗に直接つながる祖師とされ、源信・永観・法然の三人は中国（曇鸞・道綽・善導・懐感・少康）・日本の浄土八祖のうち日本の三祖とされている（巻八―五）。それだけにこの三者は特別な存在であり、源信は母の夢で天人により聖人となることを予言され、かつ高尾寺の観音の申し子とされてい

る（巻八―四）。永観に関してはそうした霊験は語られていない。しかし、永観を「今の往生浄土宗の祖師」で日本三祖の一人であるとしているのは、他の文献に見られない『百因縁』独自の記載である。その点に永観を特別な存在と住信が位置付けていたことがうかがえる。[22]また、法然は同時代人である園城寺公胤（一一四四～一二一六）の夢においては、勢至菩薩の化身とされている（巻八―六）。

以上の巻七・八の構成を見ると、上代は神と人間が一体化していたため、聖徳太子や行基のような仏菩薩の化身である人により仏法が担われた。ところが、時代が進むにつれ神と人間との乖離が出始め、直接仏菩薩の化身であるような人は出にくくなった。ただ、第二の仏法伝来期を担った僧侶たちには、様々な形での神々の擁護や援助があった。そうした神々と人間との円滑な協力関係は、その時期は神々と人間との乖離がさほど進行していなかったことを示すものといえよう。そして、その後の浄土教は仏菩薩の化身、あるいはそれに準ずる僧侶により推進されていった、ということになる。つまり、神＝人間という巻七冒頭で示された原則は、無原則に衆生全員に適用されているわけではないが、住信の時代まではまがりなりにも継続されていたといえるのである。

巻九が第二期の仏法伝来以降も仏法が繁栄していることを具体例を示すことにより証明する巻であるなら、本章で検討した話は神と人との乖離が進行してはいても、人々が意識しなくても仏菩薩は神として垂迹して衆生を救済する場合があることを示す話といえよう。また、第十六話の千観（九一四～九六九）のように、夢の中ではあるが千手観音の化身であるとされる僧侶もいるように、本迹関係が直接適用される人の話が少ないながらも配列されている。また、本来ならば巻九に配置されてもよい話であろうが、性空（九一〇～一〇〇七）が生身の普賢菩薩である神崎遊女の長者を拝する話も（巻四―四の注）、本迹関係が直接人間に適応されている「中比」の事例となろう。以上のように、上代以来の原則が「中比」以降も貫かれていたことになるのである。

ここまで見てくると、『百因縁』の和朝編の流れは、『愚管抄』（巻七）で述べられている歴史は冥（神々の世界）

と顕（人間の世界）の関係として展開する、という思想と通底するものを感ずる。三区分法による時代区分によるならば、慈円は上古においては一致していた冥と顕の道理は、上古も終わりの時期には乖離が現れ、中古にはその乖離が進行し、慈円と同時代の近代には無道理の時代になる、という道理の軽重と絡めて展開する歴史認識を示した。ただ、冥の世界から四人の観音の化身（聖徳太子・藤原鎌足・菅原道真・良源）を登場させ、彼らによる歴史の転換や軌道修正により摂関を出す九条家の立場を正当化した。慈円と住信とでは仏菩薩の化身の役割は、摂関家（九条家）の正当化か浄土教の繁栄かという違いはあるが、規範となる冥界の仏神たちにより示されたあるべき方向性、という点で共通性があった。ただ、慈円の場合、観音の化身の登場は上古の時代に属する良源までであったが、住信は同時代である末世の法然にまで適用することにより、仏法繁栄の証左にしようとした点に違いが求められよう。住信は和朝編の総論に相当する巻七―一で、神々による日本列島の開闢から法然の時代までの仏法の見通しを示していた。したがって、仏法繁栄の証左を法然の時代まで示す必要があったのである。

おわりに

以上、『百因縁』巻九―四を素材に、和光同塵の具体相の一面を考えてみた。特に複数の神々が祀られている神社では、それぞれの神がその本地とも対応して序列に従い役割を果たしていることが知られた。無住の説話を通じて検討した第二編第六章の見通しの修正の必要性は今のところ感じてはいない。ただ、本地垂迹説の進展ということに関しては、本書収録の論考に若干の補足をしておきたい。

第二編第二章で検討した『今昔』巻十九―三十二は摂関期であるにも拘わらず、そこに登場する陸奥国の一神は本地垂迹の関係では捉えられていなかった。その理由として、その神は本地垂迹の対象にはならない格の低い神であった可能性と、『今昔』選者の本地垂迹説受容の消極的姿勢によること、などを推測した。ただ、前者に関してはこの神は格の低い神であったとは一概にいえない。もとは「止事無キ神」であったとされているからである。ただ、問題は坂上田村麻呂（七五八〜八一一）の時に禰宜・祝らが起こした不祥事以来荒廃し、平維叙（十一世紀前後の人物）による再建に至るまで二百年ほどの間放置されたままになっていた、ということである。荒廃・放置されていた二百年間はまさに本地垂迹が進行していた時代であった。この神はそうした動向から取り残されていた、ともいえるのである。地方とはいえ、この有力神が塡倒することなく存続し続けていたならば本地垂迹の関係に取り込まれていた可能性もある。それでも、『今昔』の選者がそのことを無視したかもしれない。『今昔』撰者の本迹関係の捉え方に関する可能性の推測は際限がないが、本地垂迹の対象になった神とそうでない神を分ける事情は恐らく様々で、実類神でないことと共に神を取り巻く環境も考慮しなければならないことをここに付加しておきたい。

注

（1）本書第二編第六章。
（2）北海道説話文学研究会編『私聚百因縁集の研究』本朝編（上）（一九九〇年、和泉書院）。同研究会による共同研究の主眼は『百因縁』の出典研究に置かれており、同書はそうした成果の一部である。しかしながら、その後の高橋伸幸氏による調査にもかかわらず（同「『私聚百因縁集』所収説話の出典と同話（一覧表）」〈『国文学 解釈と鑑賞』五十八―十二、一九九三年十二月〉）、出典不明の説話は全一四七話中五十八話に及ぶ。そのうち、後世への影響も含め関係資料が見出せない孤立的説話が二十五話あり、特にインド・中国編に顕著である。出典研究にこだわると、これらの二十五話は最後まで手がつけられないことになりかねず、扱い方に工夫が求められる。
（3）注（2）の高橋論考。
（4）『山家集　金槐和歌集〈日本古典文学大系二十九〉』付載の歌番号八九六番。

（5）内閣文庫蔵『沙石集』巻一、慶長十年古活字本『沙石集』巻一（いずれも『沙石集〈日本古典文学大系八十五〉』拾遺四・九参照）。無住における『摩訶止観』の重要性については、三崎義泉「沙石集の思想的特色」（初出は一九八〇年、同『止観的美意識の展開』所収、一九九九年、ぺりかん社）、小林直樹「『沙石集』と『摩訶止観』注釈書」（初出は一九九三年、同『中世説話集とその基盤』所収、二〇〇四年、和泉書院）など参照。

（6）黒田俊雄「中世寺社勢力論」（岩波講座『日本歴史』六、一九七五年、岩波書店）。

（7）『百因縁』巻八―三「僧賀上人の事」に、増賀（九一七～一〇〇三）の時代には「三塔三千」であったとしている。また、『参天台五台山記』巻五には、入宋した寂照に対して景徳三年（一〇〇六）に宋の官人楊億が召問した際の答えの一つに、延暦寺の僧は三千人という記載がある（延久四年〈一〇七二〉十二月二十九日条）。寂照の入宋は長保四年（一〇〇二）であるから、十世紀末には延暦寺は三千人の僧を擁していたことが知られる。延暦寺僧を三千人とする比較的信頼できる早い例といえよう。

（8）景山春樹『神体山』二十～二十一頁（初刊は一九七一年。二〇〇一年に解説付新装版、学生社）。

（9）佐藤真人「再び山王七社の成立について」（『大倉山論集』二十三、一九八八年三月）。

（10）菅原信海「山王神道と本地垂迹」（初出は二〇〇七年、同『日本仏教と神祇信仰』所収、二〇〇七年、春秋社）。なお、菅原氏は言及されていないが、貞応二年（一二二三）成立とされる『耀天記』にも三聖の本地は語られている（「山王事」）。しかし、他の四社の本地は明記されていない。ただ、三如来・四菩薩という語が見えるところから、四社の本地は菩薩であると認識されていたことが知られる。ちなみに、十禅師については弥勒・地蔵二菩薩の垂迹であることが述べられている。地蔵に固定されるまでの揺れや流動性があったことがうかがえる。

（11）『宝物集』の小見出しは、小泉弘他校注『宝物集　閑居友　比良山古人霊託〈新日本古典文学大系四十〉』による（一九九三年、岩波書店）。

（12）『鎌倉遺文』六九四一号、宝治二年（一二四八）二月十八日付「郎弁発願文」。

（13）本書第三編第四章では本話を巻九における時期不詳説話の一つとしながらも、『百因縁』の時期区分用語によれば、平安期以降である「中比」から『百因縁』と同時代に当たる「末世」にかけての話としているが、範囲はもっと絞れそうである。

(14) 大隅和雄「『愚管抄』の怨霊論をめぐって」(初出は一九七四年、同『愚管抄を読む―中世日本の歴史観―』所収、一九八六年、平凡社)。

(15) 大隅和雄校注『中世神道論〈日本思想大系十九〉』解説三七八頁(一九七七年、岩波書店)。

(16) 神祇の問題ではないが、親鸞は聖徳太子信仰に篤かった。親鸞は太子を阿弥陀信仰の補完と位置付けていたが、阿弥陀仏と並立したり自立した信仰が寄せられる可能性を常にはらんでいたと思われる。事実親鸞死後、曾孫の覚如(一二七〇～一三五一)は、近年の行者には阿弥陀を差し置き観音の化身である太子や勢至の化身親鸞に仕えるという誤りを犯す傾向があることを指摘している(『本願寺聖人親鸞伝絵』)。

(17) 『百因縁』巻一―九「恒怠比丘の事〈専雑二行の證也〉」は、専修念仏者(称名念仏者)の恒怠比丘と諸行往生者の常浄沙門の修行態度を比べ、専修念仏者であった恒怠比丘の優位性を語った話である。出典は現在のところ確認されていない。舞台はインドの阿輸舎国(阿踰闍国)となっているが、話の展開のうえでインドである必然性は希薄である。『日本往生極楽記』などに見られる智光・頼光説話の型に類似し、九品浄土の差異の一部が示唆されるなど、興味深い要素を含んだ話である。常浄は余行を止め一向に念仏することにより恒怠と共に往生できたとする。このように『百因縁』には専修を勧める話もあり、諸行往生思想と共に混在しているのである。巻一―九の分析も含めて、撰者である住信の念仏の立場について改めて検討する必要がある。

(18) 本書第二編第二章。

(19) 本書第二編第六章。

(20) 義江彰夫『神仏習合』一七五頁(一九九六年、岩波新書)。

(21) 川口久雄・志田延義校注『和漢朗詠集　梁塵秘抄〈日本古典文学大系七十三〉』補注五三五頁「四四七」(一九六五年、岩波書店)。

(22) 高橋伸幸氏は、浄土八祖の一人とする記事は『古今著聞集』(巻二―五一)にも見えるとするが、該当する記載は見当たらない(高橋伸幸「巻八第五話永観事」、北海道説話文学研究会編注〈2〉の書所収)。

第六章　無住の本地垂迹説と神

はじめに

本編第五章までにおいて、『今昔物語集』『宝物集』『私聚百因縁集』などの説話集に現れた神について、主としてその機能面を中心に検討してきた。『今昔物語集』『宝物集』の両説話集は神仏習合史においては本地垂迹説の確立期に位置しているが、概してその教説の影響は少なく、それだけに仏菩薩の機能に収斂し得ない神の役割が鮮明化されていることが知られた。本地垂迹説が確立されても時代思潮として社会を席巻していたわけではなく、その教説の受容は別に考えねばならない問題といえる。すなわち、人々が神を拝する際に、常にその神の本地である仏菩薩に思いを至らせていたのかどうか。また、仏菩薩への礼拝の場合、その垂迹神を自己の周辺の神々に求めていたのかどうか、ということである。

ただ、本地垂迹説は鎌倉期には確実に進展・浸透した。前章の『私聚百因縁集』においては、垂迹神の役割について検討した。続く本章で取り上げる無住の著作を見ると本地垂迹説は、単に神と仏菩薩の関係のみならず、様々な事象に縦横に応用されていることが知られる。その点で、無住は本地垂迹説がもっとも熟した時期の神と仏をめぐる様相を仏主神従の立場から語った僧ともいえる。

本章はその円熟した本地垂迹説に裏付けられた無住の神仏論を、その著作を通じて検討しようとするものである。周知のように無住はその著『沙石集』の冒頭（巻一）に神明説話を配置し、神の重要性を強調した。その主張は本地垂迹説に裏付けられたものであり、無住は神のみならず、一見仏法とは無縁な様々な事象を仏法と関連付ける際に、本地垂迹説を縦横に応用して説明をつけようとした。『沙石集』の序に説話（沙・石）を通じて仏法（金・宝石）の世界に導く、と書名の由来が説明されている。いうならば、本地である仏法が垂迹したのが説話であるといえ、本書は本地垂迹の具体相が展開されている書ともいえるのである。その本地と垂迹の関係は神仏はいうに及ばず、真言→和歌、内典→外典（儒教など）というように他の事象にも説明がつけられているのである。

課題を神仏関係に絞るなら、本章で究明したいことは本地垂迹説に裏付けられた神は一体どのような性質を帯びることになるのか、という素朴な疑問への答である。垂迹した神が結局は本地である仏菩薩に収斂されることになるのであれば、神＝仏菩薩ということになり、仏主神従の立場からすれば神自体の説明は不要ということになる。神への信仰が自動的に仏菩薩への信仰になるのか。[1] そうでないならば、本地垂迹説の進展の中でなお仏菩薩に収斂仕切れない神固有の役割・機能の解明が求められよう。

無住は神仏関係を、和光同塵の概念を用いて説明する。和光同塵は、本地垂迹関係にある神仏の現象面を説明する概念といえる。すなわち、仏菩薩そのものでは光（威光）が強すぎるので、光を一定程度通すレース状の遮光幕ともいうべき「塵」を通して光を和らげ、その結果現れた淡い光が神、という考えである。仏菩薩の威光を和らげ淡光状態になった神の機能とは何かが改めて問われねばならないであろう。従来の神仏習合・本地垂迹研究においては、神仏一体説が前提とされていたためか、[2] この点の詮索が疎かにされていたように思われる。

以上の課題を踏まえて神仏関係を図の形でイメージ化するなら、次のようになろう。論者により抱いているイメージはまちまちであるようなので、ここに示したパターンが全てではないことを了承されたい。

図Ⅰ

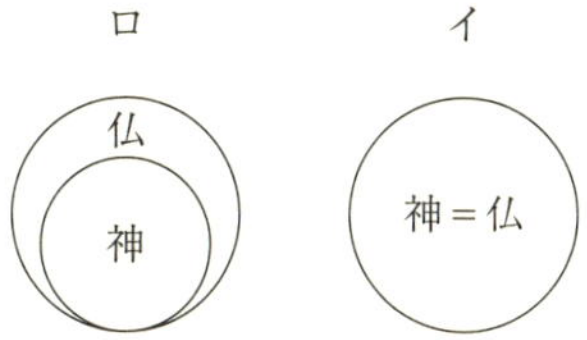

図Ⅱ

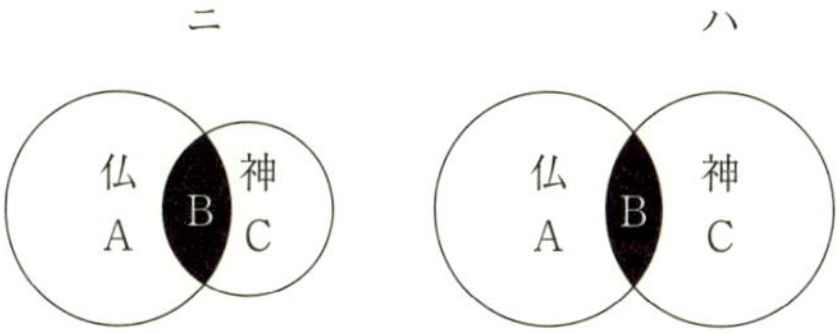

図Ⅲ

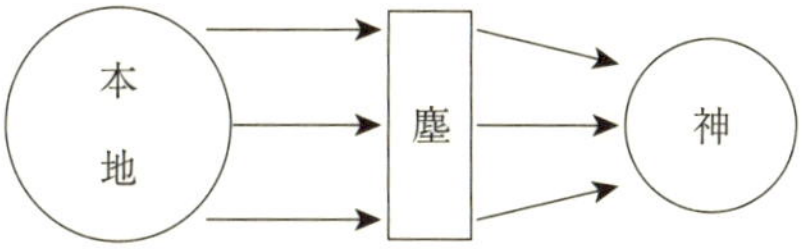

神仏対等の立場からの一体論であれば、図Ⅰイのようになるはずだが、神はその機能も含めて仏と同体・同等なのかどうか検討する必要がある。同じ一体論でも、仏主神従の立場に立てば図Ⅰロの方が適切かもしれない。ただ、神の円が仏に包摂されているが、そのことは仏の機能がすべて神に凝集されている訳ではないことを了承されたい。

本地垂迹説の神仏関係は、図Ⅱハのようになろう。本章で問題とする神に限るなら、神仏の交わりのB部分と神固有の性格ともいうべきC部分の検討が求められる。その神も仏主神従の立場であれば、図Ⅱニのように神部分の円は仏よりも小さくした方が適切かもしれない。また、A・B・C部分も論者により想定面積が異なるのであろうから、もう少し多様な形になるであろう。仏菩薩の固有の役割であるA部分は本章の課題ではないが、必ずしも自明とはいえないので今後も検討が求められる部分であろう。

さらに、和光同塵における神仏関係は図Ⅲのようになろう。仏の円が塵により小さくなり、それが神の円となるのであろう。前述のように神仏関係史を論ずる人たちがどのような図を念頭に論を進めているのか不明であり、そもそもこうした図の適否が問題になろう。適切かつ総合的な図を描くことは今後の課題として、本章では光が弱められた神の姿について、これらの図を念頭に置きながら検討を進めたい。

ここで無住の神仏論に関わる研究状況について触れておきたい。前述のように本地垂迹説確立の中で、神仏一体論が強調されたためか、それぞれの役割の違いなどが改めて問われることはなくなってきた。無住の神仏論に関する研究においても例外ではない。(3)しかし、無住は神を重視していることも事実であるので、古くからその神明観が注目されてきた。中心的課題として論ぜられてきたのは、仏と神の主・従についての位置関係であった。阪口玄章氏が無住の神明観は仏主神従の立場であるとされて以来、(4)神主仏従への傾斜が見られるとするなどの多少の修正は加えられてはいるが、(5)無任の立場が仏主神従説であることは今日まで基本的には継承されている。

仏主神従ではあるが神主仏従への過渡期に無住が位置するという見解が定着する中で、無住の立場は神仏同体論である、とする主張がなされる。その同体論を支える思想を密教と本覚論のいずれに求めるかが、現在では議論の一つの分かれ目になっている。(6)

一方、無住の神明観における神の役割に注目した研究は極めて少ない。早くは圭室諦成・鈴木睿順氏らが神の役割は仏教的福音を地域で実現することにあるとし、(7)和田有希子氏は賞罰を行使するのが神の役割とされた。(8)こうした神固有の役割を追究する方向よりも、神は固有の土着性を失い、仏法のための方便とされ神としての独立性は確立されず、護法善神と等しい位置に置かれる、(9)などといった神の役割を消極的に評価する傾向が主流となっているといえよう。

以上の研究状況を踏まえて、本章では無住の著作に見られる神の機能の問題を通じて、本地垂迹説における神と仏菩薩の関係について改めて考えてみたいと思う。本章で使用する無住の著作のテキストは次のとおりである。梵舜本『沙石集』（日本古典文学大系本、岩波書店）、『雑談集』（「中世の文学」シリーズ、三弥井書店）、『妻鏡』（『仮名法語集〈日本古典文学大系八十三〉』所収本、岩波書店）、『聖財集』（一切経印房刊行本）。梵舜本以外の『沙石集』を使用する場合は、その都度記すこととする。

一、無住における神と仏

（一）神・仏に関する四句分別

無住における神の役割を検討する前提として、彼の神仏関係論の特質について確認しておきたい。無住は四句分別といって、四句の範疇を用いて二つ以上の思想を分別し、価値判断を下すという方法を多様する。神仏について『聖財集』上巻の「神明仏陀四句事」で述べられていることを整理すると、次の表のようになろう。

	神仏の信不信		評価		現当利益の有無	
	神明	仏陀	句	勝劣	現世利益	来世利益
①	○	○	倶	上品	○	○
②	×	○	単	中品	△	○
③	○	×	単	中品	△	×
④	×	×	非	下品	×	×

表における神明・仏陀の項の○×は信（○）・不信（×）、現当二世利益の項の○×は利益の有（○）・無（×）を示す。②③の項に記した△は、神仏どちらか一方のみを信じた場合、現世利益は確定し難いか得られたとしても十分ではないことを示す。このように、神と仏とを分けてその信・不信を問題にするという発想をとっているところから、無住は単純な神仏同体論者ではないことが知られる。

なお、利益の有無は現当二世に限定して問題とされており、前世（先世）は問題とされていない。それは、後述のように、前世のことは神も仏も力が及ばないと無住が考えていたことによる。もう少し具体的にいえば、現世の境遇は前世の行い（善悪いずれかの行為）の結果得られたものであるので（それを業力という）、神も仏もその境遇を変えることはできない、という事である。したがって、①の場合でも災難に逢う場合がある。それは神仏の力が及ばない前世の悪業によるものであるから、仏神を恨んではならないと戒めることになるのである（『沙石集』巻六—十五）。

無住は①を最もあるべき態度とし、②から③の順に評価が下がり、④が最も批判されるべき態度とする。その判断基準が現当利益の有無になる。①は両方得られるが、④は両方得られないばかりかむしろ悪道に赴くことになるとする。問題は②③である。無住は、②は仏を信ずる方が神のみを信ずるよりも勝れているから③より増しである、と仏者の立場を示す。そして後世安楽をまじめに志向すれば神明も見捨てないだろう、という予想を示す。現世利益の部分を△にしたのは、仏のみの信仰では現世利益の有無は確定しがたい、という無住の留保的態度を考慮したためである。

③については、比較的スペースを割いて説明している。③の態度はひたすら現世安穏を願い富貴と長寿を祈り、死後の真実の道（仏道）を志向しない行為である。したがって、今世において一時的に利益を被ることがあっても、後世の菩提を得て迷妄から解脱する因縁たらしめるのは困難とする。神に結縁する利益はあるが仏に結縁しないことは神慮には叶わない、という点で評価が下がるのである。すなわち、現世利益ばかり求め、後世菩提の志がないのが神慮に叶わない態度、ということになる。現世利益を求める行為に否定的なのは、利益の中には名利名聞など名声を求める行為などが含まれ、それが遁世を理想とする無住の立場と相容れないためと考えられる。

神慮とは神明の深い配慮という意味であり、その神慮に叶えば来世利益につながることになる。神慮に叶うために、人々は智恵・慈悲・仁義・質直を備えることが求められ、それらは中世において重んぜられていた徳目であった。

神仏一体であるならば、どちらか片方を信じれば済むはずで、②③どちらの態度でも価値判断は同じになるはずである。したがって、①②③は同質といってもよいが、そうならないのは、神と仏菩薩の間にはやはり仕切りがあり、両者をつなぐ媒介はこの場合は神慮であるといえるのである。

以上、『聖財集』における神仏の四句分別を通じて無住の神仏論とその課題を見たが、課題をもう少し深めるための検討を項を変えて行いたい。

(二)『沙石集』巻一の第十段について

『沙石集』巻一の神明説話の最後に配列された第十段は「浄土門ノ人神明ヲ軽テ蒙罰事」と題され、そこには五つほどの説話が収められている。主となる話が標題話である。鎮西の浄土宗の学生が神田の余田を横領したため、神罰を受けて死に至ったという内容である。無住の意図は「神威ノ軽カラザル由ヲ人ニ知セントノ為」という事であるが、本意はこの学生の偏執の態度を批判することにあったようである。この話に続く四つの話では、諸行往生や余行余善を否定する専修や偏見の態度が批判の対象とされている。

この鎮西の学生は余行を否定する専修念仏者であったようで、神祇を余行として拝しない態度が批判されているのである。この学生の態度は前項の四句分別に照らせば②になり、評価は低くは無いはずであるが、偏執という要素が加わったため現世利益を得るどころか仏意にも叶わず仏罰ではなく神罰を被ったことになる。その点で仏と神とでは役割が異なることが語られているとも理解し得る。

この話においては、神仏関係は必ずしも本地垂迹説に基づいた説明はされていない。神と仏菩薩は別物である、と主張しているようにもとれる。しかし、話を読み進めると、学生に神罰を与えた神は本地を十一面観音とする白山権現であったことが知られる。白山権現は巫女に憑依して、

我ハ十一面ノ化身ナリ。本師阿弥陀ノ本願ヲ頼ミ、実ノ心アリテ念仏ヲモ申サバ、イカニイトヲシクモ覚、貴カラン。是程ニキタナク濁リマサキ心ニテハ、争カ本願ニ相応スベキ。

と告げている。もしこの神の本地が学生が信じている阿弥陀であったなら、この学生はどうなっていたのだろう、という興味深い課題が浮かび上がってくる。

しかしながら、この十一面観音は「本師阿弥陀」といっている点に注意が必要である。無住より少し後の時期になるが存覚の『諸神本懐集』（一三二四年）では、多くの神々の本地を比定しているが、「弥陀ハ諸仏ノ本師ナリトミヘタリ…諸仏ミナ弥陀ノ分身ナリトキコヘタリ」と主張している。これは本地の重層性と呼ばれるが、(10)阿弥陀が諸仏菩薩の本地とされているのである。

この話の場合、存覚がいうように白山の本地である十一面観音の本地がさらに阿弥陀であるという意味での「本師」なのか、観音は阿弥陀の脇侍であるのでその点での「本師」なのかは定かではない。いずれにしても、この学生は間接的にはなるが、自己が信じている阿弥陀の垂迹神から罰を被ったことになる。死に際して年来の師匠から念仏を勧められても、「コザカシ」と言って枕で打ちかかったほどの「汚ク、濁リ」ある心の持ち主であったから、本地の阿弥陀仏からも見放されてしまったことになる。

つまり、四句分別の②に止まっていれば異なる結果を得られたのかもしれないが、この学生は結局は④の神仏どちらも信じない状態に陥ったため、死を免れることはできなかったのである。この学生の後世は示されてはいないが、阿弥陀信仰を放棄したのであるから往生しなかったことは間違いないであろう。

以上、巻一の第十段の話から神仏は一体ではあっても、それへの働きかけや心の持ち方次第では両者は別々に機能することがあったことが知られる。すなわち、本地垂迹関係にある神仏のどちらか片方を信じても自動的にもう片方の利益を受けるとは限らない、と考えられていたことが知られる。

無住における神仏論を検討する際に問題となる点は、無住が全ての神を本地垂迹関係で捉えていたのかどうかである。無住は「我朝ノ神ハ、仏菩薩ノ垂跡、応身ノ随一ナリ」（巻五本―十二）と述べていることから、そう考えているように見える。しかし、略本系では「我朝の神は、多くは仏菩薩の垂跡応身の随一なり」（岩波文庫『沙石集』上巻、二二六頁）と、「多くは」と限定がつけられているように全てではないともいっているのである。片岡氏も指摘するように、垂迹神でない実類神の存在も想定されているのである。[11]事実、無住の著作には鬼神・疫神・倶生神・貧乏神・樹神《こたま》・邪神・風神・雷神・龍神など、垂迹神ではない神も多く登場しているので、[12]右記の「我朝ノ神ハ」の次には「多くは」という語を入れた方が無住においては適切といえる。

したがって、無住における神を分析する場合、垂迹神と非垂迹神に分けて考える必要がある。本章では垂迹神を中心とするが、垂迹神でも神仏が文字通り一体化して両者の間に機能上でも区別がつけにくい場合、理屈上では一体化はしていても両者それぞれ独自の機能が残存し一定の境界がある場合、に分けてそれぞれの事例を検討する必要があろう。その上で無住における本地垂迹説の意味を改めて問う必要があると思われるのである。

（三）神官説話について

神の機能の特質を見いだすことを中心にした検討に入る前に、『聖財集』で述べられている神仏の四句分別の③に関わる点を少し補足しておきたい。

神は信じるが仏を信じないという③の態度について、『聖財集』では前述のごとく比較的多くの説明を与えていた。しかしながら、その具体例は語られず、無住の他の著作にも明確な該当例は見当たらない。したがって、③に準ずる事例として神官に関する話を検討しておきたい。

『沙石集』巻一―一では伊勢神宮の神官による神宮と仏法の関係が語られ、その神官の語りは第二段でも続けられる。貞慶が菩提心を身につけるため石清水八幡宮に参籠するが、八幡の力では望みは叶えられないからと伊勢に行くことを夢告で勧められる。貞慶は夢の中で伊勢に向かうが、伊勢外宮の南の山の頂の池に浮かぶ蓮華について、傍らにいた人から次のような説明を受ける。それらの蓮華は伊勢神宮の神官で、往生者の花は開き往生予定者は蕾であること、その中でも大きな蕾は経基という往生予定の禰宜の花、ということであった。目覚めてから夢と同じ情景を見ながら貞慶は伊勢に赴き、経基に会う。経基はまだ禰宜にはなっていなかったが貞慶の話を聞き、

我今度生死出離セズシテ、人間ニ生レバ、当社ノ神官ト生レテ、和光ノ方便ヲ仰ベシト誓給ケル。

と、その決意ともいうべきことを語った。無住は結びに「彼経基ニ親キ神官ノ語シカバ、慥ナル事ニコソ」と、話の真実性を示す評語を記すのみで、ことさらにコメントは付していない。この神官は解脱を求めているので、仏教を否定しているわけではない。しかしながら、積極的に仏を信仰するという行為はしていないようである。むしろ、あくまでも神を媒介として出離を目指す、といういささか頑なともいえる決意の持ち主であることが知られる。

そうした態度をとるのは、神官の立場からして当然なのであろう。禰宜を約束されているのであれば実現するまでそれを目指す、ということなのであろう。禰宜になれるまでは、何度でも伊勢の社官に生まれ変わりたい、とでもいっているようである。そういう点では現世利益優先の態度ともいえる。人間という六道の一つに生まれ変わるということは、迷いの世界を脱していないことになる。神優先という態度は六道の中の悪趣に堕ちないまでも出離を妨げかねず、解脱は困難であることを無住は一方では警告しているともとれる説話である。

経基は仏法のことは否定していない点で、この話は純粋に③に該当する話とはいえない。しかしながら、現世利益への執着が強いという点で③に準ずる話といえよう。

もう一話は巻七―二十三で、不食の病にかかった八十歳近い老神主の子息が、父の病気平癒のため大般若経真読とその祈禱の効果が無かった場合に備えての逆修を僧侶に依頼する。しかしその効果なく、却って大般若経で加持した餅を食べたことが原因でこの神主は死去してしまう。そのため僧侶は思った通りの布施をもらえず、逆修を勤める役も保留になったという話である。この話の前段では、この僧は南都の僧で幸運の相をしていた耳（福耳）を

売るといういささか奇妙なことを行っており、そのようなことをしたため、この僧からは福が逃げ今では東国に住んでいる、とされている。

神主が死に至った原因は僧侶の方にあるといえるが、この神主は出離を願うのではなく、病気平癒という現世利益をまず優先したといえる。そのことを神ではなく僧侶に依頼した点で、この態度は②に相当するともいえるが、本人は神主であるのでその前には当然③の段階があったのであろう。その効果がなかったため、②の段階に移行しようとしたのであろう。もし神に見切りをつけたのでなければ①の段階を目指したことになるが、その辺は定かではない。ところが依拠しようとした仏（この場合は僧侶）が不適切であったのである。この神主は病気平癒には至らなかったので現世利益は得れなかったことになる。また、予定していた逆修は生前に死後の追善供養をすることで、ある意味では極めて現世的行為でもある。したがって、この神主の行為は、全て現世利益を得るためであったといえる。

この神主が仕えていた神は本話には登場しないが、神仏を本地垂迹の関係で理解していた様子はうかがえない。それは、この神主が仕えていた神は、本地垂迹説の対象になっていなかったからなのかも知れない。あるいは、この神主の居住地は定かではないが、話では僧侶の居住地から海を渡って三日もかかる所となっている。そうした辺鄙な場所では本地垂迹説の浸透の度合いが十分ではなかったのかもしれない。

この話においては、神主（あるいはその子息）の態度は一応③から②の段階に移行していると考えられる。しかし、現世利益のみを願ったともいえる神主と僧侶の貪欲さが災いして双方とも満足な結果を得ることができなかった話、と考えておきたい。純粋な③の話とはいい難く結果は④になったともいえるが、③の要素が垣間見られる話と位置付けておきたい。

二、無住における神

（一）和光同塵としての神

本節では仏菩薩と一体化した神について検討する。一体化ということについて改めて確認しておきたいのは、本地垂迹説を現実に日本に適用させるための概念といえる和光同塵との関わりである。『沙石集』巻一の第三段には、役行者が吉野山で修行中、釈迦→弥勒→蔵王権現という順で現れた最後の蔵王権現が日本の衆生に適しているとして吉野の本尊としたいきさつが記されている。釈迦や弥勒では日本の衆生にとって光が強すぎるため教化の主としては不適当で、それらの光を和らげた（すなわち和光）姿の蔵王権現が「我国ノ能化」と判断されたのである。

無住はこの話を示す前に、

本地垂跡其體同ジケレドモ、機ニ臨利益、暫ク勝劣アルベシ。我国ノ利益ハ、垂跡ノ面ナヲ勝レテオワシマスニヤ。

と神仏は一体であるけれど、日本の場合垂迹神の利益の方が勝れていることを述べ、役行者の話を紹介している。そして、締めくくりに「青キ事ハ藍ヨリ出テ藍ヨリ青キガ如ク、貴事ハ仏ヨリ出テ仏ヨリ尊キハ、只和光神明ノ利益ナルヲヤ」とまでいうのである。

垂迹神の勝れた点として、神は賞罰を与え愚かなる人を導くということなど、仏菩薩との教化の仕方の違いなどは語られる。また、「古徳、寺ヲ建立シ給フ、必ズマヅ勧請神ヲ崇ルモ、和光ノ方便ヲ放レテ仏法立ガタキニヤ」と、仏教は神抜きにしては立てがたかったという慣習的なことも語られてはいる。しかし、釈迦から弥勒、弥勒から蔵王権現へと幕（塵）がかけられた結果現れる姿が示され、如来から菩薩、菩薩から護法神（？）へと悟りの度合いが下がっていくことは知られても、釈迦の機能が弥勒から蔵王権現へと移行するにつれどう変化していくのかは具体的には述べられない。その辺はどう考えられていたのかの解明が一つの課題となろう。

機能面から見た場合、垂迹神は本地である仏菩薩の機能を満たしており、神の機能も仏菩薩のそれとの対応関係が明確であることが一つの特質となる。ただ、その機能が全く同じであった訳ではない。『沙石集』巻一―六を事例にして考えてみたい。そこでは、地蔵を本地とする春日神と日吉神のことが語られる。魔道に堕ちた興福寺僧璋円がある人に憑いて、春日明神は春日野の下に独自な地獄を構え、そこに春日を信仰した罪人を入れ、本地である地蔵（春日四神のうちの第三神）が一時的に罪人を救済する。その救済により正念になった時に法文を聞かせ、その方便で罪人は浮かび上がることができる、と語っている。『春日権現験記』（巻十六―四）や『地蔵菩薩霊験記』（巻八）などにも見られる著名な話である。

続いて、地蔵の利益は素晴らしく、本地・垂迹どちらも頼もしいので、「和光ノ利益ハイヅレモオナジ事」とする無住の評語が示される。そして次の事例として、同じく本地が地蔵である日吉山王権現の一社である十禅師が、天狗道に堕ちた比叡山の僧侶を救済する霊験が述べられる。

この話で注目したいのが、地蔵の垂迹神である春日・日吉の機能は、地獄ではなく魔道・天狗道からの救済であることである。本話では魔道は地獄と呼ばれてはいるが、地獄とは異なり、祈禱を行う行者などの僧侶が名利名聞や執着心に囚われ、破戒などを行った結果堕ちるところである。しかし、道心を得るための修行を行えば抜け出ることが可能な場でもあった(13)。天狗道も同様で、「増上慢や怨恨憤怒によって堕落した者の落ちる魔道」という説明(14)が妥当と思われる。その説明にさらに、堕ちる者が僧侶とほぼ限定してよいことや地獄よりも抜け出ることが容易、という要素を加えればより的確になろう。魔道も天狗道も、必ずしも死者の世界ではなく現世における迷いの世界といってもよい。しかしながら、悪趣であることには変わりないため、璋円は広義の意味で魔道を地獄といっているものと思われる。

魔道や天狗道は現世における一種の迷いの世界であり、死後にそこに堕ちた話もあるが来世である地獄とは異なる。したがって、地獄よりも抜け出ることが容易になるのである。春日・日吉の機能は悪趣からの救済、という点で本地である地蔵の機能と共通している。しかし、地獄に堕ちるほどではない軽微な罪により堕ちた悪趣からの救済という点では、完全な形で一体化していないことが知られよう。前述した神仏の信・不信に関する四句分別においては、神のみの信仰では来世利益が得られないとされていた。この春日・日吉が及ぼし得る利益も純然たる来世ではなく現世的な来世に止まっているといえよう。本地である地蔵の光を和らげると、その救済機能も和らげられ、地獄よりも軽微な世界といえる魔道・天狗道からの救済ということになるのであろう。春日・日吉らは本地が地蔵であっても、地蔵と同様の地獄からの救済能力は無く、地獄を和らげたともいえる魔道・天狗道からの救済機能に止まったといえよう。

この点に関して、本編第五章で述べた『私聚百因縁集』巻九―四「松依事〈付神祇結縁〉」に触れておきたい。近江国の安松依なる人物が日吉社に一日参詣した功徳により、閻魔王庁の呵責を免れた話である。日吉の神による地獄からの救済話といえなくもない。しかし、日吉七社の本地は三如来四菩薩とされるのみで地蔵の名はみられず、阿弥陀の功徳が説かれていること。加えて、地獄の入り口段階での救済で、地獄そのものとはいえないこと、などを考慮に入れるべきであろう。和光同塵の在り方は扱う史料や時期により違いがあることを思わせるものではあるが、日吉の本地の一つである地蔵が登場していないことに注目しておきたい。

この事例の裏返しともいえることが、『妻鏡』に見える。それは、仏神にかこつけて信施（信者からの布施）を受けようとする不信放逸の者を批判する下りで、「神明に依て信施を受る輩は、多分は蛇身を受べし。三宝に寄て信施を受る者は、必ず畜生道に堕る也」とある。[15] 神罰は蛇道、仏罰は畜生道、と堕ちる場の違いが記されているのが興味深い。

畜生道は三悪道の一つで仏語であるが、蛇道は畜生道とは異なり邪淫などを犯すことにより蛇身を得て日に三度の熱苦を受ける世界とされる。[16] 愛執や金銭などに執着した僧侶などが堕ちるが、法華経の功徳により脱出する、という事例が目立つ。[17] 魔道・天狗道と同様に、来世とは異なる一種の迷いの世界ともいえよう。日に三度の熱苦は、地獄の苦よりも遥かに軽微な苦といえよう。

すなわち、神罰は来世まで及ばず、仏罰は来世に及ぶ、という違いがここにうかがえるのである。本地垂迹関係にある神が堕としたり救済し得る世界は、魔道・天狗道・蛇道などの現世的世界であったといえよう。

（二）和光同塵の諸相

次は垂迹した神が本地の機能などを語る場合である。源信が吉野の神に天台の法門の疑問点を尋ねたところ、巫女に憑依した神は「余ニ和光同塵ガ久ク成テ忘レタルゾ」と語った。本地の機能を失ったような言説で、神仏が一体化していても互いに齟齬を生じている事例ともいえる（『沙石集』巻一—四）。この吉野の神が蔵王権現であるなら、前述の役行者の時期からは三百年以上後の話となる。この期間、蔵王権現が本地である釈迦（あるいは弥勒）の機能を果たす場面が無かったとするなら、本地垂迹関係は時間の経過とともに希薄になって行くことを示す話といえよう。前述の春日神のように法門を説くことができる神は、本地との一体化が継続されている事例になろう。巻一—七に登場する春日神は瑜伽・唯識の教説を理解している。

殺生の罪を合理化する厳島の神も興味深い（『沙石集』巻一—八）。厳島の神に供えられた魚類を見て、ある僧が本地である仏菩薩の教えに背くことになるのでは、という疑問を神に呈した。神が言うには、自分が殺生戒を犯した者の罪を請け負って彼らの罪を軽くし、一方魚類は自分に結縁することにより無駄死にを免れ仏道に入る方便となる、と牽強付会ともいえる説明をした。仏菩薩が直接衆生の殺生の罪を糺すのではなく、神が仏菩薩と衆生との間に立ち、衆生の生業を肯定しながらも仏道に導き入れる、という和光同塵の姿を示す典型的事例といえよう。この神は本地が果たすべき役割を、方便を用いて代弁しているのである。こうした類いの神々は、仏菩薩そのものというより衆生を仏菩薩に導く方便あるいは媒介者といえよう。

また、建治年中（一二七五～一二七八）に、紀州の八幡が託宣して、自分の本地は阿弥陀であるとし、「我本願ヲ憑テ一心ニ念仏スル、此行ヤスクシテ肝要也」と、念仏の功徳を説く八幡の話も仏菩薩と一体化した神の姿を示すものといえよう（『沙石集』巻五末―十一）。神の本地を見通して直接神に往生を求めるような事例[18]は無住の著作には見えないが、八幡が自己の本地の功徳を説くこの話は、八幡神自身が往生の願を果たすことができる、と主張していることになろう。ここまで来れば神と仏法の世界との境界が見えなくなってしまっているとされるが[19]、一体化が進んだ一つの典型を示す事例といえよう。

以上、仏菩薩との一体化がなされている場合の神について検討してきた。神は仏菩薩との一体化を進める中で、仏菩薩の機能を得ていくこともあった。「和光同塵ノ利益、三世不絶、三国ニアマネカルベシ」（『雑談集』巻三「愚老述懐」）、という記述はその典型である。三世（前世・現世・後世）・三国（天竺・震旦・本朝）に利益を及ぼすことができるのは仏菩薩であり、神は一世（現世）と一国（本朝）のみであったはずである。神は仏菩薩と一体化することにより、明らかにその機能を及ぼし得る範囲を拡大したことになる。しかし、事は単純ではない。

三世については、「仏神感応ハ、只一世バカリナラズ、当来モ御タスケアリケン」（『雑談集』巻五「信智之徳事」）と、仏とともに神の利益も二世に及ぶとされる。日吉の十禅師の神に現世のことを祈ったら顔色が悪くなり、後世菩提を祈ったら顔色は元に戻ったという話（『沙石集』巻一―七）などはそうした事例になろう。とはいっても、この事例も神に現世利益のみを願う行為を仏教者の立場から批判するところに眼目があるともいえ、神の後世利益の機能を保証した話とは一概にはいえない。もう一方の前世の問題（業）の解決はどうなのかも不透明である。

三世・三国への機能の拡大は次節で述べるように、そうした主張と矛盾するような事例も示されているので、こうした発想はまだ観念レベルであったと思われる。

三、神の諸機能

前節では和光同塵における神の機能について検討した。仏菩薩と一体化を進めながらもそこには仏菩薩に収斂仕切れない神の独自性も垣間見られた。本節ではもう少し明確な神の性質の独自性について、その機能面を中心に検討したい。

（一）神と業力

最初に神の機能の限界に関わることに触れておきたい。それは第一節第一項で検討を保留した業力に関することで、併せてそれに付随する事項にも言及しておきたい。

『沙石集』巻一―七は、「神明道心ヲ貴ビ給フ事」と題され七話が収められている。その第三話は比叡山東塔北谷の僧が貧しさから逃れようと日吉神社に参詣した。神から願いを叶える由の示現があったが、その僧は些細な事が原因で坊を追われ西塔南谷に行かざるを得なくなった。以後、貧しい環境が好転する気配や福を得る兆候も無いので再び神に祈願したところ、神が言うには、僧の前世での修行が疎かであったため、この世では福を得ることはできない。しかし、「小袖一つの恩」として北谷は寒いので暖かい南谷に行かせた。それ以外の福は自分の及ぶところではない、ということであった。そして、「神力モ業力ニ勝ズ」と結ぶ。業力は仏も及ばないのであるが、「神力モ業力ニ勝ズ」というフレーズは『沙石集』ではしばしば繰り返される。[20]

すなわち、神は前世のことを知ることは出来るが、前世の行いの結果得ている現世での境遇を変えることはできず、できるのはせいぜい「小袖一つの恩」程度であった、ということである。業力を覆すことができないのは仏も同じであるが、神と仏では少し違いがあるようである。『沙石集』巻七―二十二「貧窮ヲ追タル事」には、貧乏神を追い出して生活が豊かになった僧侶の話を載せる。「貧窮モ先世ノ業ニテ、仏神ノ助モ叶ヌ事ニテコソ、多ハアルニ、不思儀ナリケル事ニコソ」とする。先世の業は仏神も救済は不可能としながらも、続けて業には定業と軽業があり、定業は転ずることは不可能だが、軽業は仏法の力により転じて除くことができる場合があるとする。軽業に対する神の機能は語られていない。巻一―七の僧侶の前世での疎かな修行が定業・軽業いずれなのか定かではないが、軽業であったとしても少なくともこの僧侶は福を得ていないので、神は軽業でも力が及ばない、ということなのであろう。

この巻一―七からは付随して、神々の序列に関わる事柄が導き出される。その第六話に日吉明神が再び登場する。そこでは、桓舜僧都が貧窮から脱するために日吉山王に参籠したが、示現も受けられなかった。神を恨んだ桓舜は伏見稲荷に祈願したところ、福が得られる兆候が夢で示された。しかし、すぐその兆候が取り消される夢を見たので尋ねたところ、大神日吉明神の制止があったので小神である自分（稲荷）はそれに従った、ということであった。さらに、桓舜は生死の世界を離れるべき人物なので現世で栄華を与えなかった、という日吉の神慮を知ることになる。

業力との関連でいえば、神は大小に関わらず桓舜の貧窮という境遇を変えることは可能であったことが知られるので、桓舜の貧窮は業力によるものではない、ということになろう。ここでの眼目は、現世利益を得ることは後世の妨げになることが示されていることである。さらに神には大神・小神、という序列があることが知られることに注目したい。

神々に序列があることは本編第二章の『今昔物語集』の分析でも触れたところであるが、『沙石集』でもそのことを確認し得たことになる。『沙石集』では都にも日本全国にも神祇には大小があるとされる（巻一―三）。具体的には、貞慶の祈願を叶えることができない石清水八幡宮が代わりに伊勢を勧める話（巻一―二）、日吉山王や新羅明神らが疫病神や鬼神などの実類神を使役する話（巻五本―一及び四）などが知られる。

神々には序列や機能の限界があることが知られたが、仏菩薩の方はその点は明確ではない。如来・菩薩・明王・天という悟りの程度に応じてなされる区別は序列ともいえるが、それが機能の限界性と結び付いているのかどうかが課題となる。例えば、天部の諸神に往生を願った際に、それは自分の及ぶところではない、といって他の仏菩薩を勧めるといったような事例があるのかどうか今後の調査は必要である。「仏像」の呼称は厳密には如来の造像のみに適用されるものではあるが、如来像以外も広義に仏像と呼ばれている。(22) そうした意識は諸尊の悟りの程度や役割が区別されることなく、現当二世の様々な利益が求められる、といった現象につながっていくものと思われる。

（二）神の諸機能

本節では前章までの指摘と重なる部分もあるが、神の機能について改めて触れたい。

第一は、前節の終わりに示した神威が及ぶ範囲の拡大に関してである。これに関しては明恵の渡天計画を春日明神が止めた説話（『沙石集』巻一―五）をもとに、神威は外国には及ばないとされていたことを指摘した（本編第二・三章）。また、「我朝ハ神国トシテ大権アトヲ垂レ給フ」（『沙石集』巻一―三）と、日本は神国であることが強調されもする。それは日本の独自性の主張でもあるので、その利益が中国・インドまで及ぶとなると日本の独自性を否定することにもつながりかねない。八紘一宇的な国家主義に裏付けられた神国意識とはいえないだけに、極めて観念的な主張といわざるを得ないのである。

第二は、神は人事に関わり左右することである。この機能についても本編第三章で指摘したが、そこでは国司任官という除目に関わることであった。ここでは除目ではなく法会の役目に関してであるが、『雑談集』には次のような話が見られる。

二年も続いて同僚に興福寺維摩会講師役の先を越された一阿という学生（おそらくは興福寺僧）は、別当と特に春日明神を恨み、南都を離れて東国を修行しながら故郷に帰ろうとした。途中、熱田神宮に参詣したところ、巫女に憑いた春日明神は、

イカニワ僧、我ヲバ恨ソ、汝ハ我ヲステタレドモ、我ハ汝ステヌ也。維摩講師ハ、我計ニテハナキゾ。ナニシニ、我ヲモ別当ヲモ恨ル。帝釈宮ノ簿ニ付也。明年行ズベシト簿アル也。タシカニ返レ。

と託宣した（巻十「仏法ノ結縁不空事」）。維摩会講師の任命は春日明神の計らいではないので、神や別当を恨むのは筋違いであることや、来年は任命されることが帝釈天の住む宮殿の簿に記されているので寺に戻るべきこと、などを伝えた。春日明神の言うとおり翌年学生は講師役を勤めることができた。

ここでは維摩会講師の任命は春日明神の計らいではないとなっているが、学生はそうは思っていなかったこと、及び人事は仏法の守護神である帝釈天が司っていたことを確認しておきたい。帝釈天か春日明神かの違いはあっても、人事は神が取り計らうという認識がこの時期にも維持されていることが知られる。むしろ、春日明神が帝釈天宮の簿の内容を知っているという事自体が、人事は神が左右することを間接的ながらも示していることになろう。

この託宣の冒頭の「我ハ汝ステヌ也」という言葉に注目するなら、それは神は人に随行する、という第三の神の特質の問題につながる。神は目的を達成するために人に随行するのは、神威を及ぼし得る範囲が限定されているた

めである、という指摘を同じく本編第三章で行った。春日明神は巫女への憑依という形態を採ってはいるが、この学生に随行し神意を伝えるという目的を達成したものと思われる。熱田神宮に参詣した学生に熱田明神ではなく、春日明神が託宣したのはそうした理由からであろう。また、学生が熱田神宮に参詣したにもかかわらず、春日明神が熱田明神を差し置いて巫女に憑依したのは、熱田明神は同じ明神でも地方神であるため春日明神よりも格下と認識されていたことを示すものなのかもしれない。(22)

神は人に随行するという点で注目したいのは、中世において重視されていた「正直」という徳目と結び付き、「正直の頭に神宿る」という諺として定着し始めたことである。奥州のある山寺の別当が本尊を造ろうとして金五十両を携え上洛する。途中、休憩した宿にその金子を置き忘れた。あきらめながらも帰りにその宿の女人に話したところ、その女人が保管していた。感激した僧が身寄りのないその女人を連れ帰り、以後女人は裕福に暮らした（『沙石集』巻九―一「正直ノ女人ノ事」）。

この話では正直の重要性が説かれており、「正直ナレバ神明モ頭ニヤドリ、貞廉ナレバ仏陀モ心ヲ照ス」とする。この女人は正直であったので神の御利益を受け、裕福に暮らせた訳である。なお、正直も貞廉もほぼ同義であるが、仏は身体に宿ることはないことが知られる。

神が人に利益を確実に授けるために、随行するだけではなく一歩進んで身体に宿ることにより目的を達成したといえるのである。そのためには「正直」という徳目が要請されるのである。正直であることは神に仕える者の心構えとして、古代においても求められていた。(23)しかしながら、諺としては『十訓抄』（一二五二年成立）に八幡大菩薩が「正直の者の頭にやどらむ」と誓った話が早い例で（六―三十八）、十三世紀半ば頃から定着し始めたと思われる。(24)無住は、正直を初めとする芳心・至孝・忠などのさまざまな徳目を身につけることの重要性を、当時において数は少ないながらも実際にあった美談的話として示した。そして、そうした行いが良因となり次の世に良果をもたらすことにより末代を克服することが可能と考えていた。[25] 次の世に展望をもたらす意味で、これらの徳目は積極的意味を持っていたのであった。

必要に応じて身体に宿る神とは異なるが、類似の神として仏教の倶生神がある。この神は人が生まれたときから左右の肩の上にいて善悪を記録し、死後それが閻魔王裁決の資料とされる。貞慶はその晩年の著『愚迷発心集』で、

仏菩薩の影の形に随ふがごとくして、照見を垂れたまふをも慚ぢず、倶生神の左右の肩に在つて、善悪を記するをも顧みず。

と述べている。倶生神のことが見える早い例であるが、無住はしばしば倶生神のことに触れている。[26] 貞慶が記したこの下りは多少の字句の違いはあるがほぼ同文が『沙石集』にも見られ（米沢本）、当時流布していた慣用句だったのであろう。いずれにしても、神は身体に宿るということが中世において人々の意識に上っていたことが知られる。

一方、仏菩薩の方は身体に宿るのではなく、影のように人に随う点で神とは異なる点に注意しておきたい。前述の仏は心を照らすという記述と併せると、身体に宿る神の方がより即物的である。影のように人に随う仏菩薩の代表は地蔵菩薩で、『沙石集』巻二―五・六でその諸様が語られるが、人に宿るものではない。人に随行していた神は、目的を果たすために一歩進んで身体に宿るところまで進展したところに中世的特質を見出したい。

おわりに

以上、無住における本地垂迹説と神の問題を検討してみた。本地垂迹説による神仏一体化を神の側から見るなら、神がそれまで有していなかった仏菩薩の機能を得たことを意味する。習合後時間が経過したため法門の要点を忘れ

て本地の機能を果たせなかった蔵王権現のような場合もあったが、本地仏である阿弥陀の機能を説く紀伊の八幡や、瑜伽・唯識の法門を語る春日明神などは神自身が本地の機能を発揮した例といえる。

しかしながら、仏菩薩の機能を得たとはいっても、その機能は「和光」であるので仏菩薩のそれと同じではなく、弱められたものになる。地蔵を本地とする春日・日吉明神らが救済し得た悪趣は、地獄に堕ちるほどではない軽微な罪を犯したものが堕ちる魔道や天狗道などであったのである。

また、仏菩薩の機能を得たのなら神の救済機能の限界性も当然解消されるはずと考えられるが、必ずしもそうではなかった。神は軽業でもそれによって得られた境遇を解消できないし、異国には神威を及ぼせなかった。

一方、人事を左右し、人に宿って神意を実現する、といったそれ以前から有していた神の機能は中世においても維持されていた。逆に仏菩薩が神と一体化することにより人に宿ったり、人事を司る機能を得たという形跡は見出し難い。仏菩薩が本地垂迹説により神を取り込むことにより、仏菩薩の機能がどう変化したのかは改めて問わねばならない課題といえよう。慈円は建暦二年（一二一二）に日吉神社に奉納した百首の歌の一つに、次のような歌を詠んだ。

　まことには神ぞ仏の道しるべあとをたるとは何ゆへかいふ

（『拾玉集』二三〇八）

神は単なる垂迹ではないと神の役割を重視した歌として、ここに神本仏迹説への傾斜が見られるとされている。[27]確かに神の役割が積極的に詠われている。しかし、その役割は神が仏に成り代わるのではなく、衆生を仏のもとへ導くことにある。そうした点では、この歌から神に仏菩薩の眷属的色彩を見出すことも可能と思われる。本地垂迹説は、仏教側に都合のよい思想といえるのである。

思うに、本地垂迹説に裏付けられた神仏関係を神の側から整理するなら、神の従来の機能が仏菩薩の機能に転化するのではない。むしろ、神の従来の機能に仏菩薩の機能が付加されることといえる。その仏菩薩の機能もそのままでではなく、「和光」により弱められることもあるのである。神に祈れば本地仏には到達できても、得られる本地仏の効験には一定の制約があった、ということであろう。注の（1）に示した義江氏の見解はそうした条件付で理解すべきと思われる。

無住の社会に対する観察眼は鋭いものがあるが、遁世僧であったためか国家・政治などにはほとんど関心を示さない。そのため、無住の著作に現れた神仏関係もそうした観察範囲の中で、という限定をつけておかねばならない。無住が説いた神仏関係は当時の一面を示すものではあるが、全てではないことに留意する必要はある。しかしながら、本地垂迹説の内実を探るうえでは豊富な材料を提供しているので、今後まだ深めるべき余地が残されているといえよう。

注

（1）義江彰夫氏は、十二世紀末には「その所の神に祈れば、おのずから本地仏の効験をえることができるというところまで、本地垂迹説は発展してきた」（同『神仏習合』一七五頁、一九九六年、岩波新書）とされ、そうした理解が大方のものと思われる。しかし、仏菩薩優位の理論が説かれたとしても「民衆の神に対する崇敬は仏菩薩への帰依にとってかわられたわけではない」という柴田実氏の指摘（同「和光同塵」初出は一九五九年、同『日本庶民信仰史』神道編所収、一九八四年、法蔵館）は重要で、現実社会における神固有の役割・機能についての検討が深められるべきであろう。

（2）近年では平雅行「神仏と中世文化」（歴史学研究会・日本史研究会編『日本史講座』第四巻所収、二〇〇四年、東京大学出版会）、同「神国日本と仏国日本」（懐徳堂記念会編『世界史を書き直す　日本史を書き直す―阪大史学の挑戦―』所収、二〇〇八年、和泉書院）など。

（3）山下正治「沙石集の研究（三）―神明観について―」（『立正大学文学部論叢』四十七、一九七三年九月）など。

（4）阪口玄章「『沙石集』の神明観と和歌観」（同『日本仏教文学序説』所収、初刊は一九三五年、一九七二年に国書刊

行会より復刊)。新しい所では陸晩霞「本地垂迹を説く無住の方法とその三教観―『沙石集』における〝方便〟の多様性を手がかりに―」(義江彰夫編『古代中世の社会変動と宗教』所収、二〇〇六年、吉川弘文館)。

(5) 安藤直太朗「『沙石集』巻一神祇説話の考察―無住の神明観と説話の本質―」(初出は一九七二年、同『説話と俳諧の研究』所収、一九七九年、笠間書院)、村山修一『本地垂迹』二四五頁(一九七四年、吉川弘文館)、三崎義泉「沙石集の本覚思想と神」(初出は一九八〇年、同『止観的美意識の展開』所収、一九九九年、ぺりかん社)。

(6) 密教とするのが上田さち子「中世的神祇の特質について―沙石集を中心に―」(大阪府立大学『社会科学論集』二、一九七一年三月)、和田有希子「無住道暁の神仏関係論」(『日本思想史研究』三三、二〇〇一年三月)など。本覚論に求めるのが三崎義泉注(5)論文。

(7) 圭室諦成「沙石集を通じて見たる鎌倉末期の宗教」(『古典研究』三―二、一九三八年二月)、鈴木睿順「沙石集における神仏習合思想」(『大正大学学報』三十七、一九五〇年六月)。

(8) 和田有希子注(6)の論文。

(9) 片岡了『沙石集の構造』第一部第三章「無住と神明」(二〇〇一年、法蔵館)。

(10) 菅原信海「中世の神仏習合思想」(『国文学　解釈と鑑賞』六十―十二、一九九五年十二月)。

(11) 片岡注(9)の書、第二部第一章第二節。

(12) 拙稿「『沙石集』『雑談集』『妻鏡』『聖財集』綜合索引(四)人名編(五)神仏・異形異類編」参照(『史料と研究』十五、一九八五年五月)。

(13) 拙著『中世の南都仏教』一八三～一八四頁(一九九五年、吉川弘文館)。

(14) 『日本国語大辞典』「天狗道」の項目(二〇〇一年、小学館)。

(15) 『雑談集』巻一「自力他力事」に見える「信施物ハ後ニ牛ニ成ルト云ヘバ、今日ハ甘葛明日ハ鼻ヅラ、信施故ニ馬ニナルベキシルシカト、ヲモヅラヒゲゾアヤシカリケル」という文も、信施を貪れば畜生道に堕ちることになる、という戒めを述べたものといえる。

(16) 川端善明・荒木浩校注『古事談　続古事談〈新日本古典文学大系四十一〉』二二八頁注七(二〇〇五年、岩波書店)。

ちなみに、「蛇道」を仏教語として立項している仏教辞典は、管見では石田瑞麿『例文仏教語大辞典』（一九九七年、小学館）位なものである。同辞典が「日本の仏教が育んだ仏教語」を解説する（「はしがき」）という方針のため、立項されたのであろう。

(17)『今昔物語集』巻十三─四十二、同巻十四─一・十九、『古事談』巻三─九十一など。

(18)『撰集抄』には、真範が臨終に際して三輪山麓に東向し、「南無春日明神」と称えた、とある（巻五─九）。直接春日明神に往生を願ったように見える興味深い例である。この説話をめぐる問題などについては拙著『中世南都の僧侶と寺院』第一部第二章参照（二〇〇六年、吉川弘文館）。

(19)大隅和雄『信心の世界　遁世者の心〈日本の中世二〉』一七〇頁（二〇〇二年、中央公論新社）。

(20)『沙石集』巻二─九、巻六─十五など。ただし巻六─十五は米沢本では「仏力、業力にかたねば、仏の方便も及ばぬにや」と、「神力」ではなく「仏力」になっている。仏の方便を担うのは神であるとするなら、この部分は「仏力」よりも「神力」の方が適当と思われる。

(21)如来像以外も含めて「仏像」とした事例の初見は確認していないが、百済からもたらされた弥勒石像と仏像（これは如来像か）を併せて「仏像」としているのは早い事例といえよう（『日本書紀』敏達天皇十三年〈五八四〉九月及び是歳条）。仏教伝来時から仏教に関する彫像類は総称して「仏像」と呼ばれていた、と考えて良いであろう。

(22)『三宝絵』下─八、『今昔物語集』巻十二─六に、興福寺涅槃会を聴聞しに来た熱田明神が、諸仏・梵天・帝釈・四天王らに阻まれて聴聞出来なかった様が語られる。熱田明神は帝釈天を含む仏法の護法神よりも力が弱いのに対し、『沙石集』で語られる春日明神は帝釈天と通じているなどの点で熱田明神よりも神力が強く格上であったと思われる。

(23)『続日本紀』神亀元年（七二四）二月四日条に見える「清明正直心」など。

(24)石清水八幡宮と興福寺との用水相論に端を発した訴訟問題に際して、嘉禎二年（一二三六）正月十六日に興福寺が六波羅に送った牒（『鎌倉遺文』四九〇二号）に見える八幡の「在非正直頭不住之託宣」という言葉は、「正直の頭でなければ託宣は下りない」ということであろう。逆接ながらも「正直の頭に神宿る」と同様の意味といえよう。神と正直の関係は八幡神のみに関わることではないが、八幡と正直との関係及び中世に正直という徳目が重視されてくる過程については、久保田収「石清水八幡宮の崇敬と正直の理」参照（初出は一九五五年、同『神道史の研究』所収、一九七三年、皇学館大学出版部）。

(25) 拙稿「『沙石集』の末代意識について」（初出は一九七九年、拙著『日本中世の説話と仏教』所収、一九九九年、和泉書院）。

(26) 『沙石集』巻七―七、米沢本『沙石集』巻八―六、『妻鏡』（大系本一七八頁）、『聖財集』上「十之四句」の第一「今世後世四句事」。

(27) 菅原信海注（10）の論考。白山芳太郎「中世神道と仏教」（日本仏教研究会編『仏教と出会った日本〈『日本の仏教』第Ⅱ期・第一巻〉』所収、一九九八年、法蔵館）。

第三編　中世説話集の構成

第一章　『古事談』の組織構成をめぐって

はじめに

源顕兼（一一六〇～一二一五、顕房流村上源氏、最終官位は従三位・刑部卿、一二一一年出家）の晩年（恐らくは出家後）の撰である全六巻の『古事談』（以下「本集」）は、鎌倉初期を代表する比較的大部な説話集である。総数四六〇話は、鎌倉期においては『古今著聞集』（七二六話）に次ぐ数である。個々の説話の長短を問わないならば、『沙石集』（四〇〇話前後）と肩を並べる分量といえる。

本集は既に明治期（一九〇一年）に『国史大系』に収録され広く流布していたが、本格的研究が活発化するのは比較的近年で、一九八〇年代以降といえる。既に一九六〇年代に益田勝実氏による先駆的な注釈研究が試みられていたが、それはサンプル的なもので、本格的な注釈や口語訳が現れるのは八〇年代になってからであった。すなわち、注釈では小林保治氏、口語訳は部分的ではあるが志村有弘氏、池上洵一氏らにより行われた。近年の川端善明・荒木浩氏の校注（以下「新大系」）は、本集注釈研究の一つの到達点を示すものといってよい。また、個別の研究では、一九九〇年代に田村憲治・伊東玉美両氏により、本集を中心としたそれまでの研究がまとめられ、近年には浅見和彦氏編による本集に関する多角的な研究がまとめられた。これらの研究により、本集研究は新しい段階に入ったといえよう。

本集をめぐる課題は様々あるが、本章では撰者の基本態度を探るべくその分類構成の特色について粗削りではあるが検討してみたい。本集の構成をめぐっては、後述するように既にいくつかの見解が示されている。本集は「抄録の文芸」と呼ばれるだけに、(9)各説話は基本的には先行文献の抄録であり、撰者の評語は記されていない。前書き・後書きもないこともあり、撰者は本集で何を主張したかったのか、はなはだ不明瞭なのである。それでも、撰者の意図を読み取ろうとする試みは継続されており、個々の説話については新大系の注が参考になる。

撰者の意図を探る方法の一つが、本集の構成に何らかの法則性を見出そうとする研究である。本集の構成に何らかの意図や法則性、あるいは積極的意義は見出しにくい、という見解も多い。(10)しかしながら、何らかの法則性を探る試みは、中世知識人のものの考え方や価値観あるいは秩序意識を知るうえでも必要な作業と思われる。本章はそうした課題に取り組んだ一つの試論である。したがって、本章では個々の説話の考察は基本的には行わず、外観を表面的になぞることになる。本集の撰者が個々の説話にどのような意図を込めていたのかを探るための前提的作業、と受け止めて頂きたい。いわば、本集を山に譬えるなら、その形や登山口を確認する試みといえる。なお、本集のテキストは新大系を使用することとし、説話番号は叙述が煩瑣になる場合は新大系本に付された通し番号で示す。(11)

一、『古事談』の特質をめぐる諸論

はじめに、これまでの研究で明らかにされてきた成果を踏まえて、論を進めるに当たって必要な『古事談』の特質について確認しておきたい。

（二）一般的特質について

全六巻の内容は、巻一「王道后宮」（九十九話）・巻二「臣節」（九十六話）・巻三「僧行」（一〇八話）・巻四「勇士」（二十九話）・巻五「神社仏寺」（五十四話〈神社二十四話、仏寺三十話〉）・巻六「亭宅諸道」（七十四話〈亭宅八話、諸道六十六話〉）となる（括弧内の数字は説話数）。

巻一の「王道」は歴代天皇の逸話であるが、「后宮」（皇后・中宮など）に相当する話がないとされる。確かに見かけ上は存在しないといえるが、伊東氏は后宮説話はあるとする立場から、后妃の存在なしでは一話の意味が解せない逸話を五話（二十三・二十四・三十八・八十五・八十六）指摘している。[12] 氏は炙り出し的方法で后宮説話の存在を示しているが、他の二つの内容を表題に掲げる巻五・六の場合は、それぞれの項目に対応する説話が整然と並べられている。巻一が「王道」と「后妃」の二つの内容を表題に掲げながらなぜそのような構成になっていないのか、ということについての説明が必要と思われる。

「王道后宮」の巻名は、「王道」と「后宮」の二つの内容からなるというよりも、天皇には妻としての后妃がいることを前提とした巻名なのかもしれない。したがって、わざわざ后妃説話は示されなかった、とも考えられる。その点で、冒頭説話が女帝称徳天皇であるのは象徴的である。女帝であったが故に后妃は存在しないし、彼女自身天皇と后妃を一体化した存在であったと考えられたのかもしれない。敢えて連れ合いを指摘するなら、それは道鏡ということになろう。このように后宮は天皇と一体化したものという認識のもとに巻名が付けられ、必要のない限り后妃は登場しないという結果になった、という想定をしておきたい。したがって、「王道后宮」の表題には「王道」と「后宮」の二つの内容を含む、という意図は込められていなかったと思われる。

巻二は藤原氏を中心とした貴族説話、巻三・四・五は表題どおりの内容で敢えて説明は必要ないであろう。巻六の「亭宅」は南殿、東三条殿など内裏や貴族の邸宅関係話で、「諸道」は管弦から囲碁に至る各種の才芸・技芸に関わる説話が配列されている。『古今著聞集』では管弦歌舞（巻六）などのように、いわゆる「諸道」の各部門が独立した部立てになっており、それらは全二十巻のうち四割ほどを占めている。『古事談』と『古今著聞集』の部立ての共通点や異質点などの比較は、中世貴族の価値観の展開を知る上で今後取り組まねばならない課題といえよう。

巻一は問題は残されるが巻五・六と共に二つの内容から構成されているとするなら、本集は全九巻（あるいは全八巻）にしようと思えばできる内容を六巻にしている、ともいえよう。ただ、後述のように巻五は確かに二項目からなる巻であるが、それらは一体化させることで意味を持つ巻といえる。つまり、分離させると意味をなし難い巻といえる。その点で巻五は巻一と類似しており、二項目ある巻を単純に二つに分離して考えることには慎重であらねばならない。

各巻収録説話の時代範囲はそれぞれ、巻一（八世紀半ば〜十二世紀末）・巻二（十世紀前半〜十二世紀後半）・巻三（八世紀後半〜十三世紀初頭）・巻四（十世紀後半〜十三世紀初頭）・巻五（神社は八世紀後半〜十二世紀半ば、仏寺は十一世紀半ば〜十二世紀末）・巻六（亭宅は八世紀末〜十一世紀初頭、諸道は十世紀初頭〜十三世紀初頭）、となる。全体として、八世紀半ばから撰者と同時代の時期までの話が収められていることが知られる。

もっとも、各説話の中では様々な過去の史実が語られている。松本公一氏作成の年表によるとその史実は、五世紀に相当する仁徳天皇八十七年の難波宮焼亡（巻一―十三）から建暦二年（一二一二）の良宴の入滅（巻三―八二）までに及ぶ(13)。ただ、氏の年表には巻五―十七で語られる神功皇后の新羅征伐のことが採録されていないので、それを加えると四世紀後半まで遡ることになる。

また、巻五の「仏寺」は十一世紀半ばのことから始まっているが（巻五―二五）、それは天喜二年（一〇五四）の太子廟からの未来記出土の話であるからである。しかしながら、仏寺の冒頭話が聖徳太子関係であることに注目するなら、話の時代は十一世紀ではあっても仏法は聖徳太子から始まる、という認識が背後にあることがうかがえる。したがって、仏寺の項の話の開始時期は、実質は六世紀まで溯り得る、といえよう。

以上の点を考慮しても、本集では平安遷都以前の話は少なく、遷都以後のいわゆる摂関・院政期に話は集中していることが特色となろう。

題名の「古事」とは、「昔あった出来事」「後の世の規範ともなり得るような出来事」で、家の秘事として顕兼が集めていた有職故実類の集成が『古事談』であるとされる田村氏の見解(14)が、定説的なものといえよう。

益田氏が指摘した抄録の文芸という特色は、その後今日に至るまで肯定的に継承されている。抄録という行為は、丸写しではなく、先行文献を取捨選択するのであるから、そこには撰者の主体性が働いているのは確かなのである。文章の抄録という行為に、どこまで撰者の主体性がうかがえるのかについては、論者により評価に幅がある。益田氏は抄録は確かに模倣行為ではあるが、その行為が抄出される書物の目的から独立したものである場合、その話を本来の方向付から解放することになり、話の自由圏を作ることにつながる。したがってその場合は、抄録行為は紛れも無い創作であるとする。氏はそうした行為を抄録的創作と名付け、抄録行為に積極的意義を見出そうとしている(15)。

田村氏は抄録の際に僅かながら見られる語句の削除・増補という改変行為に、顕兼の説話を見る眼を見出せる可能性があるとされる(16)。また、川端氏は語り手の抹消が抄出の一つの方法として行われているとし、それは原拠に対する無批判性という特質と関連し、本来の説話の意味を損じたり減じたりすることになりかねない、ともされる(17)。田村氏は抄録行為の中に顕兼の主体性を見ようとし、川端氏はその主体性のもつ負の面を指摘したものといえよう。

（二）構成の特質をめぐって

前述のように本集の構成に積極的意味を見出さない見解もあるが、ここでは全体構成についての特質に言及している研究を紹介したい。山田英雄氏は、巻一から四までは「人」についての分類、巻五と六の「亭宅」までは「建物」の性質によるもので、巻六の「諸道」は「人・建物」とは別の基準で、話の数から便宜的にまとめたものにすぎないこと、本集全体は身分・階層による区別がなされていること、など本集の基本構造を指摘された[18]。

伊東氏も山田氏と同様に、人・建物、身分・階層という分類基準を設定する。氏は巻一から四までは「人」の世界を階層別に描き、巻五・六は「事物」に着目し説話が配されているとする。山田氏が別基準とした巻六の「諸道」については、「諸道」は「人」ではなく「道」に中心があり、諸道に携わる達人を国の「宝物」とする発想がある。そうした点で「亭宅」「諸道」は一種の「物」として認識されていたとする[19]。

この「人」の世界、すなわち身分・階層ということに関して近年小林保治氏は、本集は「宮廷貴族世界の生活者と彼等に関わる説話」という点で貴族説話であること、階層の範囲は顕兼の生活圏内にいた宮廷人であるため庶民や動物主役の説話は含まれないとし、巻一から六までに登場する宮廷人を整理している[20]。氏は宮廷人を「王朝社会の主要な構成員」と規定している。「宮廷人」を広義に解釈するにしても、天皇から僧・武士に至る層を一括して「宮廷人」と表現することが妥当かどうか疑問も残り誤解も生じかねない。しかしながら、登場する人々の階層により各説話を分類するという観点は、本集の特質解明のためには有効と思われる。

伊東氏は全巻の構成を丹念に検討した上で、編者が支持していたのは「王の時代」であるとし[21]、さらに本集の価値観について、

王の論理（王法）のもとに収斂されるべき秩序ある人の世と、神仏の領域との矛盾のない併存を立脚点とする

『古事談』の立場は、この時代に生をうけた編者顕兼の価値観そのものであったろう。[22]とされる。「王法」という表現を使用しているが、巻三・五の宗教説話を王法仏法相依相則との関係では捉えていないようである。しかしながら、氏は王法に対する仏法という語は使用していないが、後述のように本章が主題としたい王法仏法相依相則論と関連する指摘である点に注目しておきたい。なお、王法・仏法関係は通常政治と仏教の関係として捉えられる。その際に神祇の扱いが問題となる。王法仏法の中世の使用例を検討すると、本地垂迹説の影響が強ければ神祇は仏法に必然的に組み込まれることになる。逆に後述の『愚管抄』のように本地垂迹説と距離を置いている場合は、仏法の中身は純化の度合いが高くなる。こうした問題はあるが、本章で使用する仏法には神祇を含むこととし、広く政治と宗教との関係を王法・仏法関係と理解しておく。

その王法について田中宗博氏は、巻一―一の称徳天皇説話は顕兼の時代の王法（すなわち後白河院）の在り方を追認・正当化する機能を果たすもの、と位置付けている。[23]巻一が王法関係説話であることに加え、その冒頭話が顕兼の時代の王法擁護と深い関わりがある、という指摘に注目したい。

本集の全体構成を、黒田俊雄氏提唱の権門体制論[24]との関わりで把握したのが前田雅之氏である。すなわち、巻一から四までは「公」秩序の構成員たる「院・天皇―公家・寺家・武家」とほぼ一致すること、巻五と巻六「亭宅」は「院・天皇―公家・寺家」のトポス（場）で、「諸道」は王朝の技芸を網羅しているので巻一から四までの補完と見ることが可能、とされる。[25]前田氏の指摘は伊東氏の見解をより構造的に捉えたものといえ、また王法仏法相依相則論を本集に見出す際の参考にもなるので、継承したいと思う。

二、『古事談』の構成試論

（一）「権門体制」的構成とその課題

本集の構成を権門体制とする前田氏の見解を前節の最後に紹介したが、その点を今少し補足的に確認してみたい。前田氏によると、巻一・二は公家権門、巻三は寺家権門、巻四は武家権門、ということになる。巻三には神官・社官及び神社関係説話は無いが、その補完となる巻五には「神社」部が設定されている。黒田氏は「社家」は神仏習合のもとでは寺家と区別はないとし、独自な意義を見出すことに消極的で[26]、寺家権門という用語で代表させている。その点権門体制論では、個々の僧侶の活動というよりも寺社の社会的影響力や勢力の大きさが問題とされている。その点では寺社権門を構成する巻としてふさわしいのはむしろ巻五で、巻三の方が巻五を補完しているといえよう。

なお、神官・社官に関する話は、巻四―二十九（熊野別当湛増）と巻五の神社部に組み込まれた形になっている。

また、武家権門に相当する巻三は二十九話と、全体の巻の中ではもっとも説話数が少ない巻である。説話数の多少だけでは断言できないにしても、本集の武家権門の占める位置は意外に小さいといえよう。巻四―二十八は畠山重忠の乱に関わる話で、巻は三であるがその八十四に北条時政の孫娘の話が収められている。鎌倉幕府に直接関わる話は無いが、関東・鎌倉という場の認識はなされていたようである。

また、補完とされる巻六の亭宅部には武士の話は無く、諸道部の担い手も観覧・鑑賞者を含めても天皇・公家・僧・神官らであり、武士は見当たらない。本集は『古今著聞集』とは異なり、武芸を諸道の一つとは認識していなかったことが知られる。ただ、武芸に関わることに言及していないわけではなく、巻四―十九は源義家の弓技が優れていたことを示す話である。武芸に関わることは、巻四の各説話の中に含まれていた、といえよう。

このように本集の構成を権門体制として把握する場合、武家権門部分に権門としての自立性の脆弱さがうかがえるなど、黒田氏提唱のような整った形の権門体制とはいえない。しかし、こうした権門体制的構想は、当時の貴族社会においてはめずらしくなかった。一例として、慈円が『愚管抄』執筆時に描いていた政治の構想論が権門体制的なものといえることに触れておきたい。

『愚管抄』は承久の乱前夜の一二二〇年頃に執筆され、その目的は乱を回避するためにあったことはほぼ定説となっている。乱前夜には回避の可能性が整いつつあったのである。すなわち、実朝暗殺後の鎌倉将軍候補として九条頼経が鎌倉に下向したのが一二一九年の七月であった。また、九条良経の娘立子と順徳天皇との間に懐成（後の仲恭天皇）が一二一八年十月に誕生し、翌月に立太子した。

慈円は『愚管抄』巻七において、身内から将軍・東宮が誕生したのは天照及び八幡神の冥慮であることを繰り返し述べる。しかしながら、彼等はまだ二歳と幼いので、自立できるまであと二十年武士が過ちを犯さなければ、他の人達の過ちも止めやすいことを強調する。慈円の政治構想を黒田氏流に述べるなら、寺家権門は慈円自身、武家権門は九条頼経、公家権門は仲恭天皇、をそれぞれ頂点とした権門体制ということになろう。慈円とその身内により、三つの権門のバランスをとり得る体制が形成されつつあったのである。慈円自身摂関家出身で、当時は辞退していたが前天台座主・前大僧正でもあったので、寺社・公家両権門を統括し得る位置にある、という認識を有していたのであろう。

慈円は武士に対しては無視できない勢力であることを認めつつも、政界において主導権を発揮することを良しとはしなかった。そこで、摂関家頼経を将軍と仰ぎその統率に従えば公武の対立も緩和され、乱の回避につながることに期待をかけていたのである。慈円の権門体制的構想においても、武家の位置は低かったことが知られ、三権門は対等に相互補完するものではなかったのである。

本集の巻四について伊東氏は、冒頭の将門の乱と巻末の熊野覚朝が侍に殺害される話は、ともに殺生行為に関わる話で、それは武士の否定できない本性である「排除する武」が描かれているとされる。そしてこの巻は、武士の本質を見据えたうえでの貴族社会の内なる異界としての武士の世界を描こうとした、とされる。(27)

すなわち、本集の撰者は武士を全面肯定していたわけではなかったことになり、慈円の認識とも通ずる点を感ずる。そのことが、本集では相対的に武士説話の少なさになったのかもしれないし、権門体制的に構造を把握するにしても、他の権門とのバランスが欠けることにもなったと思われる。ただ、学説上の権門体制論との符合の度合いとは別に、権門体制的に本集の構造を把握しようとする視点はなお有効と思われるので、継承して行くべきであろう。

(二) 王法仏法相依相則論

本集の構成を、王法仏法相依相則論の視点で把握した論は管見では無いようである。小峯和明氏は中世説話集における王法・仏法論を検討している。しかし、取り上げた素材は仏法側に立つ仏教説話集（『私聚百因縁集』『真言伝』『撰集抄』『発心集』など）であるため、本集は考察の対象になっていない。(28)しかしながら、前述のように「王法」なる語を用いて本集の特質を捉えようとする論はあったし、権門体制論的に把握することが可能ならば、その秩序理念ともいえる王法仏法相依相則論を本集に見出せるのかどうかについて検討しておく必要はあろう。

最初に、各巻と王法仏法相依相則論の関係をみてみたい。巻一・二・四・六が王法の巻、巻三・五が神祇を含む仏法の巻、ということになろう。巻の配列に即するなら、巻一と二（王法）・巻三（仏法）・巻四（王法）・巻五（仏法）・巻六（王法）、というように王法・仏法関係説話がほぼ交互に配列されていることになる。前田氏のいうように巻五・六は巻一から四までの補完で、中心は巻一から四までであるとしても、王法部・仏法部というようなまとめられかたはされていないことが知られる。その点を巻構成の配列の不備と見るか、ほぼ交互に王法・仏法関係話が配列されているところに一定の法則性あるいは特色を見出すべきか、見解が分かれるところであろう。筆者は一定の法則性があるとする後者の見解の立場に立ちたい。

説話の数量的なことを問題にするなら、全四六〇話のうち、王法関係話は二九八話、仏法関係話は一六二話となり、ほぼ六対四の関係になる。ただ、王法関係の巻に仏法部に入れても良いような話が十八話ほど見出せる。(29)巻六には僧侶・寺院・神社が主人公や舞台になっている話はあるが、主題は宗教ではないので仏法関係話は無いとしてもよい。しかし、それらの話を敢えて宗教関係話と見るなら、十二話ほどになる。(30)これらを仏法部に加えても、六対四という割合は動かない。本集は、王法部関係の説話の比重が高い説話集といえよう。その王法の出発点が巻一であるが、冒頭が称徳天皇と道鏡の説話であるのは前述したこととは別な意味で興味深い。両者の関係は、個人的な寵愛関係で捉えられてはいるが、見方によっては天皇と僧侶ということで、結果的には破綻はするが王法仏法相依相則の関係のありようを示そうとした話ともいえよう。

さて、他の説話集の王法と仏法の比率を見るなら、『今昔物語集』本朝部は本集とは逆に王法と仏法が四対六と仏法の比重が高い。また『古今著聞集』は全二十巻のうち巻一・二の七十二話が宗教関係で、残りすべてを王法関係話とするなら、王法と仏法が九対一となる。ただし、王法を政治部門に限るなら、巻三の三十三話と巻九の一部の二十話ほどの合計五十三話となる。その数で比率を見るなら、王法と仏法の割合は逆転して四対六となる。中世説話集における王法・仏法関係説話数は両者同数ではなく、ほぼ六対四となる。王法・仏法のどちらが六でどちらが四かは、比重の置き方の違いによる、といえよう。

こうした構成・数量的なことばかりではなく、内容上の検討が王法・仏法それぞれ必要になる。それはある意味で本集を丸ごと把握する作業となる。それは今後の課題とし、ここでは仏法（宗教）に関わる巻、それも巻五を中心とした検討に止めたい。

ただ、もう一つの仏法関係話の巻三について簡単に触れておきたい。巻三に焦点を合わせた研究は、伊東氏の外に田村・永村眞氏らのものが知られる。田村氏は巻三は単なる仏教説話集ではなく、他の各巻と共に本集を構成する一つの巻で、独立したものではないとする。では他の巻との関連はどうなのかが問題となるが、その点に関しては氏は積極的には言及せず、法力・験徳の話が多いことにその独自性及び顕兼の貴族的な関心を見る。(31)

伊東氏は巻三の目的は日本仏教史や宗派史を単線的に叙述しようとするものではなく、各説話を通じて僧侶の多様な生きざまを映し出すことにあるとする。そしてそのために名僧・祈禱・意外性・弁舌・聖などの複数の座標軸を用意し、個々の説話の多方向性を目指したとする。(32)

僧侶らの加持祈禱などの宗教的行為と、その根元をなす法力・験力などの宗教的能力に視線が置かれている点に「僧行」の巻の特質がある、と見るのは永村氏も同様である。氏はさらに、「僧行」の基底には天台宗と法華経尊重の意識があり、現世利益が期待される加持と、覚悟と往生の術としての念仏が柱となっている、とされる。(33)

問題はそこで示されている僧の法力・験徳は何に向けられているか、である。言い換えれば、僧侶の役目は鎮護国家を担うことである、といった話はどれくらいあるかということにもなる。筆者の調査では、一〇八話中堅く見積るなら三十二話が該当するといえる。(34)さらに、鎮護国家に準ずる話あるいはそのことに連動していく話を十二話(35)ほど追加することも可能である。個々の説話の評価に関しては当然異論もあろうが、全体の四割ほどが鎮護国家関係話ということになる。出だしの三話が東大寺創建に関わる話であることも含めて、王法を支える仏法の担い手である僧侶が描かれているのが本巻である、という見方も可能であると思われる。

巻三の本格的検討は別な機会に行うこととし、巻五について節を改めて検討したい。

三、巻五「神社仏寺」について

（一）巻五の特質

巻五は神社部二十四話、仏寺部三十話の合計五十四話からなる。神社部は、三三三・三三四が伊勢神宮、三三五～三四四までが石清水八幡宮を中心とした八幡関係、三四五～三四八が賀茂、そして住吉・日吉（三四九）、日吉と客人社である白山権現（三五〇）、北野天神（三五一）、園・韓神（三五二）、中山社（三五三）、愛宕の清滝権現（三五四）、白山権現（三五五）、室生寺龍穴神（三五六）、となる。

仏寺部は、太子廟からの未来記出土（三五七）、東大寺（三五八）、長谷観音（三五九）、西大寺（三六〇）、延暦寺（三六一～三六三）、高野山（三六四・三六五）、園城寺（三六六～三六九）、関寺（三七〇）、清水寺（三七一）、珍皇寺（三七二）、鞍馬寺（三七三・三七四）、清涼寺（三七五）、法成寺（三七六）、木幡寺（三七七）、護仏院（三七八）、平等院（三七九）、円宗寺（三八〇）、法勝寺（三八一）、伊勢蓮台寺（三八二・三八三）、土佐胤間寺（三八四）、耳納堂（三八五）、讃岐松山における西行による崇徳院鎮魂供養（三八六）、となる。

神社・仏寺の説話数は、先行する『江談抄』第一「仏神の事」が神三話・仏十二話であるのに比すると、バランスのとれた説話数となっている。また、この巻は寺社権門のありかたを語った巻ではあるが、寺社勢力ばかりではなく神仏の霊験などにも触れられている点も留意しておきたい。

この巻の特質について全般的に検討した研究は、多くはない。吉原浩人氏は、神社部は畿内二十二社の社格順に配列され、さらに地方神へという構成であること、源顕兼の母が石清水八幡宮二十五代別当光清の娘であったことから石清水八幡宮関係の説話が多く（合計七話）八幡が重視されていること、などを特質として指摘している。[36]

伊東氏は、神社部の配列は社格順であることに加えて、仏寺の部は大まかな日本仏教史の展開に沿う編集がなされていること、摂関家の栄華を支えた神意を春日社・興福寺ではなく巻六の霊妙な亭宅に求めたため、巻五では興福寺・春日社説話が除かれた、とされた。[37]

片岡了氏は、中世説話集における神明説話の検討の一環として巻五の「神社」部を取り上げ、神明の宗教上の行跡よりも神社や神体の縁起由来、行事・風習に関する記事が多いこと、中世神話的記事は皆無であること、八幡神の説話が特別に多いことなどを特質として指摘している。[38]

生井真理子氏は三四五〜三四八話の賀茂社説話群に焦点を合わせて考察されている。そこでは、賀茂社には国家守護よりも仏教的側面に関心が寄せられていること、そこに中下級官人の祈願を叶える役割を果たしていた賀茂社の姿を見る。[39]

以上、主たる研究に触れたが、ここでは本集は王法仏法相依相則論の構成になっているという前提に立ち、その中での本巻の特質について述べてみたい。

その第一は、神社部二十四話のうち大半が、神仏習合あるいは本地垂迹の影響話といえることである。それらの影響が看取できない話は、三三三と三三四の伊勢神宮の話と三五一（北野天神）・三五二（園・韓神）・三五三（中山社）の合計五話である。伊勢は中世に至るまで仏教を遠ざけていたことに加え、説話の語る時期が三三三は平安遷都期、三三四は長久元年（一〇四〇）時、という時期的なことを鑑みても仏教色が希薄であるのは当然であろう。

しかしながら、その伊勢も三八二・三八三では、祭主大中臣永頼が内宮の夢告を得て氏寺蓮台寺を建立する話が語られている。両話は伊勢神宮に直接関わるものではないにしても、伊勢も仏教とは無縁ではなかったことが示されている。したがって、伊勢も神仏習合の影響を免れてはいない、という認識が本集ではなされていたという理解に立って三三三・三三四を位置付けるべきと思われる。

残りの話のうち三五一は、天神こと菅原道真の遺恨を慰撫するために贈位・贈官が行われた正暦四・五年（九九三・九九四）の時期の話である。話の主題が神仏習合には関わらず、また天神の本地を観音とする認識が成立していなかった時期だけに、本地垂迹が云々されなかったのであろう。また、三五二・三五三の園神・韓神は秦氏が祀る異国神、中山社は石を祀った自然神であるので、二十二社に比すると格が低い神といえる。本地垂迹はすべての神々に適用されたわけではなく、その対象になったのは社格の高い神であった。そうした事情でこれらの神は本地垂迹の対象とはされなかったのであろう。

神社部は九割ほどが仏教の影響を受けた話であり、本地垂迹の対象となる格の高い神々の話が主として配列されている部といえる。王法を支える神々は、二十二社を中心とする国家的神でなければならなかったのである。一方、仏寺部においても当然かもしれないが、神仏習合の話が散見される。そのことを第一の特色と関係する第二の特色としておきたい。仏寺三十話のうち、六話（三六一・三六二・三六五・三六九・三八二・三八三）に神が登場する。関寺の牛が迦葉仏の化身であるとする三七〇話も、本地垂迹的発想に準ずる話と見なしてよいであろう。

（二）巻五における王法仏法相依相則論

巻五は「神社」「仏寺」と二つの項目から構成されている形をとっているが、神仏習合の話が双方にみられるので、実質は一体なのであろう。その点で巻一「王道后宮」は二項目で構成することが意図されていたというよりも、両項目は表裏一体であるという前述の指摘とも相通ずるといえよう。「神社」「仏寺」と二分し得る項目を一巻にした理由は、両者は分離されるべきではなく一体である、という発想に基づくものと思われる。

これは神と仏は双方に関係しあう、という考えにもつながる。いうならば神と仏は鳥の両翼、車の両輪、という王法仏法相依相則の考え方が適用できそうなのである。すなわち、巻五内部で小さな王法仏法相依相則論が成り立っているといえる。

その際に本地垂迹的に神は捉えられてはいるが、神仏関係は仏主神従ではなく、両者は対等であったと思われる。例えば、石清水八幡の話のうち、三四〇では検非違使別当であった源経成の中納言への昇進という現世利益の願いを叶える八幡、三四一では源有仁の極楽往生の願いをかなえる八幡、が語られている。前者は垂迹神というより本来の神としての役割が描かれ、後者は八幡の本地である阿弥陀の役割が中心になっている。神仏習合が進み本地垂迹関係が成立することにより、神は仏菩薩の機能を手に入れる。しかし、そのことにより神は仏菩薩に埋没してしまうわけではないのである。両話はそうした神の持つ二面性がうかがわれる話といえる。これらの話から、神と仏菩薩は本集では対等に扱われているといえるのである。

こうした神仏関係の捉え方は本集独自ではなく、当時広く流布していたといえる。東大寺僧弁暁の手になる『八幡大菩薩幷心経感応抄』（一一九七年）[40]に、

神明は三宝に依る故に威光を弥よ増し、三宝は神明に依る故に興隆今に長ずと云ふ事を。また、仏事は神事に依る故に利益広く及び、神事は仏事に依る故に霊験旁た顕はる。また、仏法は王法を護るの故に王法久しく保たれ、王法は仏法を助くるが故に仏法永く伝はる。故に仏事と神事と鼻を並べ、国土の災蘖は自ら止み、王法と仏法と共に栄へて人民の安楽は思ひの如くなるぞ、是れ皆な仏神の名は異なれども本地は唯だ一つに、冥顕に事替れども其の躰相い同じきの故なり。

とある。この文の前半は、仏事・神事関係と王法・仏法関係とは別々である事を主張しているようにも読めるが、後半では王法仏法の相互依存関係を築くためには、神事と仏事の相互依存関係が基盤とならねばならないことが強調されている。したがって、仏事・神事から同心円的に王法仏法関係へ、という構造になっている。神と仏の相互

依存関係は、神社における神宮寺、寺院における鎮守社、によく示されている。仏神は同体一身としながらも、神事と仏事とに分けられているところに、それぞれ異なる独自な側面があると認識されていたことが知られる。ここで述べられている神仏関係も対等といえよう。

ここでは、神はまだ王法仏法の中に組み込まれているが、一方で、その枠組みから一歩抜け出して外側から王法仏法を支える神の役割が説かれ始める。本集と同時代の『発心集』では、

我が国のありさま、神明の助けならずは、いかにか人民も安く、国土も穏やかならん。（中略）吾が国は、昔、伊弉諾伊弉冊の尊より、百王の今に至るまで、久しく神の御国として、その加護なほあらたなり。（中略）これより仏法王法衰ふることなく、民安く、国穏かなり。（巻八の「跋」）

と、神は仏法から一歩抜け出し、王法仏法を擁護するものと位置付けられている。[41]神の優位性が示されているが、鎌倉中期の『撰集抄』も同様で、その巻九―一「内侍所御事」冒頭に「我朝は是神国なり。仏法の仏法たる、是吾神の力、王法の王法たる、擁護の神力なり」とある。『撰集抄』ではこの後、天照・春日神の子孫である天皇と藤原氏のことが述べられる。『発心集』『撰集抄』ともに神による王仏二法の擁護を強調する点は共通するが、後者が王法の中心が天照と春日、天子と摂関の関係にあるとしたところに特色があるとされる。[42]

神仏対等から神の優位へ、という流れが進行していく様子が看取されよう。賀茂社出身の鴨長明が神の優位性を説くのは理解しやすいが、石清水八幡宮の系譜に位置していたともいえる源顕兼がそうした主張をしなかった点は興味深い。いずれにしても、『古事談』の時期は、神仏関係史において一つの分岐点になるものと思われる。神を仏法の中に組み入れて捉える見方と、王法・仏法両者から一歩離れてもう一つの極とする見方が併存するのは、「神道」が王仏両法の接点であったからであろう。黒田氏は、「神道」（神としての姿、あり方、はたらき、力、権威、神そのもの）は、仏教の「法」（真理）の教理・信仰の体系に包まれながらも、「和光同塵」の世俗的存在、という

両義的本質の故に両法の接点の位置を占め、かつ神国思想を展開させ得たことを指摘している(43)。

さて、神社部・仏寺部の冒頭は、それぞれ皇祖神伊勢神宮、聖徳太子関係の話であった。国家の体現者としての天皇とそれを支える伊勢神宮、王法仏法両面兼ね備えた聖徳太子、という点でも王法仏法相依相則を説く巻の冒頭としてはふさわしい話であったといえよう。

神社部の最後の話は室生寺龍穴神の霊験を示す話で、必ずしも鎮護国家には関わらない。一方、仏寺部の終わりは、西行による崇徳院鎮魂の話である。その前の話が源頼義建立の耳納堂の由来談である。堂は前九年の役での戦死者の鎮魂のため建立されたとのことであるから、鎮魂という点で次話につながる。崇徳院の鎮魂話もその流れで置かれているのであろう。そして、巻五が伊勢神宮から始められていることに注目するなら、その流れは三八一の蓮台寺で終結し、三八二はその追補で、蓮台寺は地方寺院であるので小堂も含めた並びで三八四～三八六があるとされる(44)。

伊勢に始まり伊勢で終わるところに巻五の構成上の特色がある、とする見解は興味深い。そうした考えもあろうが、鎮護国家という点では、巻五は国家への反乱者の鎮魂の話で結ばれている、という点での一貫性があった、とする考えも成り立つであろう。

おわりに

本章は『古事談』とはどのような作品なのかを把握するための作業であったので、概説的な叙述が多くなった。本章では本集の全体構成について、何らかの法則性があるとする立場で主として王法仏法相依相則論の観点から論じてみた。本集収録の話の時代が八世紀という鎮護国家仏教の時代から始められているということは、王法仏法相依相則論の観点に支えられていることの一つの証左にはなろう。

本集の著された時期は、王法仏法の理念がまだ円滑に機能し、意味を持ち得ていた時期でもあった。しかし、同時代の書である『発心集』には王法仏法を神が擁護する、という考えも示されていた。少し後の『撰集抄』も同様の主張がなされていたが、そのことは神を介在させることによる王法仏法理念の補強であり、裏を返せばその理念の衰退・崩壊を示すものであった(45)。本集はそうした点で一つの分岐点に位置する書でもあった。

個々の説話を分析することなしの論だけに説得性に欠けるとは思うが、こうした枠組みを持つ書であることを踏まえて各説話を分析し、枠組みの的確性についても今後絶えず検証していく必要はあろう。

注

（1）益田勝実「古事談鑑賞」一～十一（『国文学解釈と鑑賞』三十―六～三十一―五、一九六五年五月～一九六六年四月、浅見和彦編『『古事談』を読み解く』〈以下『浅見論集』〉に所収、二〇〇八年、笠間書院）。ただ、氏が取り上げられた説話数は二十八話ほどで、全体の六％ほどに過ぎない。

（2）小林保治『古事談〈古典文庫〉』上下（以下「文庫」、一九八一年、現代思潮社）。

（3）志村有弘『古事談』（一九八〇年、教育社）。全体の半分弱にあたる二一三話の口語訳。

（4）池上洵一編著『島原松平文庫蔵古事談抜書の研究』（一九八八年、和泉書院）。本書は十五世紀以降の書写とされる『古事談抜書』という書物の口語訳・注釈である。『古事談抜書』は一三六話からなるが、そのうち一〇二話が古事談からの話である。

（5）『古事談　続古事談〈新日本古典文学大系四十一〉』（二〇〇五年、岩波書店）。本書の注は充実しており、説話間の関係の説明には読みの深さが反映されている。それにより撰者の意図がかなり明確化されている。しかし、注の典拠として研究者名しか記されずその文献名が上げられていないのは、スペースの制約のためであろうが、後学のために惜しまれる。

（6）田村憲治『言談と説話の研究』（一九九五年、清文堂出版）。
（7）伊東玉美『院政期説話集の研究』（一九九六年、武蔵野書院）。
（8）浅見和彦注（1）の編著。本書には国文学・歴史学研究者二十氏による論考と益田氏の「古事談鑑賞」が収録されており、参考文献の充実ともあいまって今後の『古事談』研究の指針となっている。
（9）益田勝実注（1）の文献九・十・十一。
（10）益田勝実注（1）の文献三、浅見和彦「古事談試論」（『国語と国文学』五十三―八、一九七六年八月）、田中宗博「惟成説話とその周辺―『古事談』巻第二「臣節」編への一考察―」（池上洵一編『論集説話と説話集』所収、二〇〇一年、和泉書院）など。
（11）新大系と文庫では使用底本の違いから、説話数が新大系は四六〇話、文庫は四六二話と異なる。新大系の一一一・二一六・三〇〇話は文庫ではそれぞれ二話に分けられ、逆に新大系の一一九・二〇〇話は文庫では一話としている。したがって差し引き新大系は四六〇話、文庫は四六二話となる。さらに、新大系は二話の逸文を収録している。
（12）注（7）の書、五十～五十一頁。
（13）松本公一「『古事談』史実年表（稿）」（『国書逸文研究』二十六、一九九三年十月）。
（14）注（6）の書、一一五及び一二九頁。
（15）益田勝実注（1）の文献九・十。
（16）注（6）の書、一四二頁。
（17）新大系解説八六四～八六五頁。
（18）山田英雄「古事談」（坂本太郎・黒板昌夫編『国史大系書目解題』上所収、一九七一年、吉川弘文館）。
（19）注（7）の書、一六六～一六七頁。
（20）小林保治「『古事談』―貴族説話の集成―」（初出は二〇〇七年、同『中世文化の発想』所収、二〇〇八年、勉誠出版）。
（21）注（7）の書、七十五頁。

(22) 同右、一八二頁。
(23) 田中宗博「称徳女帝と後白河院をつなぐもの―『古事談』巻頭説話への一視角―」(注〈1〉『浅見論集』所収)。
(24) 黒田俊雄「中世の国家と天皇」(初出は一九六三年、同『日本中世の国家と宗教』所収、一九七五年、岩波書店、及び同著作集第一巻所収、一九九四年、法蔵館)。
(25) 前田雅之「放り出された「古事」―『古事談』と古典的公共圏―」(注〈1〉『浅見論集』所収)。
(26) 黒田俊雄「中世寺社勢力論」(初出は一九七五年、同著作集第三巻『顕密仏教と寺社勢力』所収、一九九五年、法蔵館)や『寺社勢力』(一九八〇年、岩波新書)においても、「社」に関わる独自な記述は少ない。
(27) 注(7)の書、一六二～一六三頁。
(28) 小峯和明「中世説話集の仏法・王法論」(初出は一九八六年、同『説話の言説』所収、二〇〇二年、森話社)。
(29) 説話の通し番号で示すなら、巻一(七・八・二十七)、巻二(一三五・一八八・一八九・一九〇)、巻四(三〇五・三〇八・三一四・三一六・三一九・三二一・三二三・三二四・三二七・三三一・三三二)となる。
(30) 三九五・三九八・三九九・四〇〇・四〇二・四一一・四一四・四一五・四三八・四四八・四五一・四五九。
(31) 田村憲治「『古事談・僧行』小考」(『芸文東海』二、一九八三年十二月)。
(32) 注(7)の書、一三八～一三九頁。
(33) 永村眞「「僧行」への視線―『古事談』編纂の一齣―」(注〈1〉『浅見論集』所収)。注(7)の伊東氏の見解も含めて、『古事談』僧行の視点は『古今著聞集』巻二「釈教」編にも通ずるものがあり、当時の貴族の仏教観の特質ともいえそうである。そうした点で本書第三編第四章も参照されたい。
(34) 説話番号は、一九六～一九八、二〇二、二〇六、二〇九、二一一、二一二、二三三～二三九、二四八、二五一～二五三、二五五～二五七、二六七、二六九～二七二、二七四、二七五、二七九、二八二、三〇〇、となる。
(35) 説話番号は、一九九、二〇〇、二〇七、二一六、二一七、二二九、二六二、二六八、二八八、二九五～二九七、となる。
(36) 吉原浩人「中世説話集における神―『古事談』『古今著聞集』の編構成意識―」(『国文学解釈と鑑賞』五十二―九、

一九八七年九月)。

(37) 注(7)の書、一六八〜一七〇頁。

(38) 片岡了『沙石集の構造』一六五〜一六七頁(二〇〇一年、法蔵館)。

(39) 生井真理子「『古事談』巻五賀茂社話群考」(『同志社国文学』六十二、二〇〇五年三月)。

(40) 阿部泰郎「東大寺図書館蔵『八幡大菩薩幷心経感応抄』(解題・翻刻・釈文)」(福田晃・廣田哲通編『唱導文学研究』第四集所収、二〇〇四年、三弥井書店)。ここでは阿部氏の釈文部分を引用した。

(41) 『愚管抄』では本地垂迹が述べられることがほとんどないせいもあり、神と仏法の役割は区別されている。伊勢・鹿島・八幡・春日などの神は「世ヲバモタセ給フ」(巻七)存在、仏法は「王法ヲバマモラン」(巻三)存在、としている。ただ、神が王法仏法関係を護る、という主張とはいえないようである。

(42) 高木豊「『撰集抄』管見―その神明説話をめぐって―」(『日本歴史』三八五、一九八〇年六月)。

(43) 黒田俊雄「中世文学における王法と仏法」(初出は一九八六年、同『日本中世の社会と宗教』所収、一九九〇年、岩波書店)。

(44) 新大系、五〇六頁の注。

(45) 注(28)の小峯論文。小島孝之氏も小峯氏の説には言及していないが、同様の指摘をされている(同『中世説話集の形成』二九八頁、一九九九年、若草書房)。

第二章　『続古事談』の寺社世界

はじめに

本章は『続古事談』（以下『続』）巻四「神社・仏寺」の分析を通して『続』における寺社世界なるものを描き出し、その結果を踏まえて『続』の組織構成の特質や編者の意図を探ろうとする試みである。

『続』の編者候補として複数の文人貴族の名が挙げられているが、[1]現在のところ特定されてはいない。成立はその跋文から、建保七年（一二一九）四月二十三日とされる。ただ、その年の四月十二日に既に承久と改元されているところから、成立年に疑いも持たれている。『続』はその書名から、十三世紀初頭成立の『古事談』（以下『古』）を意識した書物であることは間違いなかろう。したがって、本章においては『続』は『古』成立後間もなくして一貴族の手により編纂された書、という程度の確認に止めておき以下論を進めていきたい。[2]

『続』は『古』の亜流と考えられていたこともあり、その独自性などを追究する研究は『古』よりも遅れていた。しかし、神戸説話研究会による『続古事談注解』（以下「和泉本」、一九九四年、和泉書院）の刊行により、注釈研究の水準が一気に高められた。その後播摩光寿他編『続古事談』（以下「おうふう本」、二〇〇二年、二〇〇六年改訂版、おうふう）、川端善明・荒木浩校注『古事談　続古事談〈新日本古典文学大系四十一〉』（以下「新大系本」、二〇〇五年、岩波書店）が相次いで出版されたことにより、『続』をめぐる研究状況は飛躍的に進展した。

これらの注釈書の刊行により、『続』をめぐる諸課題の解決への道筋が鮮明にされつつあるといってよいが、編者・成立年を初めとして残された課題も少なくない。本章は編者や成立年をめぐる課題には関わらないが、『続』の諸巻の中でも論ぜられることが比較的少ない巻四の分析を通じて、『続』の構成上の特質に迫ろうとするものである。

一、『続古事談』の特質をめぐって

（一）部立ての特質

巻四を窓口にして『続』の特質に迫るという目的を達成するためには、論を進めるうえで必要な範囲で『続』の特質をめぐる問題に触れておかねばならない。

『続』は『古』の亜流か、それとも別物かは議論のあるところである。そのことは後述することとしたいが、『続』は『古』を意識していることは間違いなかろう。『続』と『古』について改めて比較してみたのが表1である。表中『古事談』の「時期の範囲」の項に見られる三ケ所の括弧内の時期は、実質上の時期のことを示す。そのことは本編第一章で触れておいた。

説話数は『古』の方が圧倒しており、『続』は『古』の四割ほどの数である。もっとも、『続』は諸本により説話の区切り方が異なるため、説話数に異同が生ずる。和泉本・新大系本は一八五話で、おうふう本は跋文も含め一九三話としている。本章では説話番号は両者同じという点で和泉本・新大系本の番号を使用し、本文の引用は新大系

表1　『古事談』『続古事談』比較表

作品	古事談			続古事談		
	巻名	説話数	時期の範囲	巻名	説話数	時期の範囲
巻1	王道后宮	99	8C(5C)～12C 末	王道后宮	36	9C 初頭～12C 末
巻2	臣節	96	9C～12C 後半	臣節	59	8C 後半～12C 末
巻3	僧行	108	8C～13C 初頭	未詳		
巻4	勇士	29	10C～13C 初頭	神社仏寺	神社 13	9C 後半～12C
					仏寺 13	7C～12C
巻5	神社仏寺	神社 24	8C～12C 後半	諸道	49	9C 後半～12C 後半
		仏寺 30	11C(7C)～12C 末			
巻6	亭宅諸道	亭宅 8	8C～12C 末	漢朝	16	紀元前～11C 前半
		諸道 66	9C～13C 初頭			
全体		460 話	8C(5C)～13C 初頭		185 話	紀元前～12C 末

本によるものとする。

後述するように巻三の存在の有無も問題となるが、巻三が存在していたとしても全体として二〇〇話を大きく越えることはないと推察される。また、それぞれの収録説話の一話単位の長短も考慮しなければならないが、新大系本を目安にした場合、『古』には注も含めて六〇〇頁、『続』には二五〇頁が当てられている。文字数の点でも、現存の『続』は『古』の四割ほどの分量であることが知られる。

両書とも六巻構成という点では同じであるように見える。しかし、巻六が『続』では「漢朝」と独自のもので、巻三の有無と共に『古』とは大きく異なるところである。また、巻五の「諸道」には、『古』には存在した「亭宅」相当部分が無い。全六巻構成であるとして、両書が一致するのは「王道后宮」「臣節」「神社仏寺」の三巻と「諸道」の一部で、他は異なるといっても過言ではない。これらの構成上の違いを大きいと見るか、さほどのものではないとするかは今後深めるべき課題と思われる。

さて、巻三の有無は『続』の独自性に関わる問題をはらんでいるため、一つの論点になっている。巻三が存在していたのであれば、『古』との対比上「僧行」あるいは「勇士」、または両方の要素を含んだ巻、というのが自然な推測ということになろう。ただ、巻三が「僧行」あるいは「勇士」いずれであったとしても、『続』の全体構成との整合性が問題となる。その点では、巻三が何らかの理由で失われたというよりも、当初から無かった可能性が高いとして存在自体を消極的あるいは否定的に捉える見解が近年では目立ってきているようである。

巻三の存在を前提とした見解のうち木下氏は、巻三が全て僧行編であったのなら勇士編を拒否したことになり、そこに武家政権を認めない旧来の貴族的価値観の側に生きる人間からの強烈な批判をみる。(3) 田村氏は、『続』に流れる強い末世意識を指摘したうえで、巻三が予定されていたとしても、僧行は朝家の末世に関わるものとして無理があったことや、勇士の話は武家政権になった時代には末世の主題とはなじまぬものであった、とする。(4)

巻三の存在に消極的な一人である生井真理子氏は、『続』収録説話は数珠繋ぎ方式で連繋されており、巻三が無くてもその連繋には問題がないこと。さらに、巻頭話の季節に注目すると冬から始まる四季が順におかれており、巻六は季節がないが「雑」に相当するとするなら、それは『続』成立期に近いころの百首和歌や五十首和歌などにも用いられている構成に通ずるとする。(5) すなわち、氏は巻三が無くても構成上は問題ない、とするのである。

巻三の存在を積極的に否定するのは播摩氏である。氏は巻二「臣節」の全五十九話を第一話から第二十七話までと第二十八話から第五十九話までの説話群に二分し、それぞれが独立した一巻を形成できるとする。そして、六巻五部立て構成になっている諸本を紹介した上で、結論として『続』は内容的には六巻五部立て（巻一「王道后宮」、巻二「臣節」、巻三「臣節」、巻四「神社仏寺」、巻五「諸道」、巻六「漢朝」）の体裁の書であるとする。(6) 現行巻二の「臣節」が合計五十九話と、他の巻より一番説話数が多い点でも氏の指摘は説得的である。ただ、説話数という点では巻四も四十九話と数が多く、その辺との整合性が問われるところではある。

さて、勇士・僧行の話は既存の他巻に解体されている、という荒木氏の指摘(7)には注意を向けておく必要はある。

氏は『続』の「勇士」は巻五「諸道」に回帰し、近衛舎人や検非違使との対比の中に所属するとし、具体的には巻二—二十四、巻五—四十三〜四十八の七話ほどをあげる。また、僧行については、巻一以外の各巻末に仏教的話柄を持つ逸話を配置している点に『続』の特徴を見いだしている。しかしながら、僧行に相当する具体的な説話を指摘してはいない。

筆者の調査では、巻一—十四、巻二—三十五・四十三、巻四—十七、の四話ほどが僧行関係説話といえる。勇士に関しては、勇士が説話の主題にはなっていなくても武者が登場する話（巻四—二十四、巻六—九）や「荒者」と呼ばれた源経成の話（巻二—四十二・四十三）、さらに「地頭」の由来話で兵士が間接的に語られる話（巻二—二十二）なども勇士相当説話とするなら、合計五話ほどを加えることができよう。このうち、巻二—四十三は、「荒者」と呼ばれた検非違使源経成を惟尊法橋が諫める話であるので、勇士・僧行の両方の要素を含む話とみることも可能である。

また荒木氏が武勇と対比されているという理由から勇士話とは見ない巻五—三十四・三十五の近衛舎人の話、さらに巻五—三十六から四十三までの上級貴族随身者の馬芸や失敗談の話なども広義の勇士の話に含め得ると考えられる。そうすると勇士譚はもう十話ほど加えることも可能であるが、勇士譚と断定するには異論もあろうから、これらの話はここでは参考程度に扱っておきたい。

以上のことから、『続』では勇士・僧行が独立した部立ては取られていないが、相当話は勇士十二話、僧行四話ほどが他の巻に散見される、ということになろう。それぞれ単独では独立した部立てとしては説話数が不足するが、合計すると十六話になり（巻二—四十三は重複）一応部立てとしては成り立ちうる量になる。以上の点で、『続』の編者は当初から勇士・僧行編を除外していたとは一概にはいえないと思われる。

（二）全体構成をめぐって

『続』の特質は、編者の主張とも関わるので本項ではその辺を探ってみたい。『続』の構成上の特質については夙に志村有弘氏が網羅的に指摘しているが、[8]編者の主張については都所良江氏の指摘にほぼ尽くされているといえる。[9]氏は『続』は諫言説話が多いこと、編者の学問に対する関心が強いことなどを指摘し、儒教的思想傾向の強い学識者が倫理的立場から帝王道や臣節道を追求したものとする。そして、『古』にはなかった巻六の「漢朝」でも前面に押し出されているのは帝王道や臣節道であるとした。すなわち、あるべき帝王道・臣節道を中国に求めたのが巻六というわけである。都所氏の指摘はその後も継承され、増田欣氏は巻六についての考察を深め、[10]田村氏は特に末代におけるあるべき君臣関係を追求したところに『続』の特質を見ようとしている。[11]

あるべき君臣関係を説くことが『続』の特質であるとする見解を定説的なものと捉え、改めて『続』における勇士・僧行の意味を考えてみたい。なお、巻五「諸道」について本章は検討の対象とはしていないため、『続』に占める位置については今後の課題としたい。しかしながら、そこに登場する人々は巻二に上げられた臣下に相当し、天皇などは登場しない。したがって、巻五は君に仕える臣下が身につけるべき「芸能」について語ったもので、その点で巻二を補完する巻であると当面は位置付け、以下の考察を進めることを了承されたい。

前項で僧行に関する話は四話ほどあるとしたが、そのうち二話は臣下としての立場からの天皇への諫言を行った話である。一話は永観が白河天皇の法勝寺造営の行為を、財政的負担が大きく人々に迷惑をかけるが造営自体功徳がないわけではないと考えてか、「罪にはよも候はじ」と皮肉った話（巻一―十四）。もう一話は道昌が淳和天皇に対して天皇の殺生の罪の方が凡夫のそれよりも重いと諫言して、天皇の殺生行為をやめさせた話（巻四―十七）である。他の二話は、五十歳過ぎて蔵人頭になったことを喜んだ源経頼を諫めた教恵座主の話（巻二―三十五）と検非違使別当源経成の死罪執行の行為を諫める惟尊法橋の話（巻二—四十三）である、いずれも諫言説話といえるが、天皇に対しての諫言ではない。

僧侶は天皇からみれば臣下ではあろうが、俗的な意味での臣下ではないから、君臣関係では捉えにくかったのではないかと思われる。あるべき君臣関係を説く『続』において、僧行が自立した部立てにならなかった理由はその辺に求められよう。

勇士は『古』においては、承平・天慶の乱から鎌倉幕府成立に至る各戦乱の首謀者及びその鎮定者やその子孫が「勇士」の中心として取り上げられていた。武士は公家政権を脅かすほどの勢力であったのである。その点で武士は寺社・公家と並ぶ一権門ではあったが、その占める位置は必ずしも大きなものではなかった。(12)ところが、『続』はそうした自立的な権門としての武士、という見方は希薄なのである。「臣節」「諸道」の中に勇士話が散見するので、木下氏の言うように編者は勇士編を拒否したとまではいえないにしても、『古』以上にその存在が小さいのは確かである。しかし、『続』の勇士相当話に登場する武士をみると、例えば「臣節」に収められた平清盛の評価は「悪人」であり（巻二—二十四）、「荒者」と呼ばれた源経成は海賊の手足を切ったり（巻二—四十二）、死罪を強行して諫言される人物で（巻二—四十三）、臣下としては問題のある人物なのである。また、前項で広義の勇士の可能性がある話を参考として十話ほど指摘したが、そのなかで語られる人々は貴族の随身者ではあるが天皇の臣下ではない。つまり、勇士の中には天皇の直接の臣下もあるが、間接的臣下も多く、その点でも君臣関係を説く説話集にはふさわしくなかったと思われる。

以上の点で、あるべき君臣関係を説くうえで僧や武士は適当な素材ではなかったため、『続』の編者は独立した部立として設定しなかったが、さりとてその存在を無視する訳にもいかなかったため他の巻に適宜散在させた、と考えておきたい。

二、巻四の寺社世界（一）

（一）巻四の意義をめぐって

本節・次節で本章の主題である巻四の分析を行うが、初めに巻四の概要を記しておく。巻四は合計二十六話からなり、その内訳は神社編十三話、仏寺編十三話である。以下、括弧内の数字は巻四の説話番号である。神社編のはじめの三話は石清水八幡宮関係話で、内容は大安寺僧行教が宇佐八幡を男山（石清水）に勧請する石清水八幡宮創建話（一）、八幡の本地が釈迦または阿弥陀であること（二）、八幡が陪従知定の産穢の不浄を許す話（三）である。続いて平安京及びその周辺に所在する神社の由来や霊験などが語られる。比叡山の山王は最澄による勧請ではなく最澄以前に由来すること（四）、三井寺の新羅明神の尊さ（五）、祇園社宝殿にある竜穴の深さが深いこと（六）、花園社の御霊会（七）、源雅兼による花園社の修理（八）、北野天神が賀茂社をうらやむ話（九）、天神が子孫に夢告を示した話（十）、と続く。残り三話で金峰山（十一）、下野国二荒山（十二）、白山縁起（十三）など、神仏が習合した地方神社の霊験などが語られる。

続く仏寺編では、聖徳太子による広隆寺建立譚に始まり（十四）、広隆寺及び広隆寺の本尊である薬師仏関連話が九話続く。すなわち、広隆寺の客仏である薬師仏の由来（十五）、広隆寺阿弥陀堂の本尊の霊験（十六）、広隆寺別当道昌による淳和天皇への諫言（十七）、客仏である薬師仏の由来に関する異聞（十八）、その薬師仏の霊験（十九）、道昌以後の広隆寺別当と薬師仏の霊験譚（二十）、比叡山根本中堂の薬師と広隆寺薬師の契り（二十一）、伝最澄作法界寺薬師の伝来過程（二十二）、安国寺の薬師（二十三）、という具合である。残りの三話では、河原院の盛衰（二十四）、六角堂の本尊である如意輪観音の盛衰（二十五）、近江国岩間寺縁起（二十六）、が語られる。

こうした内容を有する巻四の意義についてこれまで言及されることは多くはなかったが、主なものを紹介しておく。巻四の意義について本格的に論じたのは木下氏である。氏は『続』の説話の選択・配列には承久の乱前夜の時代状況から発想されているものが少なくないという視点から、巻四の説話の選択の特質を指摘する。すなわち、取り上げられている寺社の大半が乱勃発の年である承久元年（一二一九）に比較的近い時期に火災に遭っていることを重視する。付随して頼朝は国家の守護神たる八幡神の意志の体現者と考えられていたため、頼朝の死と石清水八幡宮の焼亡は末世の到来を意味した、と末世観との関係に及ぶ(13)。氏はその後、岩間寺説話の分析を通じて巻四の説話配列について、①寺社は王権につながる中心的なものから周辺的なものへ配列されていること、②京都という王城中心の発想から選択されていること、③神社は祀られる神の性格毎に仏寺は祀られる本尊毎に組織配列され、京都はとりわけ平安京の始まりからあるようなものばかり、という特質を指摘する。そして、承久の乱前夜という時代状況を踏まえて編者は、王城や国を守るべき神仏の霊異を語りながらも、『続』成立に近い時期に打ち続く寺社の罹災を前にして大いなる危機意識を抱いていた、と推測する(14)。

巻四全体ではなく冒頭説話に注目したのが、田村・生井両氏である。『続』に強烈な末世意識を見る田村氏は、巻四の神社仏寺のそれぞれの冒頭説話である石清水八幡宮・広隆寺説話を取り上げる。そこで、『続』は『古』よりも都に焦点を当てた構成になっていることを指摘しつつ、石清水八幡宮・広隆寺は末世にふさわしい寺社と考えられていたとする(15)。

生井氏は神社編冒頭の二話の八幡説話を分析する。ただ、氏の分析の重点は『続』の編者像との関連におかれ、編者を摂関家に近い立場の藤原氏と推測したうえで、八幡が摂関家を外戚とする清和天皇を祝福し、それは現皇太子を八幡が加護する予祝につながる点で神社仏寺の冒頭を飾るのにふさわしい話題であったとする(16)。

以上、数は少ないが巻四に言及している主な研究を紹介した[17]。冒頭説話への研究者の関心が高いことや、木下氏により冒頭話に続く各説話の配列の特質が明らかにされている、というのが現状である。しかしながら、神社編の遠隔地にある霊山神社譚三話を含む全二十六話の意義、『続』全体の構成の中での位置、同じ神社仏寺編である『古』の巻五との関係など、検討を深めるべき課題はまだ残されていると考えられる。特に、現在ほぼ共通認識となっている『続』はあるべき君臣関係を説いた書、という特質と巻四はどう関係するのかは重要な課題であろう。以上の課題意識のもとに以下検討を進めていきたい。

（二）平安遷都以前の神仏

巻四所載の寺社は平安京からは遠隔地に位置する三社を除いて、平安京及びその周辺に限定されていることは一つの特色である。『古』以上に『続』の平安京へのこだわりがうかがえる。平安京へのこだわりは巻四のみならず、『続』全体にいえることである。

表一の『続』の説話が語る時期の範囲に改めて注目すると、漢朝の紀元前の話は別として日本の話は平安遷都後の範囲に収まる。平安遷都以前の話であっても、平安京関連説話という点で同列に扱える。その点が『古』とは異なる点である。もっとも、例外的と思える話が巻二―十九である。西大寺造営に際して五重（本来の計画では八重）の塔を三重に縮めた罪により地獄に堕ちた藤原永手（七一四～七七一）の苦しみが、子の家頼（七四三～七八五）が行った修法により癒される。それは、『史記』で説かれる君臣親子の礼の本分に適うと評価されている話である。

明らかに奈良時代の話ではあるが、幻に終わった西大寺の巨塔は法勝寺八角九重塔の隠喩であるとするなら[18]、平安京との関連を有する話と捉え得よう。また、家頼の行為は自己の病を癒すためであったのだが、『古』では家頼はこの時従三位上であったとする（巻五―二十八）。家頼が従三位上になったのは宝亀十二年（七八一）であるから（『公卿補任』）、家頼の行為はそれから死ぬまでの間のことになろう。その時期は光仁・桓武朝であるから、平安遷都はなされていないまでも平城京時代とは異なる時期と認識されていたのかもしれない。巻二―十九は永手よりも子の家頼に重点が置かれた話と考えられるので、時期的には微妙ではあるが、必ずしも平安京時代から外れた例外的な話と捉える必要はないように思われる。

いずれにせよ巻四は、君臣関係が営まれる場である平安京及び平安京周辺の宗教世界の特質を描こうとした巻なのではないかと思われる。そして、諸氏が注目する冒頭説話及びそれに関連する話は、読み方によっては宗教の世界におけるあるべき君臣関係を示す話と理解することも可能で、そこにも『続』全体に流れる構成上の特質が貫徹されていると思われる。また、巻四全二十六話に登場する寺社を平安京を中心に改めて配置してみると、各寺社の王城鎮護の方角上の役割が配慮されており、それが編者により周到かつ意図的な配慮の結果であるのなら一定の法則性が目指されていた、ともいえるのである。

以上、結論めいたことを先に述べてしまったが、それらのことを収録説話に即して具体的に確認していきたい。

第一は、『続』の編者は平安京は宗教的にはどのような場であったのかを述べようとしており、遷都以前から存在した神仏を重視していることが一つの特徴となる。

巻四―一は行教による八幡神勧請譚で、石清水八幡宮の創建に関わる話である。この八幡は宇佐八幡を勧請したもので、宇佐八幡はいうまでもなく東大寺大仏造営事業に自ら上洛して協力し、また道鏡の野望を退ける上で重要な役割を果たした神である。特に道鏡が排斥され、かつ称徳天皇没後に即位した光仁天皇は、平城京時代とは一線を画すことを目指した諸政策を行った点で平安京を準備した天皇といえる。八幡はそうした点で奈良時代から鎮護国家の役割を果たし、平安京においても同様な役割を果たすことを約束された神といえよう。『古』巻五の冒頭二話は伊勢神宮関係であったが、それは皇祖神という点でふさわしかったからであろう。『続』でも伊勢が冒頭におかれてもよかったのであろうが、平安京鎮護という点では以上の点からも八幡神の方が適当であったからだと思われる。『続』において伊勢が直接語られることはなく、賢王とされる堀河天皇が笛の稽古をしている最中に臣下による伊勢神宮からの訴えの報告を無視した話がある程度である（巻一―十一）。『続』においては、伊勢神宮はさほど重視されてはいないようである。

宮中には天照大神の御霊代である神鏡を祀る賢所があり、それは伊勢神を勧請したことに準ずるものとも考えられるが、伊勢神は全国神でもあったためか勧請の対象とはならず、伊勢斎王の派遣と天皇による遥拝により間接的に鎮護が期待されていた。平安京を直接に鎮護するためには勧請可能な皇祖神が必要であったに違いない。その点応神天皇の神格が付与された八幡は天照と並ぶ皇祖神である点で遜色はなく、勧請された場（京都府八幡市）は平安京の裏鬼門にあたる南西であったことも考慮せねばならない。八幡は素性の不確かな新しい神ではなく、奈良時代から鎮護国家に寄与していた由緒ある皇祖神であった。そのことも平安京鎮護にふさわしい神としての重要条件であったのだろう。だから、行教の勧請行為が歴史的には平安遷都から半世紀以上過ぎた貞観元年（八五九）から同二年（八六〇）のことではあっても、『続』においてそのことが全く問題にされていないのは、平安遷都以前から国家に貢献していた神であったことが重要視されていたためと思われる。

なお、平安遷都当時は伊勢を除き各神々には神威の及ぶ領域が限定されており、それらの神の加護を受けるためには鎮座している場所に赴くか、神を身近に呼び寄せるかのいずれかによらねばならなかった。勧請という行為は後者の行為なのである。八幡は平安初期にはまだ全国神になり得ていなかったため、その加護を仰ぐための勧請が行われたのである。

石清水八幡話はさらに二話続くが、平安京は平安遷都以前からしかるべき神により鎮護されている場であることを語る話が第四話の日吉山王の由来譚である。そこでは、山王が最澄の霊であるとか、最澄が三輪明神を勧請して山王とした、などの言い伝えはいずれも僻事であると否定し、「大比叡・小比叡、みな大師よりさきにすみ給也」とする。さらに、住吉明神が昔新羅を討った時に住吉は大将軍、日吉は副将軍であったが、平将門を討ったときは天台宗繁昌により日吉の威徳が増していたため日吉が大将軍、住吉が副将軍であった、とする住吉明神の託宣を付している。最澄ゆかりの神とする言い伝えを敢えて否定し、最澄以前からの由緒を持つ神であることを強調し、住吉明神の託宣によりその由緒をさらに補強するという構成になっているのである。平安京の鬼門（北東）鎮護という重要な役割を担う比叡山の日吉神は、平安遷都以前からの歴史を持つ由緒ある神であることが必要で、その点で最澄から始まる神であるとする説を否定しなければならなかったのである。

平安京は平安遷都以前から由緒ある神仏により鎮護されていることは、仏寺編でも重要視されている。まずは、聖徳太子ゆかりの広隆寺及び六角堂関係説話である。仏寺編の第一話（巻四―十四）は聖徳太子による広隆寺建立譚である。『古』の仏寺編の第一話（巻五―二十五）は聖徳太子の未来記出現に関する話であった。未来記出現は天喜二年（一〇五四）のことであったが、仏法の始まりは聖徳太子であり太子は既に仏法の行く末を見通していたことを強調するのが主眼であろうから、この話は十一世紀の事を語りながらも実質は聖徳太子の時代の話といえる。

仏法の始まりを聖徳太子に求める点は『続』も同じで、『古』のように間接的ではなく直接聖徳太子の時代の話が選ばれている。数ある聖徳太子説話の中で広隆寺建立譚が選ばれたのは、広隆寺は平安遷都以前から京都に存在していた数少ない寺院の一つであること、それも仏法の祖でもある聖徳太子ゆかりの寺院であったからである。巻四―十四では秦河勝が太子を接待した際に太子は「この地形いみじき所也。三百歳の後、宮こを此所に移して仏法を崇て、帝王の苗胤あひつぎて絶べからず」と、広隆寺を建立する場が将来都になり仏法が繁栄することを予言しているのである。

さらに、広隆寺安置の諸尊について、本尊である薬師如来を中心にその霊験性とともに特にその由来にこだわった話が続く。すなわち、この薬師仏は丹後国石造寺安置のもので長谷寺観音により作られたものであり、そのあらたかな霊験は平安期を通じて示され（巻四―十五・十九・二十）、阿弥陀堂の中尊は長谷観音を作ったとされる稽文会製作のものであること（巻四―十六）、薬師如来は大炊寺安置のものであるとする異聞が語られたりする（巻四―十八）。果ては、広隆寺の薬師と比叡山根本中堂の薬師は深い契りで結ばれているとし（巻四―二十一）、日野法界寺及び安国寺の薬師は最澄製作である（巻四―二十二・二十三）、などのことが語られるのである。広隆寺建立譚から始まる仏寺編十三話のうち十話が、広隆寺と連鎖しているのである。

個々の説話について考察を深める必要はあるが、ここでは広隆寺の薬師（及び阿弥陀も）は霊験と共にしかるべき由緒があること、さらに平安京の他の寺院の薬師とも深い縁があることが強調されていることを確認できれば十分である。平安京はこうした仏たちにより鎮護されているのである。

広隆寺の所在地は平安京の京域からは外れることになるが、遷都以前から後に京域となる場に存在していた寺院が六角堂で、それは巻四―二十五で語られる。そこでは、六角堂の本尊如意輪観音は聖徳太子ゆかりの仏であること、後に都となる場に安置されるに至った事情、造都の際に妨げになるので撤去されそうになるが本尊安置の堂が自ら移動した奇瑞、堂はしばしば火災に遭うが本尊は無事であったこと、などが語られる。造都の際にも撤去されなかったことに、平安京は聖徳太子ゆかりの仏により鎮護されていることを強調しようとする編者の意図が読み取れよう(19)。

また、巻四―二十四は源融（八二二～八九五）の邸宅を寺院とした河原院の盛衰を述べた話で、語られる時期は十世紀以降ではある。しかし、その中で本尊は大安寺釈迦仏の模刻であることや、鴨川の水害を避けて移した広幡院という場は行基により「三災不動の場」として災難が無いことが保証された場であったこと、祇陀林とも名付けられたのは釈迦に寄進された祇園精舎の由来と類似していることによる、などいくつかの点で平安遷都以前のことに由緒が求められていることに留意しておきたい。

以上のように、巻四で語られる寺社の全てではないが、平安遷都以前に由緒を持つことを語ることにより、平安京の場が宗教的にも都としてふさわしい場であることが強調されていると考えられるのである

三、巻四の寺社世界（二）

（一）巻四における君臣関係

本節ではさらに巻四の特質を考えて行きたいが、最初に『続』全体に関わることとして、巻四における君臣関係の説かれかたについて述べておきたい。巻四は世俗の話ではないので、あるべき君臣関係を示す直接的な話がないのは当然ともいえるが、それに準ずる話は冒頭話を中心としていくつか見いだせそうである。

神社編の一から三は八幡神の話であるが、八幡と行教の関係が君臣関係に準ずるともいえることである。一・二話では行教は託宣・勅命という形で八幡の命を受け、八幡の意向を実行しているのである。それはまさに天皇―臣下の関係ともいえるのである。前述のように八幡は応神天皇の神格が付与された点で天照と並ぶ皇祖神であり、紀氏出身である行教の一族からは以後八幡に仕える石清水八幡宮別当が出ていることも留意すべきである。八幡と行教の君臣に準ずる関係は、以後も八幡と別当という関係で継続されていくことが示唆されていると考えられる。

第三話は陪従である兵庫頭知定が産穢の罪により八幡の罰を被るべきところ、神楽を奉納することによりその罰を赦された、という話である。八幡と知定の関係は君臣関係とはいえないまでも、八幡を清浄に保つために神に仕

える人に何が求められていたのかを語った話という意味合いが感ぜられる。そうであるなら、本話は君臣関係になぞらえた神と人との関係を保つための留意点が語られた話ともいえよう。

仏寺編第一話の広隆寺建立譚も、聖徳太子とその太子より広隆寺を賜った秦河勝の関係に注目するなら、そこには君臣関係が看取される。太子は天皇ではないが天皇に準ずる君と考えてよく、秦河勝は太子の意を受けて寺を授かり仏法繁栄の実現を目指した点で臣下としてのあるべき姿を示していると考えられる。そして以後秦氏の子孫は、道昌に代表される広隆寺別当として、あるいは別当としてではなくても寺院の経営や維持に重要な役割を果たしていくのである。[20]太子と河勝の関係が以後広隆寺（太子）と秦氏という関係として継承されていくことは、八幡と行教の関係がその後八幡と行教の子孫の石清水八幡宮別当、という関係として継承されていくことと同質の構造になっていることが知られよう。

その道昌であるが、道昌が仏名会において淳和天皇の問に対し、多くの生き物を無駄に殺している点で帝王の殺生の罪の方が殺生を必要最低限に止めている凡夫のそれよりも重いと奏上し、天皇は道昌の意見を受け入れて殺生行為を止めた（巻四―十七）。道昌は天皇の臣下ではないが、この話は天皇へ諫言する臣下という構図になっている点で君臣関係を示す話と見てよいであろう。

続く巻四―十八も道昌譚で、道昌が清和天皇の護持僧として大須寺の薬師仏を広隆寺に一時借り受けて天皇の病気平癒のために祈禱して回復させた。その後大須寺から薬師仏の返還要求があったが道昌は応じなかったため、大須寺の聖人が聖宝に打開策を相談したが無駄に終わった、という話である。清和天皇の護持僧として病気平癒を祈る道昌の部分に注目するなら、あるべき君臣関係を示す話と受け取れよう。太子と河勝の君臣関係がその後広隆寺を舞台としてどのように継承されたのかについて語られたのが、道昌譚といえよう。

また、巻四―二十五話も前述したとおり、聖徳太子が六角堂に安置した如意輪観音の由来と変遷に関する話である。その最後の部分は天治二年（一一二五）十二月五日の大火で堂は焼けたが、本尊は左大弁藤原為隆に長年仕えていた侍により取り出された、とある。藤原為隆は巻一―十一・十二・十三話、巻二―三十七話に登場するが、君臣関係で注目したいのは巻一―十一・十二・十三話でいずれも為隆の諫争説話とされている。(21) すなわち、十一・十二話は堀河天皇に対して、十三話は白河院に対しての諫争である。為隆がとった堀河及び白河院への態度も、臣下のあるべき姿なのであろう。六角堂本尊を取り出したのは為隆自身ではなくその従者であったが、為隆の聖徳太子への奉公を間接的に示す話と考えられ、そこに君臣関係が看取されよう。

以上の点で、巻四にも君臣関係を示すと読める話が散在していることが知られるのである。

（二）巻四の寺社世界

巻四全二十六話全体の意義を見いだすための課題は、まだ残されている。平安京へのこだわりという特質が正鵠を射ているとしても、平安京の近辺とはいえない遠隔地の寺社（金峰山・下野二荒山、白山、岩間寺など）の位置付等が明確にされていないのが現状である。そこで、巻四に取り上げられた寺社の意義を探るため、各寺社を平安京中心に配置してみたのが次頁の図である。距離的なことは別として、方角に重点を置いた概念図であることを了承されたい。

図を見ると寺社は、平安京の南を除く各方角を取り囲むような配置になっていることが知られる。特に鬼門（比叡山）と裏鬼門（石清水八幡宮）の配置は王城鎮護にとって重要と考えられる。東寺・西寺には触れられず、南方の遠隔地は別として南側を遮る形になっていないのは、「三山鎮をなす」「天子南面」といった造都の原則に則り南側は空けられたものと思われる。

問題になるのは遠隔地の寺社である。括弧で示したものがそれに当たるが、鬼門・裏鬼門の延長上にある白山

続古事談巻四寺社所在位置概念図

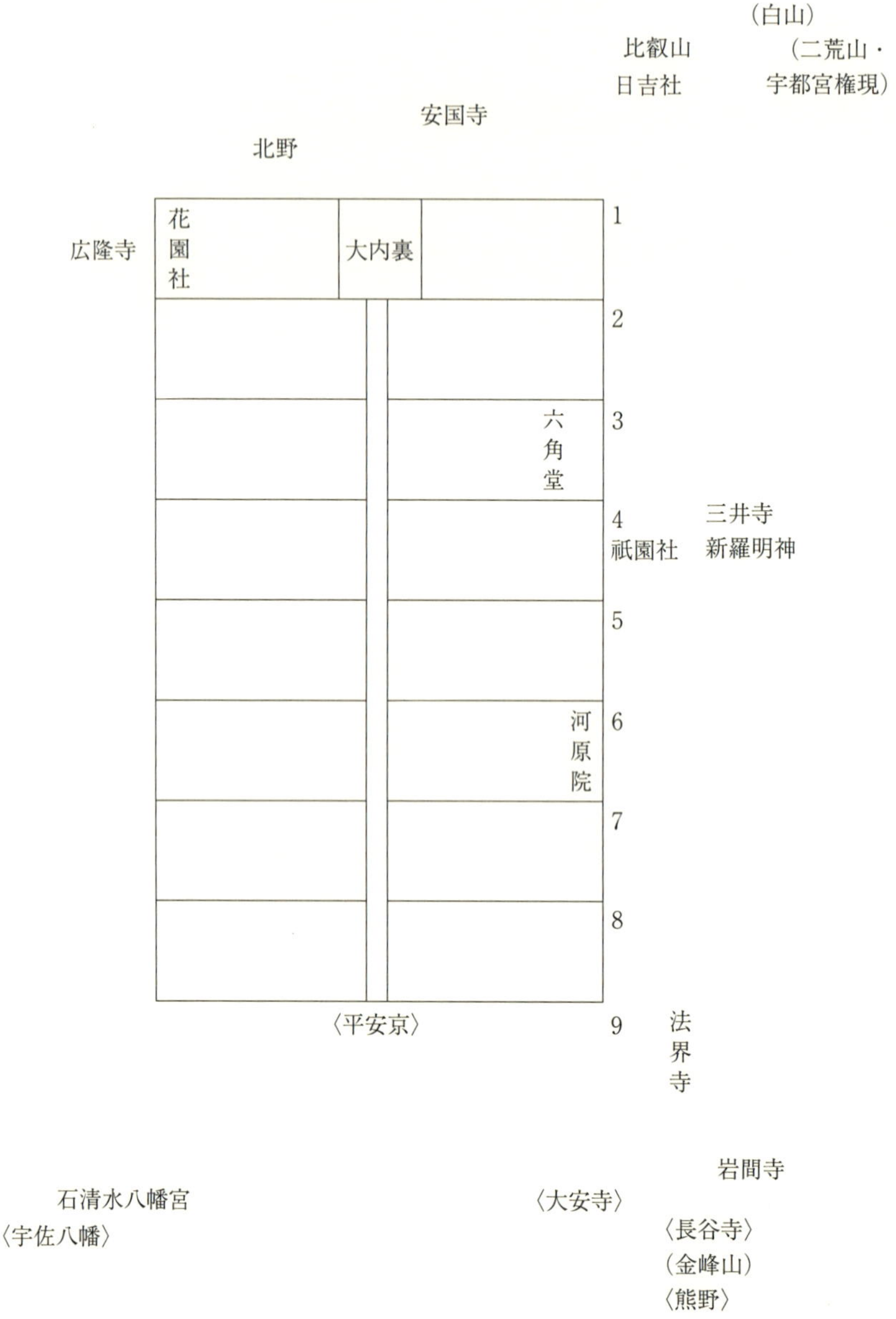

＊（　）〈　〉の遠隔地寺社は方角のみ示す。〈　〉の寺社は自立した説話には登場しない。

（鬼門）、下野二荒山及び宇都宮大明神（鬼門）、宇佐八幡（裏鬼門）に注目したい。この三社は遠隔地に所在するものの、平安京の鬼門・裏鬼門のそれぞれの延長上にあって王城鎮護の役割が期待されたものと思われる。比叡山から延長した場合、白山と下野二荒山（含宇都宮大明神）とでは方角が多少ずれるが、鬼門である比叡山から白山↓下野二荒山（含宇都宮大明神）、と延長して配置されていたと思われる。宇佐八幡も平安京の西方面の鎮護を期待されていたともいえるが、方角上は石清水八幡宮の延長にある、といったほうが実態にあっていよう。

宇佐八幡は石清水へ勧請されたが、なお石清水八幡宮の本社的神社としての意味を有していたと考えられる。前述したように神はその祭祀圏にしか神威を及ぼすことができないため、その利益を被る便法として勧請という方法で近くに呼び寄せる。勧請された神と勧請元の神はその時点で一つの回路を形成するのではないかと思われる。つまり、宇佐と石清水は一つの線で結ばれることになり、石清水八幡と宇佐八幡は互いに神威を補完することになるのではと考えられる。電波に譬えるなら、宇佐八幡が発信元で石清水八幡がその電波を受けるアンテナ、という関係になる。宇佐八幡と石清水八幡は同じ電波を共用することになり、その点で神威や機能ともども両者は同格となるのである。神の勧請ということを以上のように考えておきたい。

白山は平安末以降には京都に弘まり始めるという指摘[22]を踏まえるなら、関係話が収録された事情は理解できる。しかしながら、下野二荒山は宇都宮大明神を含めて平安京の鬼門の延長上に位置すると考えられた霊験社ではあっても、選定された理由は不明としかいいようがない。ただ、二荒山・宇都宮大明神の霊験性については少々説明しておく必要がある。

『続』の二荒山の話を引用しておく。

下野国二荒山の頂に湖水あり。広さ千町ばかり。きよくすめる事たぐひなし。林よもにめぐるといへども、木葉一水にうかまず。魚もなし。若、人、魚を放てば、すなはち浪にうたれていづ。二荒の権現、山の頂に住給。

ふもとの四方に田あり。其数をしらず。国司、検田をいれず。千町の田代あり。宇都宮は権現の別宮也。狩人、鹿の頭を供祭物にすとぞ。

二荒山の頂上にある湖水には魚が住まず、人間が放流してもすぐに波に打ち上げられること、二荒権現は山の頂上に住み、二荒山の別宮である宇都宮大明神には狩人が鹿の頭を祭りの供物にする、という話になっている。関係説話として和泉本・新大系本ともに、『続』よりも時代が下る説話集ではあるが、『沙石集』巻一―八にある「信州ノ諏方、下州ノ宇都宮、狩ヲ宗トシテ、鹿鳥ヲ手向モ此由ニヤ」という部分を示す。『沙石集』の話は、厳島明神に魚が供えられるのは本地である仏菩薩の殺生禁断に背くのでは、というある上人の問に対し明神は、殺生行為をする人々の罪を自分が請け負い軽くすること、供物として供えられた魚は無駄死にさせずに仏道に入る方便とする、と多少牽強付会的な答えを示した。「信州云々」の文は以上の話を受けて示されるのである。すなわち、諏訪明神・宇都宮明神らの狩猟行為は、厳島明神が示した理屈により正当化されるのである。

『続』では、二荒権現・宇都宮大明神らが自ら狩猟を行っているとは明言されていない。ただ、二荒山の湖水に魚が住まないというのは、山の頂上に住む権現による漁業行為による結果とも考えられ、宇都宮権現への鹿の頭の供え物も同様の行為ともいえる。つまり、両権現による漁労・狩猟行為が間接的に語られているものと思われる。二荒山の魚や宇都宮大明神に供えられる鹿らは、『沙石集』に説かれるように両神により仏道に導かれるものと思われる。以上の役割を担っている点で、二荒山・宇都宮大明神は霊験ある神社ということになるのであろう。

二荒山が『続』に選定された理由として、その霊験性に加えて、平安京と宇佐八幡間とほぼ等距離の東方向（正確には北東方向）に鎮座する神であったから、という可能性について少々考えてみたい。平安京からの等距離的発想は、東大寺戒壇院を中心として東西ほぼ等距離の所に位置する筑紫観世音寺と下野薬師寺が天下の戒壇として指定されたことに基づくのではないか、ということである。

観世音寺、下野薬師寺ともに東大寺戒壇院建立（七五五年）以前に造営が終わっていた官寺で、東大寺からの直線距離も観世音寺は四五四キロ、薬師寺は四二四キロとほぼ等距離であるので適当と判断されたのであろう。平安京から宇佐八幡と下野二荒山も、宇佐八幡は四一〇キロ、二荒山は三九〇キロとやや差はあるもののほぼ等距離である。二荒山は宇佐八幡に対応する位置にある霊験ある神社として選ばれたものと思われる。

以上、方角上の配置という視点から巻四に取り上げられた寺社の意味を考えてみた。南方角も平安京の南にかかるのは大安寺くらいなものである。他は東南方向にずれるので問題にはならない。ただ、大安寺は河原院の釈迦像が由緒あることを示す模刻例として出てくるもので、自立した説話ではない。したがって、あまり問題にはならない。平安京は、このように平安遷都以前から所在していた寺を含む霊験ある寺社に二重・三重に鎮護されている都であったことを巻四は示したかったのではないかと思われるのである（ここまでの特に遠隔地に関わる方角上の解釈については本章の「付記」を参照されたい）。

こうした指摘が容認されるなら、『続』は同じく神社・仏寺編を有する『古』とはかなり趣が異なることが知られよう。[23]『続』巻四に王法仏法相依相則論を見いだせないこともないが、全体としてはそうした発想は希薄である。『古』が王法仏法相依相則論が貫かれた書とするなら、『続』は王法のあるべき姿を君臣関係を中心として説いた書、といえよう。

巻四に限るなら、『続』選者の主眼は末世の行き詰まった姿を強調することにあるのではなく、平安京は幾重にも神仏に守られた場であるので、あるべき君臣関係が今後も営まれることが期待できる、という展望を示すことにあったのではないかと思われるのである。このことに関して、木下氏が指摘する寺社の火災が続くことにより『続』の編者が抱いていた危機意識なるものについて少々述べておきたい。氏は巻四に取り上げられた寺社の火災について、『続』成立直前に至るまでの事例を整理している。[24]それによると、複数回の火災に見舞われた寺社は石清水八幡宮（一一四〇年、一一九九年）、祇園社（一〇七〇年、一一四八年）、祇陀林寺（一二二五年、一二一九年）で、六角堂に至っては一一二五年・一一四三年・一一九三年・一二〇一年・一二〇七年・一二一三年・一二一五年と七回に及ぶ。広隆寺については「この寺、たびたび炎上ありといへども、本仏やけ給はず」（巻四—二十）、六角堂は天治二年（一一二五）以降は「其後しきりに火事あり」（巻四—二十五）と記されている。

霊験寺院が複数回の火災に見舞われることは、確かに不安感や危機意識を助長するものであろう。しかし、しばしば火災に遭うということは、火災のたびに再建されていたことを物語る。焼亡後再建されず放置されていたのなら問題であろうが、再建されるということはそれだけ人々から重視され信仰も寄せられていたことの現れで、その寺社の霊験性を強調することにもなる。六角堂は確かに頻繁に焼亡しているが、再建されるまでに間が置かれていないようである。特に一二一三年の次の焼亡が一二一五年であるから、再建には時間がおかれていなかったことが知られる。一二一五年の焼亡後の再建時期は定かではないが、承久二年（一二二〇）には確実に存在していたので[25]さほど間が置かれていなかったことが知られる。さらに、六角堂再建に際して、勧進の一環として行われた説法には多くの聴衆が集まっていたことも知られ[26]、再建をめぐる熱気をうかがわせ興味深い。

「しばしば焼亡」の裏返しが「焼亡の都度再建」ということであれば、寺社は衰退せずにむしろ隆盛が継続されていたことを意味しよう。こうした点で、焼亡を危機意識のみで理解する必要は必ずしも無いと思われる。

『続』全体の評価は他の巻の分析も含めて今後の課題であるが、本章での作業をもとに最後に少々述べておきたい。

結びにかえて

注釈研究を中心に『続』の研究が進む中、研究者の間には『続』を『古』の亜流ではなく別物として独自の意義を積極的に見いだそうとする姿勢が近年は強くなってきているように思われる。

それは『古』と『続』とでは構成・編纂意識上でどのような違いがあるのか、などの点での比較でなされることになる。木下氏は『続』は『古』の二番煎じではなく、『古』への対抗意識すら持っていたとする。[27] 生井氏は『続』の編者を藤原氏であるとする立場から、村上源氏の手になる『古』において否定的な扱いを受けた藤原氏の話題を、『続』の編者がその立場から言い返している関係に両書はあるとした。[28] さらに播磨氏は、書名の「続」に注目し、その命名に作者の意図に適った新しい「古事を談ずる書」を創るという『古事談』との断絶の宣言が込められているとする。[29]

これまで『続』はその書名から『古』の亜流と見なされ、研究者の関心を引くことが少なかったと思われるが、書名の意味を改めて考えようとした播磨氏の視点は興味深い。氏は書名に関してそれ以上の言及はされていないが、今後「続」の表記が付される書名の持つ意味を考えてゆかねばならないであろう。ここではそのことを展開する十分な用意が無いので今後の課題とせざるを得ないが、問題点だけを指摘しておきたい。

『続』成立期までに限るなら、「続」の付く書名として『続日本紀』『続日本後紀』などの史書、『続本朝往生伝』などの往生伝類が思い浮かぶ。「後」も「続」とほぼ同じ意味とするなら、『日本後紀』『後拾遺往生伝』に加えて『後撰和歌集』『後拾遺和歌集』などの歌集を加え得よう。これらの書は内容からして、先行する書の「続き、落穂拾い、補完」という点でほぼ共通する。すなわち、「続」や「後」が付く書は、先行する書の続きであって、先行する書を否定したり面目を一新するような別内容のものが目指されているわけではないことが知られる。面目一新、あるいは別物作成という意図を込めるのであるなら、『古今和歌集』と『新古今和歌集』の関係のように「新」が書名に付されるのではないかと考えられる。

表一によると、『続』に収録された説話が語る時代は『古』とほぼ重なることが知られる。収録説話の時代の重なりは、『続』が『古』の単なる続きでないこと意味しよう。また、本章の限定的考察によっても、『続』は『古』の補完や落ち穂拾い的な書ではなく、内容や赴きを異にしていた。そうであれば『新古事談』なる書名の方がふさわしかったことになる。しかしながら、成立時期が『古』と近接し、また構成も『古』を意識している点で「新」の字を付すことを躊躇させたとも考えられる。『続』の「続」はそれまでの「続き」「落ち穂拾い」という意味とは別の意味が加わっていくいわば過渡期に当たっているのであろうか。他の「続・後・新」などが付く書名の検証も含めて、今後の検討が必要になってくると思われる。『続』の性格付けや全体評価はそれからであろう。

注

（1）　志村有弘氏の菅原家一門説（「「続古事談」の特質と編者」初出は一九七四年、同『説話文学の構想と伝承』所収、一九八二年、明治書院）、木下資一氏の藤原長兼説（「『続古事談』と承久の変前夜」〈『国語と国文学』六十五―五、一九八八年五月〉）やそれに賛意を示す田村憲治氏（同『言談と説話の研究』三二三〜三二四頁、一九九五年、清文堂出版）、荒木浩氏の藤原定経説（「『続古事談』解説」〈川端善明・荒木浩校注『古事談　続古事談〈新日本古典文学大系四十一〉』二〇〇五年、岩波書店〉）などがある。

（2）　説話の選択・配列の分析から、『続』の成立を承久の乱前夜とした木下氏の見解（注〈1〉の木下論文）は本章とも関わる点で注目しておきたい。

（3）　神戸説話研究会『続古事談注解』解説（木下資一氏執筆、一九九四年、和泉書院）。

（4）田村憲治注（1）の書、二八四～二八五頁。
（5）生井真理子「続古事談配列考―連話の法則―」（『同志社国文学』四十一、一九九四年十一月）。
（6）播摩光寿「『続古事談』の構想と構成―巻三をめぐって―」（『滝川国文』十六、二〇〇〇年三月）、播摩光寿他編『続古事談』解説（播摩光寿執筆、二〇〇二年、おうふう）。
（7）注（1）の荒木氏の「解説」。
（8）志村有弘注（1）の論文。
（9）都所良江「『続古事談』試論―編者と編纂意識を探る―」（『成蹊国文』十七、一九八四年三月）。
（10）増田欣「『続古事談』の漢朝編―楊貴妃説話を中心に―」（『広島女子大学文学部紀要』二十三、一九八八年一月）、同「続古事談の漢朝編―漢文帝の倹徳説話をめぐって―」（『中世文学』三十三、一九八八年六月）。
（11）田村憲治注（1）の書、二八〇頁。
（12）本書第三編第一章。
（13）木下注（1）の論考。
（14）木下資一「『続古事談』巻四神社仏寺編岩間寺説話をめぐって」（『中世文学』三十六、一九九一年六月）。
（15）田村憲治注（1）の書、二八二～二八三頁。
（16）生井真理子「『続古事談』と『古事談』―石清水八幡宮余話―」（池上洵一編『論集説話と説話集』所収、二〇〇一年、和泉書院）。
（17）吉原浩人氏は神社編十三話（氏は十二話とする）のうち、第五話の新羅明神を例外として第十話（北野社、氏は第九話とする）までが二十二社の社格順に並び、その後に地方の霊山が配され、中央から地方へという流れになっていること、さらに仏寺編の始めが聖徳太子関連説話である点で、『続』は『古』と同様の思想基盤の上に成り立っているとする（同「中世説話集における「神」」〈『国文学解釈と鑑賞』五十二―九、一九八七年九月〉）。また、仏寺編の一連の広隆寺説話について、薬師仏の由来を中心に分析した中村浩子氏の研究も注目されるが（同「続古事談広隆寺説話の生成」〈『二松学舎大学人文論叢』十一、一九七七年三月〉）、氏の論は巻四並びに『続』全体の組織構成論には直接は関わらない。
(18) 新大系本、六七二頁の注。
(19) 『続古事談』に流れる聖徳太子信仰については、木下資一「『続古事談』と聖徳太子伝」参照（神戸大学「近代」発行会編『近代』七十三、一九九二年十二月）。
(20) 広隆寺建立以後の秦氏との関係については、拙著『中世南都の僧侶と寺院』二一〇～二一一頁参照（二〇〇六年、吉川弘文館）。
(21) 和泉本、六十一～六十六頁（福島尚氏による余説部分）。
(22) 下出積與「神社分布の歴史的性格」（初出は一九八〇年、同『古代日本の庶民と信仰』所収、一九八八年、弘文堂）。
(23) 本書第三編第一章では、『古』の巻五においては神と仏が双方に関係し合う小さな王法仏法相依相則論が成り立っており、その関係が同心円的に広がっているところに『古』の特質を見た。
(24) 木下注（14）の論考。
(25) 『玉蘂』承久二年四月十六日条。なお、『仁和寺御日次記』建保六年（一二一八）四月二十一日条には三条油小路より起こり一七〇町余が炎上した火事で、因幡堂・六条院・五條天神・河原院などが灰燼したことが記されている。六角堂は火元の三条油小路から近いところに所在していたがその記載がないのは、延焼を免れたのか、まだ再建されていなかったのかいずれかであろう。前者とするならば一二一五年の焼失後、一二一八年時には再建されていたことになる。
(26) 『沙石集』巻六―八。この時の説経師は聖覚（一一六七～一二三五）であった。説経が行われた時期は明確ではないが、一二一五年の焼失後から聖覚の没年までの間の六角堂火災は確認されないので、十三世紀初頭の再建期の話と推測される。事実はともかく、再建に際しての勧進とそこに結集する人々の雰囲気が看取し得る話として受け止めたい。
(27) 注（3）に同じ。
(28) 生井真理子「『続古事談』と『古事談』―似て非なるもの―」（『日本文学』四十六―五、一九九七年五月）。

(29)　注(6)の播摩氏『続古事談』解説、一八一頁。

〔付記〕

平安京をめぐる寺社の位置関係の意味については本論のような解釈をしてみたのであるが、遠隔地の寺社の位置付けについては未だ定見を持ち得ていない。この点に関して本論考初出時に河内祥輔氏から戴いた私信(二〇一二年四月二十五日付)で、白山・二荒・宇佐などの遠隔地に関しては行基図を用いて考えるべき、という示唆を頂いた。中世人の方位感覚は当時の行基図と呼ばれた地図に基づいている、ということであれば一定の整合的な説明はできそうである。行基図も幾種類かあるが、織田武雄氏によると山城から五畿七道へ向かう交通路としての道線が派出しているのが共通の特質とされる(同『古地図の博物誌』四十一頁、一九九八年、古今書院)。ちなみに『拾芥抄』所載の行基図を見ると、山城を中心に東山道と北陸道が分かれて北へ伸びている。この点で北陸道にある白山の延長に二荒を位置付けるのは無理があることが知られる。一方宇佐八幡がある豊前は西海道に属するが、その西海道は直接山城を起点とする山陽道と連続して描かれている。以上のことから、白山・二荒・宇佐らは山城を起点とする北陸道と東山道、そして山陽道から連続する西海道上に位置する寺社と認識されていたといえる。

以上の点で、本論で展開した方角上の問題は修正する必要があるが、個々の寺社の位置付けや選ばれた理由などは方位上の解釈だけでは解決できないので、本文には問題提起的意味でも手を加えず敢えて元のままにしておいたことを了承されたい。

第三章　『古今著聞集』が描く日本仏教史
――巻二「釈教」編の構想――

はじめに

平安・鎌倉期にかけて作られた多くの説話集は、当時の人々の意識・信仰の内実をうかがうことができる格好の資料である。特に日本仏教の展開を見る上で有益であるが、『日本霊異記』を初めとするいわゆる仏教説話集を素材として仏教の展開の諸相を探る、というのがオーソドックスな方法であろう。

一方、仏教説話集ではないが、仏教の部立てがなされている説話集における仏教の位置を確認する、という作業も必要になろう。それは作品全体の中で仏教の部立てのもつ意味を考えることでもあるから、選者の仏教の捉え方や認識を探ることにもつながる。仏教の部立てがなされている作品として、江談抄・古事談・続古事談・古今著聞集などを挙げ得るが、時代が下るにつれ仏教部が整備されていくことが看取される。それらの作品のうち、筆者は本編第一章・第二章でそれぞれ古事談と続古事談を検討してみた。本章はそれらに続き、一二五四年に成立した橘成季（生没年不詳）による『古今著聞集』（以下『著』）巻二「釈教」編を検討し、『著』が描く日本仏教史の特質や仏教の捉え方について考えてみたい。

『著』は鎌倉中期を代表する大部な説話集で、戦前から関心が寄せられてきた。ここで改めて『著』の研究史を述べる必要や余裕もないが、中島悦次氏の選者研究(1)、永積安明・島田勇氏(2)、中島悦次氏(3)、西尾光一・小林保治氏(4)らによる注釈及び解説などが代表的な研究といえよう。なかでも永積安明・島田勇氏による注釈・解説は意が尽くされた基本的なものである。本章において『著』の本文はその説話番号も含めて両氏による注釈書を使用することとする。『著』の全般的性格として、その基調には王朝時代の貴族文化を賞賛・懐古しようとする傾向（尚古意識）はあるが、王朝的美意識・価値観と趣を異にする話も少なくない、という指摘(5)を今日の共通認識と受け止めておきたい。

巻二に関しては『著』全体の特質を踏まえながら論ずる必要があるが、その際に永積氏(6)や大隅和雄氏(7)らが指摘する『著』の百科事典（百科全書）的な特質に注目しておきたい。『著』は一冊ものではあるが、やがては『古事類苑』などにつながっていく部門別百科事典といえるのである。すなわち、『著』は鎌倉期の知識人が知っておくべき知識が集められた書ということになる。そうであれば、その中で仏教部がどのように描かれているのか、という視点が問われることになろう。

さて、巻二は巻一「神祇」に続く『著』における宗教の巻であるので、『著』が描く宗教世界を述べる中でその特質がこれまで語られてきた。中島氏はそこには当時一般に行われていた神仏習合・因果応報・転生説・往生極楽・末法思想などが見られるとし(8)、永積氏は化度衆生譚や密教説話が多いことに注目し(9)、志村有弘氏は、神仏習合・本地垂迹説が全編に流れ、成季は神仏に対して強い信心をもってはいるが、仏の説くところを知識として受け入れている感が強いことを特質とされる(10)。『著』の性格を百科事典的に捉える立場からは、仏教を知識として受け入れているとする志村氏の見解は妥当性がある。しかしながら、その知識は後述のように網羅的ではなく極めて限定的であることを鑑みるなら、そのことの意味を考える必要が課題として残されている。

以上のような全般的な特質についてはこれまでにもしばしば指摘されてきたが、巻二に即した専論は管見では甚だ少なく、桜井利佳氏のものが目に付く程度である。[11]氏は釈教編における九条家との関係について書承面の視点から検討し、特に取材源として慶政との関わりに注目している。巻二に限定してはいないが、『著』における仁和寺の影響を重視する土谷恵氏の研究[12]と共に注目しておきたい。しかしながら、巻二に即しての検討は未だ十分とはいえない状況なので、基礎的なことにはなるが以下検討していきたい。

なお、「仏教」は近代的概念で、『著』も含めて前近代においては「仏法」の語が一般的に使用されている。『著』が部立ての名称を「仏法」ではなく「釈教」にしたのは、改めて考えるべき問題ではあろうが、ここでは勅撰和歌集の部立てを参考にしたらしいという通説に従っておく。「仏教」は文字通り仏（釈迦）の教え（まさに「釈教」）、すなわち教義を指す限定的な語であり、「仏法」の一部を構成するものである。そうしたことを踏まえたうえで、本章では便宜的に「仏教・仏教史」という語を使用することにする。

一、巻二の概要

巻二の分析の前に、前提として確認しておきたいことや、巻二の全般的特質について述べておきたい。

（一）前提的確認事項

『著』の構成は全二十巻三十編で、説話数の合計は七二六話である。規模からすると千余話を収める『今昔物語集』に次ぐ大部な説話集である。ただ、七二六話中八十話は後からの抄入であることが明らかにされており[13]、それらを除くと全体で六四六話となる。このうち巻二の説話数は抄入二話（四十・四十二）を除くと三十七話である。ちなみに、巻一神祇は四話の抄入（三十～三十三）を除くと二十九話で、巻二と合わせた宗教説話は合計六十六話で全体の一割ほどになる。他の巻にも宗教説話に分類可能な話が散在するが（神祇十四話、仏教四十九話ほど）、それらを加えると全体の二割ほどになる。こうしてみると宗教説話は量的には全体の程よい位置を占めており、特定の分野に偏ってはいないという点で『著』は百科事典的な書であるという評価がうなづけよう。

他の巻に散在している仏教説話に分類可能な話とは、巻一（五・八・十八・二十三・二十六）、巻三（九十七）、巻四（一一二）、巻五（一四三・一五一・一五六・一五七・一六四・二二一・二二三・二二三）、巻六（二四七・二七五・二八〇・二八二・二八三）、巻八（三三三）、巻十一（三八六・三九九）、巻十二（四三三・四三一）、巻十三（四五四・四六〇・四六五・四六八・四六九）、巻十五（四八四・五〇〇）、巻十六（五四五・五五一・五五二・五五八）、巻十七（五八四・六〇〇・六〇四）、巻十八（六二八）、巻二十（六八〇・六八二・六九二・六九五・六九七・六九八・七〇一・七一三・七一九）などである（傍線は霊験性を語る説話）。

巻一は神祇であるが、巻二と共に神仏習合・本地垂迹を説いている点で巻二を補う巻でもある。そうした点では、巻一の五話は巻二と一体と考えてもよい。

その巻一の五話を除く他の四十四話が巻二に分類されなかった理由は、選者が立てた仏教の基準に入らなかったからと考えられる。その基準とは本章の一つの結論でもあるのだが、先取りしていうなら選者の仏教説話たる基準は、仏教が示す「霊験性」を有するかどうかにあった。すなわち、主人公や舞台が僧侶・寺院・仏像などの仏教関係であったとしても、霊験性をともなわない話は仏教説話に分類されていないのである。しかしながら、前述の四十四話のうち、傍線を引いた十一話は霊験性に関わる説話といえる。それらが巻二に収められなかった理由は不明というしかない。その理由を選者の分類基準が貫徹されていなかったという事に求めて良いのかもしれないが、課題としておきたい。

もう一点前提として確認しておきたいことは、『著』における時期区分についてである。説話集に限らず中世の書物には「上古」「中比」「近代」などといった時期を示す用語が使用されている。各時期をどのように意義づけているのかを知ることは、著者の価値観をうかがううえでも有益である。『著』の時期区分に関しては、福田益和氏により既に作業はなされている。(14) しかしながら、若干修正が必要と思われる箇所もあるので、改めて『著』の時期区分を示しておきたい。結論的なことを箇条書き風に示すなら、次のとおりである。

一、「昔」と「今」の二区分がなされており、十二世紀前半が「昔」と「今」を区分する画期となる。

二、「昔・今」とともに上古（上世）・中比・近代の三区分法が用いられ、「近代」の中でも著者の同時代が「ちか比（近比・近来・ちかき世）」とされ、その「ちか比」は「末世・末代」とも重なる。

三、「上古」の起源は無限に広がっているが、十世紀末が下限となる。二四四話で源博雅（九一八～九八〇）は「上古にすぐれたる管弦者也けり」とされている。また、二六四話で源頼能（十一世紀の後三条天皇の時代）は「上古に恥ざる数奇の者也」と、上古の人と比べても遜色の無い人という点で上古の人と区別され、かつ頼能は博雅の墓に参っていることから、十世紀末が「上古」と次の時代である「中比」を区分する画期といえる。

四、「中比」は、八十二話で大江匡房（一〇四一～一一一一）が太宰権帥在任時（一〇九六～一〇九八年）が「昔なか比」とされていることから、「中比」の範囲は十世紀末～十二世紀初頭の間と考えられる。

福田氏は上古（九世紀以前）→昔（九世紀～十一世紀末）→中比（十二世紀～十三世紀初頭）としているが、「昔」は「上古・中比」を含む十二世紀初頭までとしておく。

五、「近代」は十二世紀初頭以降を示す。

六、「ちか比」の語は一三二・二七四・三八一・四三三・五七三・六五四・六九八話などに見られ、いずれも十二世紀末から十三世紀の間を示し、それは著者と同時代でもある。従来著者の生年は一二〇五年頃とされているが、「ちか比」が著者の同時代であることが承認されるなら、生年をもう十年ほど引き上げてもよいのかもしれない。

七、「末代」は二十六（重源）・二一二（西行）・六〇四（建保の頃〈一二一三～一二一九〉）などの話からして、「近代」の中でも「ちか比」と重なる。

以上のことを図示すると次のようになる。

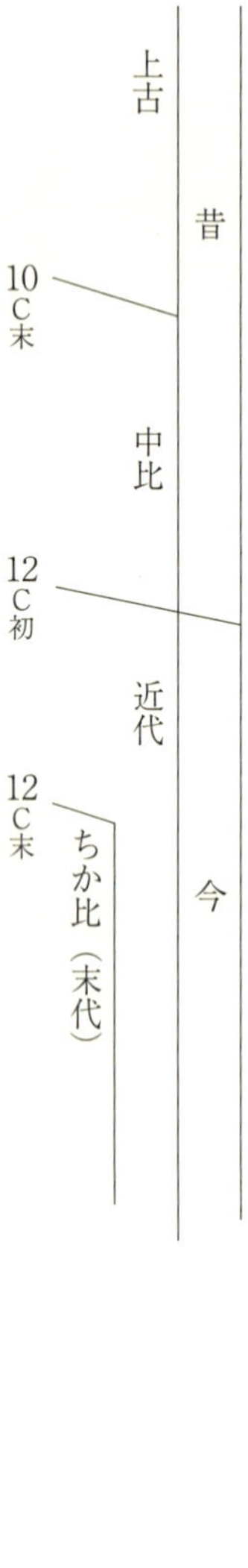

（二）巻二の概要とその特質

ここで参考までに抄入も加え、かつ説話が語る年代を明確にするキーワードなどを示しながら、巻二の概要を示しておきたい。その際に前項の時期区分に従いながら紹介していくこととする。括弧内の数字は西暦・生没年などを除き、説話番号である。

a、上古の話（十四話、抄入二話）

欽明天皇十三年（五五二）の仏法伝来（三十四）、聖徳太子（五七四～六二二）の仏法弘通の功績（三十五）、藤原豊成の娘（七七五年に往生）による当麻曼荼羅製作譚（三十六）、行基（六六八～七四九）の昆陽寺建立譚（三十七）、嵯峨天皇の般若心経宸筆と空海による供養（八一八年の出来事、三十八）、最澄による渡海の願と宇佐八幡が示した霊験（八一四年の出来事、三十九）、円珍（八一四～八九一）と新羅明神及び園城寺建立譚（抄入、四十）、聖宝（八三二～九〇九）による東大寺東坊の鬼神退散譚（四十一）、貞崇（八六六～九四四）が語る金峰山の神変（抄入、四十二）、香隆寺僧正寛空（八八四～九七二）の法験（四十三）、寛仲僧都（九〇六～九七七）の霊験（四十四）、貞崇と火雷天神との問答（四十五）、浄蔵（八九一～九六四）をめぐる霊験譚（四十六）、空也（九〇三～九七二）による念仏弘通（四十七）、千観（九一八～九八四）の阿弥陀和讃作成と往生譚（四十八）、定昭（九〇六～九八三）の法験（四十九）。

b、中古の話（五話）

有験の人である性信法親王（一〇〇五～八五）（五十）、往生人永観（一〇三三～一一一一）（五十一）、行尊（一〇五七～一一三五）の霊験（五十二）、良忍（一〇七二～一一三二）をめぐる奇瑞と融通念仏及び往生（五十三）、少将の聖（九六〇年代～一〇二四）の即身成仏（五十四）。

c、近代の話（十七話）

藤原頼長（一一二〇～五六）と定信入道（一〇八八～一一五六）（五十五）、慈心房尊恵の往生（一一七二年の出来事、五十六）、西行の大峰修行譚（一一一八～九〇）（五十七）、永万元年（一一六五）の霊験（五十八）、平清盛（一一一八～八一）に関する美談（五十九）、澄憲（一一二六～一二〇三）に関する美談（六十）、遁世者貞慶（一一五五～一二一三）（六十一）、源頼朝（一一四七～九九）に関する霊験（六十二）、法然（一一三三～一二一二）をめぐる奇瑞（六十三）、明恵（一一七三～一二三二）をめぐる奇瑞（六十四）、越後僧正親厳（一一五一～一二三六）の霊験（六十五）、後鳥羽院（一一八〇～一二三九）と聖覚（一一六七～一二三五）（六十六）、長谷観音の霊験と藤原家実（一一七九～一二四二）及び醍醐寺実賢（一一七六～一二四九）（六十七）、大中臣長家による大般若経書写とその功徳（六十八）、検非違使別当藤原兼光（一一四五～一一九六）による結縁経再興（六十九）、生智法師と観音の利生（一二四九年の時、七十）、湛空（一一七六～一二五三）の涅槃会と霊験（七十一）。これらの十七話のうち、六十話以降の十二話は「ちか比」に属する選者と同時代の話である。

最後の書写山性空（九二七〜一〇〇七）による法華経書写（七十二）の話は竹園本による追記で、時期的には四十九話の次（すなわち「中比」の話）に置かれるべき話である。

以上の配列などを踏まえてとりあえず確認しておきたい巻二の特徴は、

①仏法伝来の六世紀から、『著』成立期の十三世紀半ばに至るまで各話がほぼ時代順に配列されている。

②四十・四十二の抄入話も時代順を乱さないで（あるいは時代順を円滑にするために）挿入されている。

③僧侶や仏菩薩の霊験・奇瑞譚が多い。巻一の神祇も同様に神罰や祟りを含む神の霊験譚が多い。巻一・二の宗教説話で強調されているのは霊験（そのことを示す用語は後述のごとく多彩である）である、といえる。

④時代順に配列された話を仏教史の視点から見た場合、次のような流れになる。

イ、初期の様子は仏法伝来→聖徳太子→行基という流れになっており、当時においては定式化していた配列がなされている。

ロ、行基も含む奈良仏教においては、南都仏教（六宗の伝来）、東大寺等の官寺の建立、鎮護国家、鑑真などのことが語られていない。

ハ、平安初期仏教を代表する最澄・空海らは登場しているが、彼らによる天台・真言開宗のことが少なくとも空海に関しては曖昧になっている。

ニ、最澄・空海以後では、巻一で補足されてはいるが円仁は登場せず、また往生話に比較的重きが置かれている割には源信も語られない。もっとも、源信は四四六話にその名が見えるが、その話の主人公は妹の安養尼で、盗人を感心させたという美談的話になっている。四四六話は盗人が主人公のためか巻十二の中の「偸盗」に分類されており、仏教説話とはされていないのである。

ホ、鎌倉期では法然・明恵らに力点が置かれ、彼らに対する評価も高い。

⑤巻一の話で、釈教編に分類可能な話を加えてみると、円仁（五）、延暦寺と園城寺の天台座主をめぐる争い（八）、興福寺と僧兵及び春日権現の霊験（十八）、興福寺僧の春日・八幡の託宣による往生（二十三）、重源の大仏建立と伊勢神の助力（二十六）、となる。最澄以後の天台と平安・鎌倉初期の南都の動向が語られているといえよう。

二、巻二の意義

前節での概括的な考察を踏まえ、本節で巻二の更なる特質を考えたい。

（一）上古・中比の話

巻二の概要を上古・中比・近代の時期区分に従って分類・紹介したが、そこに見られる特質を最初に確認したい。上古・中比の「昔」の話が二十話、「今」の話が十七話とほぼ半々であることが知られる。そのうち、上古・中比の話全てではないが、一つの特色が見られる。それは、語られた霊験（霊験の象徴・証拠）が選者の時代（「いま」と表記）に至るまで継続・存続していることを示す言辞が付されていることである。明確に確認できるものを示すと次のとおりである。


三十四…聖徳太子により仏法が興隆し、「それよりこのかた仏法弘通して效験たゆることなし」。

三十五…聖徳太子による物部守屋討滅により「これより仏法のあたながく断て、化度利生の道ひろまれり」。

三十七…行基が霊験を被った薬師を安置するために昆陽寺を建立するが、「いまの昆陽寺は建給へるなり」。

三十八…「（嵯峨天皇宸筆の）其時の御経、（空海による）彼御記、嵯峨大覚寺にいまだ有となん」。

三十九…最澄が八幡から与えられた紫の袈裟や紫衣は「いまに叡山根本中堂の経蔵にあり」。

四十一…聖宝が東大寺東坊の鬼神を退散させた後、「その後一門の僧、相継て居住して修学今にたえずとなん」。

四十六…浄蔵が前世の自分の屍を火葬して立てた卒塔婆は「件そとば、いまに彼谷にありとなん。ここに浄蔵は、多生の行人なりと云事をしりぬ」。

五十…往生人である性信法親王を火葬した際、身につけていた帯が焼けなかった。その帯は『著』の時代まで残っていることが暗示されている。

五十四…勝林院開基の際に現れた毘沙門天が図絵され、その図は「いまに勝林院に安置せられたるなり」。


以上である。三十四・三十五話には「今」という表現は使用されていないが、聖徳太子により開かれた仏法の効験などは「今」に至るまで継続されていることが語られているとみてよい。また、選者の時代まで霊験が継続しているという評語は、一定の裏付けに基づいて付されたものと考えられる。二・三の事例を考えてみたい。

三十五話は聖徳太子による四天王寺建立譚が中心を占めている。四天王寺は改めていうまでもなく寺の西大門が極楽の東門に当たるという信仰が平安後期以降盛んになり、広く貴賤の参詣が行われるようになる。浄土信仰の霊場の一つとして選者の時期には信仰が盛んであったのである。数多い太子伝説の中で四天王寺建立譚が選ばれたのは、太子の祈願により合戦に勝利し得たという四天王の霊験が示されていることと、その四天王寺に対する信仰が選者の時代にも継続されていたからであろう。

三十七話で数多い行基伝説の中で昆陽寺建立譚が語られたのも、同様の理由からと思われる。一つは薬師の霊験が示されていることであるが、今一つは昆陽寺の存在である。昆陽寺は行基設置の布施屋を含む昆陽施院の後身で、その機能を引き継いだ寺とされている。沿革は不明な所が多いが、『今昔物語集』に「小屋寺」として登場する（巻二十九―十七）。その話から、寺の構成員として少なくとも住持を含む複数の住僧・鐘撞き法師の存在などが確認され、盗人から狙われるほどの立派な鐘を有し、僧房と鐘堂とは互いに人の気配が感ぜられないほどの距離を有するほどの寺域であった、などの事が知られる。平安期のある時期には昆陽寺は一定の規模を有した寺であったといえよう。また、鎌倉初期には重源による修造もなされている。『南無阿弥陀仏作善集』には「摂津国小矢寺修造之奉結縁之」と記されているので、修造事業に重源が「結縁」したわけである。重源が率先した修造ではなかったにせよ、その意義は小さくなく、重源の行基信仰が発露されたものとも考えられる。

以上のことから、昆陽寺は選者の時代においても行基信仰に支えられた寺として存続していたことが知られる。

また、当麻曼陀羅製作譚である三十六話では、出来上がった曼陀羅について、

其曼陀羅の様、丹青色を交て金玉光をあらそふ。南の縁は一経教起の序分、北の縁は三昧正受の旨帰、下方は上中下品来迎の儀、中台は四十八願荘厳の地也。

と、その模様が描写されている。これは選者による何らかの観察に基づいたものとするなら、霊験ある曼陀羅は「現に」当麻寺に存在していることをふまえた表現といえる。

鎌倉期の当麻寺について、福山敏男氏(15)・毛利久氏(16)らによると、建保五年（一二一七）に建保曼陀羅と呼ばれる新曼陀羅が完成し、証空らの浄土宗僧らによる曼陀羅の普及活動などにより十三世紀前半には当麻曼陀羅信仰が急速に盛んになった様が明らかにされている。こうした動向を『著』の選者が踏まえていたなら、実際の曼陀羅観察もあり得たと思われる。以上の点で、三十六話も霊験が選者の時代までに存続していることを示す事例の一つに加えてよいであろう。

また、四十六話に見える卒塔婆は、浄蔵が夢告により知った自分の昔の骨を供養して立てたものである。それが選者の時代まで存続していたことは霊験性継続の目安ともし得るが、そのことよりも続いて浄蔵は「多生の人」であるとする表記の方が注目される。すなわち、浄蔵のような霊験ある人物は何度でも生まれ変わってその時々に霊

験を示す、ということなのであろう。浄蔵という個性が生まれ変わる度に継承されたのかどうか定かではないが、浄蔵のような霊験を示す人物が選者の時代においても活動していることを暗示している。霊験の継続性という点で選者にとっては、そちらの方が頼もしく重要であったと思われるのである。

近代の話にはこうした表現はなくなる。五十八話の永万元年（一一六五）のこととして語られる近代の話においては、蓮華王院の後戸の辺りに夢想により得た尽きることのない功徳水は、「当時其水見えず。いつ比よりうせにけるかおぼつかなし」とされている。選者の時代とそう遠くない時期の霊験は、継続が困難であることを示している。近代には霊験がないわけではないが、末代故かその持続は困難で、上古・中比の昔は現在から遠い時代ではあるが、末代ではないためかその時期の霊験は強力で持続性があり、前述のような表記が付されたものと思われる。そこには正法から像法、さらに末法へと時代が下るに従い仏法は衰退していく、といった末法史観がかいま見られる。もっとも、近代は同時代でもあるがゆえに持続性よりも、霊験の存在の事例を示し得れば良かったと選者が考えていたのかもしれない。近代における霊験の持続性は未来の問題に関わる。その点で著者の未来観が問われるが、その究明については課題としておきたい。

（二）霊験性の強調

前項で指摘した霊験性を示す表現は『著』においては多様であるのだが、直接示されている表現などを拾うと次の通りである。

三十四（効験）、三十五（日羅が太子を観音として礼拝したことなど、化度衆生）、三十六（瑞相、未曾有、不思議）、三十七（行基が慈悲をかけた病者は薬師の化身）、三十八（効験）、三十九（最澄が特別な人であることを、「昔よりいまだかかる事見きかず」と禰宜・祝らをして言わしめる）、四十一（鬼神を退散させた聖宝の法力）、四十二（人あやしみとしけり)、四十四(霊験)、四十五(天神と問答したこと)、四十六(浄蔵はやんごとなき行者、多生の行人)、四十七(空也の化度衆生)、四十八(千観は往生人)、四十九(法験)、五十(有験、霊験、不思議)、五十一(往生人、仏)、五十二(霊験、奇異、あやしむ)、五十三(不思議、未曾有)、五十四(紫雲、少将の聖は即身成仏の人)、五十五(定信は仏と同等)、五十六(たうとみめでたがる、尊恵は往生人、平清盛は良源の化身)、五十七(西行は大峰二度の行者)、五十八(不思議)、五十九(希代の事)、六十(美談)、六十一(遁世を貫いた貞慶)、六十二(不思議、頼朝は「ただ人」ではない)、六十三(法然は「直人《ただびと》」ではない)、六十四(明恵は「例人《ただびと》」ではない、不思議)、六十五(たふとかりし事)、六十六(範とすべき答え)、六十七(不思議)、六十八(不思議)、六十九(結縁経再興)、七十(不可思議)、七十一(勢至菩薩の霊験)、七十二(性空の法華経書写の功徳)。

以上のように多様であることが知られよう。多様な表現が使用されているが、一つの特色として「不思議(不可思議)」という語が目立つことである。『著』で使用されている「不思議」については平本留理氏の考察がある。(17) 氏によると、中世において「不思議」は「予想外であった現象」と「人知の及ばない神秘的な現象」の二つの意味があり、『著』の神祇・釈教編においては後者の世界が語られており、怪異・変化篇と並び「不思議」話の宝庫とする。さらに、「不思議」は「事実として強調」「教訓性を強める」という二つの機能があり、仏教関係では後者の機能を有する話を利用して人々を善の道に導く傾向が見られるとする。そして、「不思議」と同類の語として「あやし、めづらし、ありがたし、希有、不審、希代、奇怪、奇瑞、怪異、奇異、未曾有、稀」などが相当する、とされる。

「不思議」は宗教関係の話に限定的に使用されている語ではないが、霊験性を表す語であることは間違いがないことが知られる。

二つ目の特色として、霊験を示した人の多くは常人とは異なる能力などを持った特別な人、すなわち神仏の化身・権者、あるいは神仏と同等の者などとされていることである。さらに、神仏あるいはその化身により霊験を得た人も、神仏により選ばれた特別な人ということになろう。そうした人々が巻二の説話の主人公なのである。これまでの叙述と重複する部分もあるが、直接的な表現がなされている話を改めて確認するなら次の通りである。

聖徳太子は観音の化身（太子は三十四・三十五・三十六に登場）(18)、横佩大臣の娘は阿弥陀・観音の化身を得見（三十六）、行基は薬師の得見にあずかれた人（三十七）、最澄は八幡神の霊験を受けた人（三十九）、聖宝は鬼神を退散させる法力を有した僧（四十一）、浄蔵は「やんごとなき行者」「多生の行人」（四十六）、永観は仏であるという夢を弟子が見る（五十一）、良忍は毘沙門天を得見（五十三）、少将の聖は即身成仏の人（五十四）、定信は仏と同等（五十五）、源頼朝は「ただ人」ではない（六十二）、法然は「直人《ただびと》」ではなく阿弥陀の化身あるいは勢至菩薩の垂迹（六十三）、明恵は権者（六十四）、などである。

五十六話では、地獄に一度堕ちた尊恵が閻魔王から平清盛は良源の化身であること、そしてその良源は天台仏法の擁護者であることを聞かされる。五十九話では清盛が福原で持経者千僧に法華経を転読させている。尊恵の地獄堕ちは承安二年（一一七二）七月十八日、清盛のそれは同年三月十五日となっている。閻魔王は清盛の法華経転読の行為は天台仏法の擁護に通ずるものと評価して、清盛は良源の化身であると言ったのであろう。良源は往生人であり（『後拾遺往生伝』巻中―一）、観音（『愚管抄』巻三）及び龍王（『古事談』巻三―二十二）の化身とされ、中世において一定の神格化がなされていた人物である。そうした認識を前提として清盛は良源の化身であることが語られているのならば、清盛も仏菩薩相当の人物であったことになろう。さらに、往生人＝仏ということであれば、往生伝ともいえる三十六・四十八・五十・五十三・五十六話も加え得よう。

以上のことより、巻二の約半数の話の主人公が神仏の権者、往生人等であることが確認されよう。

以上で巻二の概要やその特質を述べたのであるが、中世の知識人が持つべき仏教あるいは仏教史の知識、という視点から巻二の意義を考えてみたい。

三、仏教史の構想

（一）他の説話集類の仏教史の構想

『著』の仏教史の構想の特質を探るための参考として、他の仏教史書の構想を見ておきたい。一つは『著』から七十年ほど後の時期になるが、一つの完成された仏教史書である『元亨釈書』（以下『釈書』）である。『釈書』について改めて述べるまでもないであろうが、全三十巻から成り、僧俗伝記（巻一〜十九）・資治表（巻二十〜二十六、編年仏教史）・志（巻二十七〜三十、仏教史の部門別諸問題）の三部に分かれる。全体の三分の二弱を占める四三五名の僧俗伝が量的にも中核をなしているのでそこに注目が集まりがちであるが、編年史と部門史が加わることにより総合的仏教史の体裁が保たれているのである。編年史は欽明天皇から承久の乱の仲恭天皇まで、部門史は学修・度受（戒律など）・諸宗（諸宗派）・会儀（各種法会）・封職（僧職など）・寺像（諸寺院史）・音芸（仏教音楽）・拾遺（僧俗伝補遺）・黜争（教団の抗争）・序説（『釈書』の組織体裁など）など、仏教史の諸問題が十部門に分けて述べられている。

こうしたことを踏まえ、『釈書』に先行する説話集類を仏教史という視点から見ると、これほどの総合性は見られない。『釈書』と肩を並べる内容を持つ説話集は『今昔物語集』（以下『今昔』）位なものであろう。『今昔』においては三国仏法伝来史が構想されているが、インド・中国を除く本朝仏法部を見るなら、そこで語られているのは、宗派の伝来、高僧伝、寺院建立譚、造塔霊験譚、法会、経典の功徳・霊験、往生譚、仏菩薩の霊験、出家の機縁・報恩・天狗・動物譚、などと多彩である。『釈書』ほど折り目正しくはないが、『今昔』なりの総合的な日本仏教史が描かれている、といえよう。

さて、他の書物を見るなら、凝然の『三国仏法伝通縁起』『八宗綱要』は総合的ではあるが宗派史、住信の『私聚百因縁集』は三国浄土教史、『今昔』の巻十一が宗派伝来史といえよう。また、皇円の『扶桑略記』は仏教関係の記事が多いという点で、編年的仏教史といってよいのかもしれない。僧伝史の先駆は『日本往生極楽記』を皮切りに作成されていった往生伝であろう。往生伝は、往生という限定された視点ながらも、僧俗の伝記を記しているという点では僧俗伝史のスタイルの仏教史ともいえる。『今昔』の巻十五が往生伝の体裁がとられ、『発心集』『撰集抄』『閑居友』では多彩な人々の発心・出家・遁世・往生の様が語られている。そういう点ではそれらも往生伝の系列に属する説話集といえよう。

仏教史という点でやや特異なのは『三宝絵』である。同書は全三巻のうち上巻は釈迦の本生譚で、日本に関するのは中下巻である。中巻は聖徳太子から始まる僧俗により営まれた日本仏教、下巻は各月毎に行われる法会の概要が語られる。本書は尊子内親王のための仏教入門書として編まれたものであるが、仏教の起源と日本における展開が述べられており、特に法会の知識が当時の貴族に求められていたことが知られ注目される。もっとも、釈迦の本生譚、各寺院の法会譚は『今昔』に吸収されてはいる。

我が国最初の仏教説話集である『日本霊異記』の説話は、時代順に配列されている。それを整理したものによると(19)、仏法伝来以前のことである仁徳天皇期の話が最も古く、最も新しい話が嵯峨天皇の時代である。聖徳太子・行基・聖武天皇などの仏教に果たした役割などが語られている点で後に定式化する仏教史叙述がなされているともいえる。しかしながら、中心は因果応報譚であり、仏教史書とみることはできない。

以上、主たる仏教説話集類においては、『今昔』を除き宗派、僧俗伝、法会の解説などのいずれかに力点が置かれており、『釈書』ほどの総合性を持つ書はなかったことが確認されよう。

次に仏教説話集ではないが、仏教の部立てがなされている説話集をみてみよう。『江談抄』は仏教の部立てが成された最初の説話集ともいえる。しかしながら、それは独立したものではなく、巻一の「公の事」「摂関家の事」に続く三番目に「仏神の事」として十五話が配置されている。その内訳は神関係三話、残り十二話が仏教関係となる。そこでは長谷寺・興福寺・藤原氏の氏寺などの寺院関係、聖徳太子・空海・増賀・教円・玄賓などの道俗の話が収められている。寺院史と僧俗伝により構成されているといえなくもないが、興福寺をはじめとする藤原氏の氏寺や空海の弟子に関する話では、安置仏や関係寺院などの事項が列挙されているだけである。押しなべて話としての展開に乏しく、仏教史というよりは当時の貴族が踏まえておくべき知識の一端が語られているのが内容の実際である。

『古事談』『続古事談』ではそれぞれに「神社仏寺」の部が立てられ、仏教史の展開に沿う形で寺院の持つ役割が語られている。その詳細については本編第一・第二章を参照願いたいが、ここでは寺院史という形での仏教史であることを確認するに止めたい。

最後に、仏教に関する知識を端的な形で集成したものとして故実書類を見ておきたい。鎌倉中期頃の成立とされる『拾芥抄』を例に取るなら、その巻下「本」第九から第十五にわたり諸寺・諸仏・諸宗（宗祖・法会など）、諸僧（僧侶の種類、僧職など）、斎日（六・十斎日など）、戒法・三宝（経典、仏教の世界観など）、の七項目が述べられている。『三宝絵』の下巻で述べられた項目の数を増やし細かく記したものともいえ、『釈書』の志部に収斂されていく内容であることが知られる。当時の知識人にとって仏教を知るための基本的知識・枠組みがどのようなものであったのかが知られよう。

ここで興味深いのは、これらの七項目全体が「仏教」あるいは「仏法」という枠で括られている訳ではないことである。各項目が独立しているのである。ここに、一口に仏教とはいってもその切り口は論者により異なり、必ずしも共通項はなかった、ということになろう。仏教史を構成する基本要素は寺院・僧侶・法会・宗派・仏像・教義・経典類などであったとはいっても、力点の置き方がまちまちであるのは、仏教の本質をどう見るのかの違いに起因しているといえよう。逆にいえば、『釈書』に至るまでの様々な「仏教史書」は各選者の仏教観（仏法観）に基づいて著されたものであり、仏教史とは何かという問への模索の過程であった、ともいえよう。

以上のことを踏まえて、改めて『著』における仏教史の構想について考えてみたい。

（二）仏教史の構想

第二節までで確認したように、巻二は神仏の権者あるいは往生人等のいうならば特別な人によって示された霊験に関する話で占められていた巻であった。仏教史の視点からするなら、僧俗伝史ということになろう。仏教史を構成する宗派・教義・経典・寺院・法会などの要素はほとんど自立したものとしての関心は寄せられていない。そうした要素を含んだ話は他の巻に若干散在しているが[20]、それらは霊験性を伴う話ではなく主題が仏教ではないためか、巻二には分類されなかった。巻二は仏教伝来から選者の時代に至るまでの歴史を、霊験を示した（あるいは体験した）人々の伝記を連ねることで描こうとしたものであり、それが『著』が描いた仏教史であった。

加えて、全ての説話に対してではないが、『著』所収の多くの説話には出来事の時期を明確にするためか年月日が記されていることに注目したい。『著』に先行する『古事談』も同様の傾向を持つが[21]、説話が事実であることを伝えるためには必要な措置であったのであろう。巻二に関しては、年月日を記すということは取りも直さず起こった霊験は事実であることを強調することになる。また、説話は時代順に並べられているので、記載されている年月日をつなげれば『著』が描く日本仏教年表が出来上がることになる。仏教史書の体裁からいうなら、『釈書』は年表と僧俗伝が分けられていたが、『著』においてはそれらが未分化であった、といえよう。

伝記をつなげていくという『著』の構成は、『釈書』の僧俗伝と類似性を持つ。『釈書』の構想を分析した大隅和雄氏によると、四三五人の伝を収める僧伝では信仰の世界で驚くべき効験をあらわした僧が多いこと、それらの僧は「感進」の部に収められており量的には全体の四分の一にあたっていること、他の巻に収められている同様の性格を持つ僧を合わせると伝の過半数になること、などを指摘している。そうした指摘をもとに、『釈書』の本体といえる伝部の半数が神異・感通の記述であるといってもよいともされる。(22)

したがって、『著』が僧俗霊験譚史という体裁で日本仏教史を描こうとしたのは決して特異なものではなかった、ということになる。『著』の巻二は『釈書』の僧俗伝史の先駆的なものともいえよう。『著』の僧伝が単線的に時代順に配列されているのに対し、『釈書』のそれは複線的であるのが違いといえよう。『釈書』が複線的になったのは収める僧伝数の多さによるものであり、四〇〇人を越える僧侶を単線的に並べる事自体無理なことであったろう。

さて、仏教史をこうした僧俗の霊験譚を集成することにより描く、というスタイルはどのように評価されるべきであろうか。『著』を百科事典・百科全書として理解するなら、巻二は宗派・教義・経典・寺院・法会などのことが語られておらず、網羅的とはいえないという点で仏教に関しては極めて限られた知識しか示されていない、ということになる。ただ、そうした評価は間違いとはいえないまでも現代的視点からのものともいえるので、必ずしも適当な評価とはいえまい。中世的な百科事典とはどのようなものか、という視点が必要であろう。『著』の選者成季は当時の貴族が目指すべき仏教信仰のありかたとして、こうした霊験譚を選んだのであろう。

発心・遁世・往生は、中世においては信仰の証しとして目指すべき一つの理想とされていた。発心・遁世・往生という信仰の世界へ人々を導くための教化手段として、霊験譚は効果的なものである。ただ、成季は僧侶ではないから、教化の視点で霊験譚を集めた訳ではない。『著』の霊験譚は、知っておくべき事例集という意味合いが強かったともいえる。

そうした点では仏教を知識として受け入れる傾向があるとする先述の志村氏の指摘は、うなづけるものはある。しかしながら、霊験譚により仏教の功徳・利益の絶大なることを示すという体裁は、宗教とは何かという問いに対する成季なりの答えであった、といえよう。そうであるなら、仏教を単に学問的のみでは捉えていなかった、といえよう。

おわりに

以上、覚書の域を出るものではないが、『著』の巻二について考えてみた。巻二のみの分析で『著』全体の特質を云々することは控えるべきであろうが、知識の集成の一つが霊験譚の集積という形で示されていることの意味を改めて考える必要があろう。そしてそれは僧伝史という形での『著』が描いた仏教史でもあった。宗派・教義・経典・寺院・法会などとはいっても、仏教の直接の担い手である僧侶を語ることなしには仏教史自体は成り立たなかったのであろう。

『三国仏法伝通縁起』は宗派の伝来・展開史とはいっても、そこで述べられているのは法脈、すなわち僧侶の活動であった。『釈書』も僧伝史が主であったようにその後も近世の『本朝高僧伝』に至るまで前近代の日本仏教史は僧伝史として描かれていった、ともいえる。そうした僧伝史による仏教史、という流れに『著』の巻二を位置付けつつも、巻一「神祇」編も踏まえて『著』の構想の特質に迫る作業は今後の課題としたい。

注

（1）中島悦次『橘成季―国家意識と説話文学―』（一九四二年、三省堂）。
（2）永積安明・島田勇校注『古今著聞集〈日本古典文学大系八十四〉』（一九六六年、岩波書店）。永積氏担当の解説の主要部分は同『中世文学の可能性』（一九七七年、岩波書店）に収録されているが、本章での氏の解説の引用は大系本のものによる。
（3）中島悦次校注『古今著聞集』上下（角川文庫、一九七五・七八年）。
（4）西尾光一・小林保治校注『古今著聞集〈新潮日本古典集成〉』上下（一九八三・八六年、新潮社）。
（5）浅見和彦「古今著聞集」（大曾根章介他編『研究資料日本古典文学』第三巻「説話文学」所収、一九八四年、明治書院）。
（6）永積安明注（2）の書「解説」十四頁。
（7）大隅和雄『事典の語る日本の歴史』三「古今著聞集」（一九八八年、そしえて）。
（8）中島悦次注（1）の書、六十五～一〇四頁。
（9）永積安明注（2）の書「解説」十二頁。
（10）志村有弘『中世説話文学研究序説』第四章（一九七四年、桜楓社）。
（11）桜井利佳「『古今著聞集』巻二釈教篇についての一考察―九条家本諸寺縁起集の同文説話との関連性―」（東洋大学日本文学文化学会『日本文学文化』三、二〇〇三年六月）。
（12）土谷恵「中世初期の仁和寺御室―『古今著聞集』の説話を中心に―」（『日本歴史』四五一、一九八五年十二月）。
（13）永積安明注（2）の書「解説」三十六～三十七頁の表参照。
（14）福田益和「古今著聞集研究序説」（『長崎大学教養部紀要』人文科学十六巻、一九七五年十二月）。
（15）福山敏男「当麻寺の歴史」（初出は一九六一年、同『寺院建築の研究』上所収、一九八二年、中央公論美術出版）。
（16）毛利久「当麻寺の歴史と美術」（『大和古寺大観』第二巻「当麻寺」所収、一九七八年、岩波書店）。
（17）平本留理「『古今著聞集』における「不思議」」（『国語の研究』二十七、二〇〇一年十一月）。なお、岡田百合子

「『古今著聞集』の評語について」（『共立レビュー』二十一、一九九三年二月）も関係し参考になるが、本章の視点とは異なる。

(18) 聖徳太子は三一三話にも登場するが、それは父用明天皇への孝養譚である。

(19) 中田祝夫「日本霊異記年表」（同校注・訳『日本霊異記〈日本古典全集六〉』付録、一九七五年、小学館）。

(20) 分類されている巻の名称と共に記すなら、寺院関係では雲居寺（和歌、一六四）、法会では最勝講（政道忠臣、九十七）・平等院一切経会（管弦歌舞、二四七）・仁和寺一切経会（管弦歌舞、二八〇）、鳥羽院舎利講（管弦歌舞、二八三）・法勝寺八講（飲食、六二八）、経典では法華経（宿執・闘諍、四八四）・観音経（魚虫禽獣、六八二）、などの話がある。また、巻二に登場した僧侶で他の巻に登場する僧もいる（和歌の一五六・一五七などの西行及び二一三の貞慶、博奕・偸盗の四三二の澄憲、怪異・変化の六〇〇の重源など）。これらはいずれも話の主題は仏教ではなく、分類されている巻の名称に関わることに重点が置かれている。内容を紹介する余裕はないが、通り一遍の仏教説話ではないという点に却って興味をそそられる。

(21) 年月日が記されている作品であることに注目してか、『古事談』『古今著聞集』には史実年表が作成されている。松本公一「『古事談』史実年表（稿）」（『国書逸文研究』二十六、一九九三年十月）、竹居明男「『古今著聞集』史実年表（稿）」（同二十四、一九九一年十月）。なお、『続古事談』は天皇名を記すなど各説話が語る時期が分かるようになってはいるが、年月日が記されることはほとんどない。この点は『古事談』と対比するうえで注目してよいことかもしれない。

(22) 大隅和雄「『元亨釈書』の仏法観」（初出は一九八三年）、同「『元亨釈書』の僧伝について」（初出は一九九三年）。いずれも同『中世仏教の思想と社会』所収（二〇〇五年、名著刊行会）。

第四章　『私聚百因縁集』の時代認識

はじめに

正嘉元年（一二五七）に常陸の勧進僧住信（一二一〇〜?）の撰になるとされる『私聚百因縁集』は、現在のところ承応二年（一六五三）の刊本（以下「本集」、吉田幸一編、古典文庫上中下〈一九六九・一九七〇年〉所収本使用）のみが伝えられている。成立から四百年程後のものであるので、後述のようにその刊本が正嘉元年当時の姿をそのまま伝えているとは考えられてはいない。しかしながら、原本の姿が不明な現在、研究は現存の本集に依拠して行わざるを得ない、という制約のもとに進められているのが現状である。

これまでの本集研究の一つの到達点は、筆者も参加していたため手前味噌の誹りは免れがたいが北海道説話文学研究会編『私聚百因縁集の研究』本朝編（上）（一九九〇年、和泉書院）であろう。本書は北海道説話文学研究会による出典調査を中心とした共同研究の成果で、本朝編（正確には和朝編）三十八話の半分に当たる十九話の検討がなされている。しかしながら、今や刊行後二十余年を経過し、その基礎となった共同研究も一九七四年から一九八一年までに行われたものである。本朝編は一九七七年三月に読了しているので、その後の成果を取り入れた論考もあるが基本的には本書は今日からみれば三十年以上前の成果に依拠しているということになる。したがって、現在では本書自体が再検討すべき対象になっているといえよう。本朝編（上）という中途半端な形で刊行が中断しているのには様々な事情があるが、続巻を出すにしても新たな作業が求められるのである。[1]

出典調査は今後も進められねばならないのは当然としても、一方では本集をめぐる様々な課題を考え本集の特質に迫る、という作業も必要であろう。本章は本集における時代認識を考えてみようとするものである。本集収録の説話には、ある出来事（事象）を起点として本集成立の正嘉元年に至るまで「〜年経過している」、といった記述が散見される。それは何を意味するものであるのかを考察の中心に置きたい。そして、それは本集を貫く時代認識の現れであろうから、選者の歴史観も併せて考えてみたい。そこで導き出された特質が正嘉元年当時の意識といえるのかどうかは、一定の制約があろう。しかしながら、本集の特質に迫る一作業として意味はあろう。

以上のことを踏まえて、検討対象は和朝編が中心となるが、以下検討していきたい。なお、本文は読み易いように前掲古典文庫本を適宜書き下しにして示すこととする。また、本文中に記載された割注は〈　〉で示すこととする。

一、『私聚百因縁集』研究の課題

（一）成立に関する新説

現存の刊本が成立当初の姿を示すものではないことは、以前から指摘されていた。南里みち子氏は、本文における割注の多さに注目し、一説話として独立し得るような長文の注（巻四―四「五官普賢本迹事」に見られる性空説話など）が原本成立当初から存在したと考えるのはその配列からしても不自然とする。氏は本書は説教に使用されたという前提から、説教活動の中で民衆の好みを感じ取り原本に注が加えられたり記述が増やされたりした結果、現存の本集のような形になったとされる(2)。

割注は後補の可能性があるとするのは、渡邊信和氏も同様である(3)。氏は特に説話そのものが割注になっている場合が後補の可能性が高いとし、全ての割注とは考えていないようである。したがって、原本時からの割注と後補のものとの分別が、なお課題として残されている。

さて、現存本集が正嘉元年に成立したという通説に抜本的見直しの必要性を提示したのが、湯谷祐三氏の一連の研究である(4)。氏は一連の研究を通して、凝然の『内典塵露章』（一二九七年成立）、元の馬端臨撰『文献通考』（十四世紀初頭成立）、貞舜作『天台名目類聚鈔』（一四〇二年頃成立）などの文献と現存本集との一致度を踏まえ、現存本集の成立は早くても一二九七年以降で、場合によっては十五世紀初頭になる可能性を述べている(5)。

また、室町後期の浄土宗名越派僧侶である袋中が書写した『枕中書』所引の『百因縁集』は現存本集の古写本の面影を伝える唯一の書であるとし、そこから原本の姿を推測する。それによると、原本は『百因縁集』という書名の上下二巻本であったこと、現存本集の巻二・七・八に含まれる話はそれには存在しなかったこと、割注は後人による付加ではないこと、などを指摘している(6)。袋中が見た『百因縁集』が原本という訳ではないが、現存本集は『百因縁集』上下に巻二・七・八相当の説話が付加されてできあがったもの、とされる。しかし、和朝編冒頭の巻七の一の話は凝然の『内典塵露章』に依拠していると思われる点で、巻二・七・八相当の説話を『百因縁集』に付加したのは住信ではない、ともされるのである。

現存本集の構成を改めて確認するなら、天竺編（七十三話）・唐土編（三十六話）・和朝編（三十八話）の計一四七話からなる。各説話の長短は様々で、前掲古典文庫本の丁数で割合を見ると、天竺編四五％、唐土編一七％、和朝編三七％となり、各編必ずしも均等ではない。むしろ、天竺編と唐土・和朝編とに二分した方が説話数や文章量からしてもバランスはよくなる。さらに、原本に無かった可能性が高いとされる巻二（八話）・巻七（七話）・巻八（六話）を除くと、天竺編は六十五話・一〇一丁、唐土・和朝編は六十一話・九十丁となり、両編の割合は均等に近づく。百因縁といいながらも、一四七話という話数は百をかなり越える。巻二・七・八を除いても合計一二六話は百の概数とは言い難いが、現存本集は当初二巻本であったものを三巻に編纂し直した、と考える方が自然と思われる。

以上のように、湯谷氏の研究は不明とされていた原本の実態に迫る点でも画期的で、現存本集を正嘉元年成立であることを前提として利用することにこれまで以上に慎重さが求められたことになる。現存本集は原本の姿を示すものではない、とする点で湯谷説は先行する南里・渡邊氏らと同様ではある。しかし、南里氏らは原本の正嘉元年成立を前提としており、かつ原本と現存本集との間の相違の全貌を示している訳ではない。その点湯谷氏の研究は説話数も含めてかなり具体化され、原本と現存本集との違いは大きなものであることを想定されているのである。さらに氏が想定する百因縁集は、住信撰のものに先行する可能性も示唆されており、今後の系譜関係の解明が待たれる所である。

もっとも、湯谷氏も現存本集全体の説話を考察した訳ではなく、現存本集のどこまでが後補なのかについてその全体像を明らかにするための作業は残されている。特に、正嘉元年以降の成立であるならば、正嘉元年以降の事に属する説話や史実が入り込んでもよいように思うがそうした兆候は見られない。時期的なことが確認し得る人物・事象で正嘉元年以降のものは見られないのである。そのことは、「正嘉元年」という年に何らかの意味があり、それにこだわる必要があったことの反映といえるのかもしれない。その意味を検討することは、原私聚百因縁集の特質を探る手掛かりを得ることにもつながると思われる。

また湯浅氏は、割注について、巻三—十三「貧女の一灯」に付された割注は後の付加ではないとし、他の二・三の例から現存本集の割注は後人の所為ではない、とされる。(7) その辺のさらなる検討は必要であろう。そうしたことも含めて本章の課題をより鮮明にするために、次項で本集の構成の特質に拘わる点に触れておきたい。

（二）『私聚百因縁集』の構成と割注

前項で述べた割注に関してであるが、本集には長短多くの割注がある。南里氏が内容毎に分類し全般的に検討しており、(8) 高橋伸幸氏は一種の索引的役割を果たしていると見られる割注から、本集の典拠とも考え得る虎の巻的な説法資料の存在を推定されている。(9) このように割注の解明は本集の特質を考える際に重要なのであるが、ここではその分布などの統計的なことに触れておきたい。

割注は二文字以上のものが対象となるが、長短様々である。そのうち、文や引用の終わりを示す「云々」「已上」や、「壬申」などの干支などは割注の形態をとっていてもここでの対象からは除外する。これらは記号的なものであり、後補の可能性は少ない割注といえよう。その点では本文の理解を助けるための補足説明として付されている天皇の代数、続柄、官職などの割注も、後補の可能性は少ないといえよう。

また本集には割注以外にも、行間に挿入された説明的な注もある。例えば、比叡山の山神のことを述べた文の右側にその神の名称と思われる「商産天楽等」という右注や、平城天皇や嵯峨天皇らの天皇名の左側にそれぞれ「人王五十一代」「人王五十二代」などと付された左注（いずれも巻七―六「伝教大師ノ事」）の類である。それらは後補の可能性は高い。

また、南里氏が指摘した性空説話のような自立性の高い比較的長文の説話注も、後補の可能性は高い。こうした長文の割注は本集にはそれほど多くはなく、他に巻五―一「唐土仏法王法縁起由来」中の「鶏頭摩寺縁起」、巻七―四「当麻曼荼羅事」中の「禅林寺縁起」などを上げることができる。これらに、巻五―七「五台山記事」中の二ケ所、巻七―七「慈覚大師ノ事」に一ケ所見られる比較的長文の注を加えてもよいかもしれない。しかし、それらは説話としての自立性が希薄な補足説明的な文である。

さて、「云々」「已上」などを除いた割注の合計は、一六七個となり、その内訳は次の通りである。

国	割注付説話数	割注数	全説話数に占める割合	一説話平均
インド	二十二	三十九	三割（七十三話中）	一・八個
中国	七	四十四	二割（三十六話中）	六・四個
日本	十二	八十四	三割二分（三十八話中）	七個
合計	四十一	一六七		

各国の内訳を見ると、インド編の場合一説話平均一・八個となり、最多でも巻一―一・四・十五話が四個で、後は一～二個である。ところが、中国・日本編になると一話に二桁の数の割注が付けられる話が増える。巻五―一（十三個）・六（十七個）、巻七―一（十八個）、巻八―六（十個）、巻九―五（十二個）等で、巻五―七（八個）、巻七―四（八個）・七（七個）、巻八―四・五（各七個）などは一桁ではあるが、十個に近い数値となる。

以上の点で、割注はインド編には少なく、中国・日本編の説話には平均してその三倍強が付されていることが知られる。さらに、割注数の多い説話に注目するなら、巻五―七の五台山の話は後述のごとく日本とも関連を持ち、巻七―四・六・七は本章で課題とする正嘉元年の記載がある話で、かつ六の最澄、七の円仁は天台浄土教の重要人物である。そこでの正嘉元年の記載のされ方は割注・本文両方あり、後補なのかどうかの問題を考える際にも重要な素材となることが知られる。

また、巻八―四の源信もいうまでもなく浄土教史の重要人物で、続く五の永観・六の法然で浄土教史の展開が締めくくられることになる。巻九は全二十五話のうち第五話（花園左大臣源有仁）のみ十二個という多くの割注が付され、その点では巻九においては孤立した特質を持つといってもよい説話である。これは巻九は巻七・八との関係で、どのような位置にあるのかという問題とも関連する。

以上のように割注の分布を見ても、本集が重視していると思われる仏教史の流れや、焦点を当てて検討すべき説話が浮かび上がってくるのである。

二、『私聚百因縁集』の時代認識

本集における正嘉元年記載の意味を探る前提として、本集の時代認識について検討しておきたい。

（一）歴史観

イ、末法思想

本集の歴史観を知るうえでまず目に付くのは末法思想で、本集の総序において住信は自己のことを「末法遺弟。濁世ノ沙門。愚勧住信」と規定している。その末法思想の年数は巻一の一の末尾に釈迦が八十歳で涅槃に入った後、「正法五百年。像法一千年。末法万年」と明記されている。日本で広く流行した正法一千年ではなく、五百年とするところに特色がある。その釈迦の年代記的な事は巻五―一に次のように記される。生誕が周の照王二十六年、成道が穆王四年、入滅が穆王五十四年とする。その後正法五百年の間、仏法は漢朝に伝わらなかったが、像法の時代が五百余年ほど過ぎた漢の明帝の永平十年に仏舎利が伝わったとする。永平十年（六七）は如来滅後一〇一五年経過した年とあるので、逆算して穆王五十四年は紀元前九四八年となる。通常の穆王五十三年（紀元前九四九）釈迦入滅説よりも一年ずれることにはなる。

その後の中国における仏法の展開に関する本集の記述は省略するとして、巻七―一の日本につなげると、中国に仏法が伝来した永平二十年は第十一代垂仁天皇治天九十六年に当たり、それから四八五年経過した欽明天皇十三年に日本に仏法が伝来したとする。永平十年を二十年とするなど巻五―一の記述との錯誤も見られるが、日本への仏法伝来は五五二年ということになる。それは釈迦入滅後一五〇〇年が経過した年になるので、伝来時は計算上は末法第一年ということになる。しかしながら、巻七―一ではそのことには触れられてはいない。

入末法時に仏法が伝来したということは、日本が仏法有縁の国であることの証になる。本集には仏法有縁の国である自国を誇示しようとする意識は他の説話では看取されるが、仏法伝来を語る巻七―一の文には見られない。本集では仏法初伝時とは別に、第二の伝来ともいうべき時期を一つの画期として設定しているようで、むしろそちらの方を重要視している趣がある。それは本集の時代認識に関わる問題であるので後述したい。そうした配慮があったためか、伝来時が入末法であったことをことさら持ち出さなかった、としておきたい。なお、史実では仏法は百済から日本に伝えられたが、本集ではそのことが無視され、仏法は中国から直接日本に伝来したように読めるのである。

本集が描く仏法伝来の過程を改めて年代記的に整理するなら、釈迦入滅は紀元前九四八年、中国への仏法伝来は像法の半ばである紀元後六十七年、日本への伝来は末法第一年目となる紀元後五五二年、ということになる。本集成立の時期を示す正嘉元年（一二五七）は釈迦入滅後二二〇五年、入末法以来七〇五年経過した時期ということになる。年代の計算に少々錯誤も見られ正確さを欠く記述も見られるが、仏法伝来の時期が中国は像法の半ば、日本は末法の初め、という認識は本集の歴史観を考える上で重要である。

ロ、五堅固（五五百歳）説と百王思想

末法思想に関して少々補足しておきたいのは、五堅固（五五百歳）説と百王思想との関わりである。五堅固（五五百歳）説は釈迦入滅後の二千五百年間の仏法の動向を五百年単位で考える説で、『大方等大集経』巻五十五に見える。すなわち、解脱堅固に始まり禅定三昧・読誦多聞・多造塔寺・闘諍堅固の時代がそれぞれ五百年間続き、仏道修行が徐々に衰退していくとされる。このうち、第四段階あるいは第五段階が末法の初めとされる。この説を日本に当てはめると、正嘉元年段階は多造塔寺堅固が終わり闘諍堅固半ばの時期、ということになる。本集では五堅固説が明記されている訳ではないが、潜在的にはあったのではないかと思われるので、本集の時代認識を考える際に考慮に入れておいてよい思想と思われる。

もう一つの百王思想も本集で明記されている訳ではないが、考慮すべき思想といえる。本集において三国の冒頭には、それぞれの国の仏法王法縁起由来譚が配されている。しかしながら、各国で展開される話は仏教説話が中心で、対応すべき王法説話はほとんどない。政治的な話に限定せずに非仏教説話を広義の王法説話と解しても、巻六―六・七・十・十一、巻九―九等の五話ほどの孝養談的話が該当する程度である。本集における仏法王法関係についての構想は別に検討する必要があるが、本集では仏教説話と王法説話を配するのではなく、仏教説話の中に王法的要素を組み込んでいるのではないかと考えられる。その王法的要素とは説話で語られる王（天皇）で、その多くは時期を示す指標となっている。日本の天皇の代数が記されるのはそのためでもある。以上の点で百王思想は本集における王法の構想を考える上でも重要となろう。

この思想における百は、本来限定的な数字ではなかった。しかし、慈円が当時の順徳天皇が八十四代であったことを踏まえて「百王ヲカソフルニイマ十六代ハノコレリ」（『愚管抄』巻七）と述べているように、末世観と結び付

いて限定的な意味を持つようになったとされる。[10] 中世には百を限定的に捉えるようになっていた、ということを踏まえて本集の和朝編の天皇の代数の記載に注意してみると、一つの傾向が看取し得る。なお、本集の天皇の代数の数え方は、神功皇后を第十五代とする『日本書紀』以来の伝統に則っていたようである。

巻七―三「行基菩薩事」において南天竺婆羅門僧正菩提僊那の来日に関する割注に、「又菩提僧正ト云フ、天平八年丙子来至ス。正嘉元年〈丁巳〉五百二十三年、帝王四十余代云」とあるのがまず注目される。「正嘉元年」のことを記載した一例でもあるが、菩提僧正が来日した天平八年（七三六）から正嘉元年（一二五七）まで五二三年（正確には五二一年）経過し、天皇も四十余人代わった、ということである。天平八年時点の天皇は第四十五代聖武天皇で、正嘉元年時点は第八十九代後深草天皇なので計算に間違いはない。正嘉元年は慈円風にいうならば、「百王いま十一代のこれる」時期ということになる。なお、中世においては八十五代の廃帝仲恭天皇を代数に入れない慣習であったので、その場合は後深草天皇は八十八代となる。実際に現存本集の後書きには後深草は八十八代とされている。

さらに、他の天皇の代数記載を見ると、五十代位までは代数が記載されるがそれも第五十四代仁明天皇が最後となる（巻七―七）。それ以後の天皇は七十六代近衛天皇（在位一一四一～一一五五）を例外として（巻九―五）、名前は記載されても（巻八―六の崇徳天皇〈七十五代〉・高倉天皇〈八十代〉など）なぜか代数が記されることはない。

先程慈円の時期には百を限定的に捉え、残り少なくなってきたことに危機感を抱くようになっていたことを述べたが、代数の残りが意識される早い例は十一世紀初頭に見られるようである。『小右記』長元四年（一〇三一）八月四日条の、「百王之運已及過半」という記載である。[11] これは同年六月に起こった伊勢斎王託宣事件と呼ばれる著名な事件において、伊勢斎王が時の帝王後一条天皇は敬神の心がなく神事を怠っていることを批判した託宣中に見られる一文である。後一条天皇は第六十八代であったから、過半もかなり過ぎていた時期の天皇ということになる。

王は百代限りである、という限定的意識と代数が過半を過ぎた場合の危機意識を本集が有していたのであれば、百の過半である五十一代以降の天皇の代数を記載することが憚かれたのではないか、という推測が可能となろう。先程の菩提僧正に関する注にあった四十余代という記述は百王も残り少なくなったという意識の反映とも思われる。そうではあっても五十代の半ばまでは代数を記載したのは、百代までにはまだ大部余裕がある、という意識が背景にあったからともいえる。

ただ、代数が残り少なくなることに本集では危機感や悲観的な意識があったのかどうかは、近衛天皇を七十六代と記載していることも含めて別に考える必要がある。それは、本集を貫く時代認識とも関わる問題であるのでそのことは後述することとし、ここでは百王思想的な意識も認められることを指摘しておくに止めたい。

（二）時代認識

前項では本集には末法思想があり、五堅固説・百王思想なども考慮すべきことを述べた。そうした意識が時代認識とどのように関わるのかについて、本項で整理してみたい。

第一は、末法思想の正像末の時期と各国説話の対応関係である。日本は仏法伝来期が入末法であったので、和朝編全ての説話が末法時の説話ということになる。天竺の場合、釈迦在世時の話が中心である巻一・二は除くとして、釈迦入滅後の話が収められる巻三・四から時期的なことが確認し得る説話を拾うなら、巻三―十一（釈迦入滅後一千年）・同十五（釈迦入滅後二百年）・同十六（七世紀の玄奘の天竺での修行の話）・同二十（四～五世紀にかけて天竺で修行をした中国僧尸羅比丘の話）、巻四―二（釈迦入滅後千余年）・三（玄奘の話）・六（釈迦入滅後七百年の広盧沙門の話）、ということになる。

時期的なことが不明な説話の方が多いが、正像末に対応させるなら、末法時は巻三―十六と巻四―三の玄奘の話で、他は正法あるいは像法時の話、ということになる。ただ、巻三―二十四も含めて中国僧の天竺での修行の話は、天竺が舞台ではあっても純粋な天竺説話とは言い難い。とすると、天竺説話の多くは釈迦在世時及び正法時の話で、像法時の話が若干数、ということになる。

次に唐土（中国）においては、具体的に年号が記載されるので時期の把握がしやすくなる。それらを拾うなら、巻五―二（大業五年〈六〇九〉）・同三（義熙十二年〈四一六〉に没した恵遠に、太中二年〈八四八〉・昇元三年〈九三七〉・大平興国三年〈九七八〉の三回謚号が送られた）・同五（貞観十九年〈六四五〉）・同六（善導〈六一三～六八一〉）・同七（法照、大暦五年〈七七〇〉）・同九（天台智者〈五三八～五九七〉）、巻六―二（大和年中〈八二七～八三五〉）、ということになる。年号などが示されていなくても巻五―六の曇鸞（四七六～五四二）などのように生没年から時期が探れる話もある。ただ、人名が記される話が少なくないにしても、多くは伝未詳で時期的なことは確認し難い。

唐土の場合、年号が記載された話は末法に属することが知られるが、それらも隋・唐の時代までで、八世紀以降の話がほとんど見られない、ということになる。もっとも、和朝編の最澄・円仁の話で入唐のこと、同じく源信の話に宋の様子が語られるなど、間接的に九・十世紀の中国の様子は知られるが、それらは独立した中国説話とはいえない。したがって、唐土の話は時期的には像法を中心として末法初頭の時期で止まっている、ということになろう。

以上のことから、各編収録の話の時代は大雑把に整理するなら、天竺（釈迦在世と正法）・唐土（像法及び末法初頭）・和朝（末法）、ということになろう。三国の仏法展開史においては、概して伝来後の国における展開が重視されるためか、伝えた側の国のその後の様子については関心が希薄になる。したがって、天竺の像法・末法時の話、唐土の末法が進行した時期の話が語られることは少ない、ということになるのである。すなわち、本集においては正・像・末はそれぞれ天竺・唐土・和朝に対応している、といってもよいであろう。像法時は教と行、末法時は教は残っているのであるが、そうした要素がインド・中国においては消滅したかのような印象を受けるのである。こうした傾向は本集に限ったことではなく『今昔物語集』もほぼ同様で、朝鮮が視野に入っていないことを含めて三国仏法史の一つの叙述パターンといえる。

第二に、末法思想は仏教教理上の概念で、必ずしも時代の様相を説明する概念にはなっていないことである。本集において、末法の使用例は必ずしも多くはない。一話の中で複数回使用されている場合もあるが、序を除くと六話（巻一—一、巻四—五、巻五—七、巻六—二、巻七—四、巻八—二）である。

その中でも時代の様相との関わりでの使用例は、巻七—四「当麻ノ曼荼羅ノ事」位なものである。そこでは、阿弥陀の利益を蒙った女人に対する話末評語の中で、

末法也ト雖モ、現身ニ霊儀ヲ感ジ、女人也ト雖、眼前ニ変相ニ預ル、弥陀一教利物、偏増之利益、澆季尤モ憑ムベキ者也。

と、末法という時世にもかかわらず霊験が示された不可思議を述べ、さらに「末法利生女身感仏云云」という割注で結ばれている。ここでも仏菩薩の霊験は得難い、という末法の時代相が想定されていることが推察されるのみで、末法の世の中の様子が具体的に述べられている訳ではない。五堅固説における造搭堅固・闘諍堅固などを除いては、末法とはどのような世の中なのかは意外に不明瞭なのである。教義上の意味合いしか持ち得ないといったのは、そうした理由からなのである。時代相を示す用語として末法よりも適当なのは、「末世・末代・澆季」などである。末法時はどのような世の中なのかという問の答えが、「末世・末代・澆季」である、といってもよい。したがって、「末世・末代・澆季」は末法と同義的に使用される場合もあるが、その内実を次項で検討しておきたい。

（三）末世・末代・澆季

最初にこれらの用語が使用されている説話を拾うと、巻一―十五（澆季）、巻三―十五（末代）、巻五―七（澆季）、巻七―六（末代・澆季）、同七（末代）、巻八―一（末代・末世）、同二（末代）、同四（末代）、同五（末代）、巻九―一（末代）、同十九（末世）となり、末法よりも使用例は多い。末代及び末世は濁世やそれと同義の語と一緒に使用されることもあるので（巻七―七、巻八―一、同二〈五濁〉、巻九―十九〈濁レル末ノ世〉）、「五濁悪世」（巻七―二）は末代・末世の世と同義ということになり、巻七―二も加えてよいであろう。

濁の具体相が五濁であり、劫濁・見濁・煩悩濁・衆生濁・寿命濁の五つをいう。誤った思想・見解（見濁）により煩悩が盛んに起こり（煩悩濁）、その結果心身が弱まり（衆生濁）、寿命も短くなる（寿命濁）。これらの四濁が起こる汚れた時代（劫濁）が「末世・末代・澆季」なのである。また、巻三―十五では「末代澆薄」というように、末代には人情が薄くなるともされている。

この「末世・末代・澆季」は、これらの語が使用されている説話でも知られるように、和朝編に集中している。その点で明らかに末法と重なっている。この三語の意味するところについてもう少し立ち入ってみたい。澆季の語は天竺・唐土・和朝のいずれにも使用されており、末代と併用されている事例から（巻七―六）、末代＝澆季と考えてよい。末世も末代（澆季）と同義と考えてよいが、天竺・唐土編では使用されておらず、和朝編でのみであることを踏まえるなら、時代の範囲が一定程度限定された語といえる。ただ和朝編とはいっても、末世の使用例は巻八―一と巻九―十九の二話である。

巻八―一「役ノ行者ノ事」では、役行者が「将来末世」の済度利生を実現するために所々に金剛童子を分置した、という文脈で「末世」が使用される。もう一例の巻九―十九「僧相真没後ニ袈裟ヲ返ス事」は、相真という僧が師遅俊から譲られた文殊相伝の由緒ある袈裟により兜率天往生という目的を達したので、その後律義にもその袈裟を返却した。その袈裟を懸けた遅俊らも往生した、という話である。こうした霊験は「濁レル末ノ世ニ類少ナキ程ノ事也」とし、相真の往生は長寛（一一六三～一一六五）の秋に遅俊が見た夢で確認したことになっている。

これらの話から、役行者の時期（七～八世紀）は末世ではないが、十二世紀半ばは末世であったことが知られる。そうした点で末世は時代の範囲が限定された語といえる。ここで、本集の時期区分概念について検討する必要があるが、それは「正嘉元年」記載の意味にも関わってくるので、節を改めて検討したい。

三、『私聚百因縁集』の時期区分概念

（一）時期区分概念

本集には数は少ないが、いくつかの時期区分を表す用語が使用されている。ここでは経典での使用例は除き、かつ時期区分用語が和朝編に集中していることもあるので、和朝編に即してそれらの語が示す時期的範囲を確認したい。その一つは「昔」と「今」である。巻七―二では聖徳太子の前世を「昔」で表しているように、話の舞台の時代より前の時期を指す用語が「昔」であり、特定の時期に限定された用語ではない。天竺編では釈迦の在世を「今」とすると前世は「昔」になるように、話の設定時期によりその範囲は変化する。

ただ、和朝編の巻七―六「伝教大師ノ事」で、徳一建立寺院を「今ノ世ニハ此ノ寺ヲハ恵日寺ト号ス」「代澆季ニ致ルト雖、得一ノ建立ノ寺ニハ今雀入ル事無シ」と評価したり、最澄が宇佐の大菩薩から賜った御衾が「今正ク叡山根本ノ御経蔵ニ有リ」、といった文に見られる「今」は本集成立の時期を示す。この話では「今」に対比され

ある。

る「昔」の語は使用されていないが、本集の時期区分における各時期の価値付けを考える際には注目すべき箇所である。

「昔」と類似の時期区分概念に「上代」があり、本集には三ケ所見られる。一つは巻四―十六「仏在世五百盗人ノ事」で、釈迦在世の時期が「上代」とされる。二つ目は巻七―七「慈覚大師ノ事」で、円仁が往生したことに対する評語の一文として「抑モ上代上聖既ニ遂ニハ弥陀ヲ憑ミ、終ニハ念仏ニ帰ス」とある。もう一例は巻九―十四「勧学会ノ事」で、康保元年（九六四）に開始された勧学会の模様や功徳が述べられ、勧学会が「誠ニ目出タキ例証也」と評価される。そして「上代尚シ尓ナリ、況ヤ今時ヲヤ。心有ラン男女、尤モ結ンテ縁ヲ作セ。法ヲ勧メ行ヲ企タテ仏種ヲ成スト云云」と結ばれるのである。

以上のことから、本集における「上代」の範囲は、上限は「昔」同様無限といってもよいが、下限は円仁（七九四～八六四）在世及び勧学会が行われた十世紀後半位まで、ということになる。また「勧学会ノ事」で「上代」が「今時」すなわち本集成立期と対比されていることにも注目しておきたい。「昔」に対する「今」という感覚で「上代」が理解されていることと、「伝教大師事」と同様に選者が本集成立期の時代をどう価値付けていたのかを探るには重要な話といえよう。

もう一つの時期区分用語が「中比」である。この語は巻九―十五・二十一・二十二・二十四に見られ、和朝編それも巻九に限定して使用されている。この語が示す時期の範囲を探るため、各話の固有名詞に注目してみる。十五「平燈供奉名利ヲ捨テテ往生スル事」では、平燈は皇慶（九七七～一〇四九）及び静真の師で、その静真は生没年が不詳ながらも長徳年中（九九五～九九九）に修法を行ったことが確認される（『古事談』巻三―三十六）。二十一「肥州僧妻魔ト為ル事」の話は康平（一〇五八～一〇六五）の頃書かれた往生伝が典拠らしいこと。二十四「桓舜僧都貧ニ依テ往生スル事」の主人公桓舜の生没年は、九七八～一〇五七である。これらのことから、「中比」は十世紀後半から十一世紀半ば位までの時期、ということになる。「中比」の次が「末世」で、前述のごとく十二世紀半ばは「末世」であったことを踏まえるなら、十二世紀初頭が「中比」と「末世」の境界ということになろう。

前項で述べた末世は「中比」の次の時期、すなわち「今」（近代）ということになる。以上のことを前項までで検討した「末法・末代・末世・澆季」などとの関連も含めて整理すると次のようになり、中世に一般的に行われていた区分法と変わりないことが知られる。各時期の範囲は作品の成立時期により多少は異なるが、それは「近代」の始まり部分が少し移動する程度である。(12)

上代……～十世紀前半		末法
中比……十世紀後半～十二世紀初頭	末代（澆季）	末法
末世（今）……十二世紀初頭～正嘉元年時	末代（澆季）	末法

右記のような三区分法においては、上代（上古）が見習うべき理想の時代とされ、中比（中古）に理想的な要素に加えて悪しき要素が現れ、近代にはその悪しき要素が拡大する、といった下降史観的認識が一般的である。三区分法においては末法思想の正像末の三区分法とも重ね合わされ、各時代の時代相の尺度ともされていたと考えられる。

本集においては日本は上代から末法に入っているため、原則として理想的な時代ではないことになる。ところが、必ずしもそうではなく、末法における霊験が強調されている。また、「正嘉元年」の記載が全て上代に属する話で語られていることが、本集における「上代」の認識を考える際のポイントでもある。次項でそのことを検討したい。

（二）「正嘉元年」記載説話

本節では、「正嘉元年」のことを記載している話を確認しておきたい。記載は全部で六話（厳密には五話）に及ぶ。

①巻五―七「五台山記事」

唐の僧法照が末法における救いを文殊に求めるため、五台山に向かう。そこで文殊により阿弥陀を求めるべきことを教授される。時にそれは大暦五年のことで、日本の宝亀元年（七七〇）に相当し、

五台山ハ和漢其ノ境遠カラズ、時モ亦太暦五年〈庚戌〉ヨリ日本正嘉元年〈丁巳〉至ルマテ四百八十八年ナリ。

と結ぶのである。この記載は割注ではなく本文で記されている。五台山は中国に所在するものではあっても「和漢其ノ境遠」くはないため、日本年号への通算年が示されたと思われる。

②巻七―三「行基菩薩ノ事」

第二節第一項で紹介済みなので、内容は省略する。記載は割注である。ただ、菩提僧正の来日がなぜ画期になるのかという理由に相当する記述は無い。史実では菩提僧正は遣唐使多治比広成・留学僧理鏡らの要請を受けて来日する。しかし、要請目的は菩提僧正伝である『南天竺婆羅門僧正碑』では「仰其芳誉」とあるのみで、抽象的である。ただ、『七大寺年表』や『僧綱補任抄出』上巻によると、菩提は文殊を拝するために天竺より中国五台山に登った。しかし、そこの老翁より文殊は日本に託生したと聞き、本懐を遂げるために日本に追い来った、とある（共に天平勝宝三年〈七五一〉条）。すなわち、菩提は文殊の化身である行基に逢うために来朝したのである。本集にはこうした事情は記されていない。しかしながら、前世の約束が果たされたことを互いに喜び合う菩提と行基の歌に、そうした事情が自明の前提とされていたことが看取される。

五台山の文殊が行基として日本に託生したのなら、行基は日本に阿弥陀信仰を定着させる重要な役割を負ってい

ることになり、菩提は来朝してそのことを確認した点で意味があることになるのである。その菩提の来朝は①での法照が文殊の示現に逢った時よりも年代的には先になるが、文殊という点で、本話は巻五―七とも関係し、正嘉元年記載の意味もそこにあったといえる。

③巻七―四「当麻ノ曼荼羅ノ事」

阿弥陀信仰に篤い中将姫が生身の阿弥陀を見たいという願を立てる。阿弥陀はその願に応え自己の化身である尼を遣わし、また、観音の化身である女人の助けを得ながら姫は曼荼羅を織り上げる。その時期が割注で、「天平宝字七年六月二十三日也。其レ従リ正嘉元年〈丁巳〉至テ四百九十五年也」と記載される。曼荼羅を織り上げた時点で中将姫の往生が約束されたことになるので、この話は女人往生の事例とすることができる。

④巻七―六「伝教大師ノ事」

この話においては、正嘉元年の記載は二ケ所見られる。一つは、最澄が延暦六年（七八七）に建立した根本中堂〈止観院〉は、「彼ノ止観院ノ十二ノ常燈誓ツテ一度挑ケテヨリ後チ四百余歳」というように現在まで常燈が消えずに続いていることを記した文に、「延暦六年〈丁卯〉自リ正嘉元年〈丁巳〉至ルマテ四百七十二年」という割注が付けられる。二つ目は最澄の論敵徳一が会津の石梯に清水寺を建立したことについて、本文で「大同元年〈丙戌〉。平城天王九年也。尓ノ時従リ今正嘉元年〈丁巳〉至ルマテ四百五十余年ナリ」と記載される。

⑤巻七―七「慈覚大師ノ事」

円仁が惣持院を建立したことに対して、「又大師深草ノ帝ノ御宇官符ヲ申下シテ惣持院ヲ立ツ。灌頂堂ヲ造ラル。夫レ自以来四百余歳」と本文で記載される。ここには正嘉元年とは明記されていない。しかし、惣持院建立は八五〇年の事であるので、それから四百余歳経過すると正嘉元年ということになる。したがって、この記述も正嘉元年記載の一例とする。

⑥巻八―一「役ノ行者ノ事」

役行者と道照とのやり取りの中に、親の孝養のためには卒塔婆を建立することが必要であることの由来を求め、それを末代の凡愚に対して勧める文の後に、「仁王四十二代文武天王治天大宝二年〈壬寅〉自リ正嘉元年〈丁巳〉至ツテ五百五十六年云云」という記載が本文として置かれる。

以上六話七ケ所に、ある出来事を起点として正嘉元年に至るまで「～年」、という記載が見られる事を確認した。年の通算に際して一・二年の誤差も見られるが、大きな問題ではない。七ケ所の中、本文記載は四ケ所、割注記載は三ケ所である。割注は後補の可能性もあるので、それを除いたとしても考えるべき材料は残される。なお、現存本集の奥書には「此鈔人王八十八代後深草正嘉元〈丁巳〉年ヨリ承応二〈癸酉〉年迄三百九十七年也」という記載がなされている。本文の正嘉元年に至るまでの年数を示す記述に影響されたものかもしれない。本論とは直接関係はないとしても、本集における正嘉元年に至るまでの年数を示す行為の意味は決して小さくないことを思わせる。

また、①を除いて全て日本の話で、前項で述べたように時期は「上代」に属する。①は中国の話であるのに、日本の年代との対応が記載された理由については前述した。日本の事が語られる異国の話は、本集ではこの巻五―七を含めて三話ある。そのうち、巻四―四「五官普賢本迹之事」では、前述したように普賢がらみで性空が遊女に普賢菩薩の姿を見るという説話が長い割注で記される。それは後補の可能性が高く、かつ日本の年代との対比を述べたものではないので、①と同列に扱う訳にはいかない。

日本のことが語られる残る一話が巻六―二「示郭ノ事」で、盗殺の悪行を犯し続けた唐の示郭という人物が首を刎ねられようとしたときに、前世で不動明王を一見一聞した功徳により不動の化身に救われる話である。この出来事が起こった年は大和年中（八二七～八三五）の事で、その部分に「当日本淳和天王御時」という割注が付される。この話は日本との関連性は無く、こうした注が付される必要性はない。その点でも、この割注は後補なのかもしれず、その意義については後考を俟ちたい。

したがって、中国の話ではあるが日本と深い関係があるため日本の年号などとの対比が記載された唯一の話が巻五―七である、といえるのかもしれない。そうした前提に立って正嘉元年記載の意味について次節で考えたい。その前にこのような記載が正嘉元年時点でなされていた可能性があることを、『平家打聞』との関係で述べておきたい。

（三）『平家打聞』との関係

『平家打聞』は四部合戦状（保元・平治・平家・承久記）第三部相当の『平家物語』最古の注釈とされ、十二巻から成り、その成立は元亨三～四年（一三二三、一三二四）頃とされている。本集巻五―七、巻七―三・同六・七の四話が『平家打聞』と同文同話とされる。[13] 前項で示した①②④⑤の該当部分を、『平家打聞』で確認したい。[14] 巻の数字は『平家打聞』の巻数である。

①巻三の前半部が五台山と法照の話であるが、本集の当該部分は無い。ただ、法照が文殊の示現を得た年、すなわち正嘉元年に至る起点となる年である七七〇年の部分は、本集では次のように記載されていた。

時ニ唐ノ第八ノ王代宗皇帝〈治十八年内〉第八年大暦五年〈唐唐ノ高元戊寅ヨリ五百五十三年ニ成ル。仏滅癸酉ヨリ一千七百九箇年云云〉日本人王四十九代光仁天王ノ始メ宝亀元年ニ当レリト云云。四月六日歟〈不審〉。

しかし、七七〇年の五五三年前は後漢の献帝になり、本集の記載は誤りであることが知られる。その点『平家打聞』は、

時に唐第の帝大宗皇帝［十八年の日を治む。］の第八年天暦四年［庚戌］、唐の高祖の元（年）［戊寅］より百五十三年、仏滅［癸酉］より一千七百九年、日本人王四十九代光仁天王の始め宝亀元年に当たれり。

と、大暦を天暦とする誤りを犯しながらも、唐の高祖の武徳元年（六一八）から一五三年後が唐の大暦五年（宝亀元年）に当たるとしている点では正確である。本集及び『平家打聞』共に誤りを犯してはいるが、『平家打聞』の記述の方が意味は通りやすい。

②巻六行基「婆羅門僧正来日。天平八年来る。今元亨三年に至るまで五百九十年」

④巻四最澄

「止観院の十二の常燈誓ひて、一度挑げてより後は、四百余才、延暦六年より元亨三年に至るまで五百三十一年、彼の灯未だ滅せず、弥以て繁昌する所なり」

「大同元年、平城天王元年。爾の時より今元亨三年に至るまで五百一年なり」〈徳一部分〉

⑤巻二円仁「其れより以来、四百余歳」（元亨までの年数記載なし）

行基と徳一部分には正嘉元年相当の記載は無いが、最澄の止観院部分は明らかに正嘉元年記載が省かれている。円仁に関しても本集においては正嘉元年の記載は無かったが、そのことが省略されたものであった。これらのことを踏まえないと、『平家打聞』の当該部分は意味が通らない。行基と徳一部分は正嘉元年の記載が省略され、元亨年間への年が記載されているためか、意味は通る。ともあれ、『平家打聞』の当該部分は本集の正嘉元年記載を踏襲したものといえる。もっとも、正嘉元年から『平家打聞』成立までには七十年ほどの期間があり、湯浅氏が指摘するように凝然の『内典塵露章』（一二九七）は本集と『平家打聞』の間に位置することも考慮しなければならない。

なお、これらの他にも、『平家打聞』には元亨年間に至るまでの通算年を示す箇所が四ケ所ある。最初の三ケ所は巻五の三所権現を説明した部分で、箱根権現は「孝謙天皇…今正中二年元亨四年に至るまで帝王五十代、年序五百三十一年なり」、伊豆権現は「仁明天皇…今元亨四年に至るまで帝王四十余代、年序四百五十二年に及べり」、三島明神は「天武天皇…今元亨四年に至るまで帝王五十余代、年序六百二十八年に及べり」とある。もう一ケ所は巻七の男山八幡について、「応神…貞観元年まで六百二十二年…今元亨三年まで一千百二十七年」とある。それぞれ神社の起源から『平家打聞』成立期の元亨三・四年に至るまでの通算年が示されているのである。

こうした記載が何を意味するのかは、『平家打聞』に即して改めて検討されねばならない。しかしながら、少なくとも当該作品の成立までの年数を記載する行為は本集のみの特質ではないことは理解されよう。

四、「正嘉元年」記載の意義

（一）末法進行の先送りとその限界

さて、本項では本集において正嘉元年に至るまで「〜年」と記載されることの意味について、改めて考えてみたい。考えられることはとりあえずは以下の四点である。

第一は、正嘉元年時点での仏法の繁栄を強調することになることである。起点とされる事象は仏菩薩などの何らかの霊験・奇瑞・功徳、堂塔などの建立、高僧の来日、などの称賛されるべき事柄、という点で共通している。そうした事柄がもたらす功徳が正嘉元年まで絶える事なく継続されていることを語ることになる。それは末法においても日本では仏法が盛んであることや、末法が進行した時点でも盛んな状態が変わらないことの証明にもなる。最澄建立の止観院の法灯が今（正嘉元年時点）に至るまで途絶えないことや、徳一建立寺院の霊験が今でも継続されている、といった記述にそうした意識がよく示されている。

第二は正嘉元年に至る期間の長さの意味についてである。起点とされる年を古い順に並べて正嘉元年までの通算年を本集の記載のままに括弧内に示すなら、七〇二年（五五六年）・七三六年（五二三年）・七六三年（四九五年）・七七〇年（四四八年）・七八七年（四七一年）・八〇六年（四五〇余年）・八五〇年（四〇〇余歳）、となる。起点は八・九世紀で、期間は五〇〇年前後ということになる。ここで、五〇〇年前後という期間に着目するなら、五堅固説との関係に思いが及ぶ。

仏法伝来時の五五二年が入末法であったが、五堅固説ではそこからの五百年が第四番目の造塔寺堅固、その後の五百年が最後の段階である闘諍堅固の時期、ということになる。造塔寺堅固の時期は十一世紀半ばまで続き、正嘉元年時点は闘諍堅固の真っ最中の時期、ということになる。正嘉元年への起点にされた八・九世紀は造塔寺堅固の時期に属するので、造塔寺堅固に見合う事象があったことになる。造塔寺堅固という現象は信仰に裏付けられたものであるならば仏法興隆上においては喜ばしいことで、悲観したり否定されるべきことではないのであろう。その造塔寺堅固の時代は十一世紀半ばで終わることになるが、本集ではそのように機械的に捉えていたのかどうかが問題となる。むしろ、造塔寺堅固の実際の開始時期を模索していたのではないかと思われる。すなわち、正嘉元年への通算年を提示することにより、正嘉元年時点はまだ造塔寺堅固の時代で、闘諍堅固には入っていない、ということを主張しようとしたのではないかと思われる。そうした点で、本集においては表面化はしていないが、五堅固説が意識されていたと思われるのである。

以上のことを踏まえるなら、八世紀よりも九世紀を起点とした方が闘諍堅固の時期を先送りできることになる。そうすることにより、九世紀が造塔寺堅固の始まりの時期であることを強調しようとしたことが予想される。我が国への仏法伝来期は末法第一年であったにもかかわらず、そのことが本集では何らかの配慮のためか触れられていないことを前述した。理屈上では末法に入ってはいても、実質はどうであるのかを本集は模索したのではないかと思われる。それが入末法を記述しなかった本集の配慮と考えたい。その結果、末法の実質は九世紀から開始するが、それは後述の第二の仏法伝来期でもあるので、悲観的要素は見られないのである。

第三として、本集では正嘉元年に至るまでの期間は示されるが、それ以降の時代への展望が示されていないことである。そのことは、正嘉元年がやはり本集成立の一つの画期であることを示しているものかもしれない。独立した説話として本集に収録された人物で、正嘉元年に最も近い人物は法然（一一三三～一二一二）である。もっとも、巻七―一では法然の門下・非門下の念仏関係の僧が列挙されており、中には正嘉元年を越えて生存した僧もいる。[15]そういう点で念仏信仰の継続・発展を予想し得る状況を、選者が確信していたのかもしれない。しかし、巻七―一の法然の門下・非門下の記述は凝然の『内典塵露章』の記述にならった可能性が指摘されているので、[16]巻七―一の記述から選者の楽観的な見通しを導き出すことには慎重であらねばならない。

とすると、正嘉元年で止めてそれ以降の展望を示唆しなかった理由は、現在のところ不明といわざるを得ない。ただ、可能性の一つとして指摘しておきたいのは百王思想との関係である。五堅固説と同様に本集において百王思想が明瞭に語られている訳ではなかったが、下敷きにしていた可能性について前述した。正嘉元年時点の天皇は後深草で八十九代（あるいは八十八代）であった。『愚管抄』では王の代数が残り少なくなっても、紙を少しずつ継ぎ足すように足していくことにより百代以降の展望を考えていた。しかし、本集にはそのような発想は窺えない。文字通り百代で終わり、と理解していたのかもしれない。既述のように、百が過半を過ぎた辺りから天皇の代数を記すことが無くなっていたことをその危機感の現れ、と本章では理解した。ただ、例外的に巻九―五では近衛天皇が七十六代と明記されていた。巻九―五は石清水八幡の計らいにより往生した源有仁の話で、和光同塵の功徳を語る上でも注目される。残り少ない代数になっていた時期の評価すべき話として敢えて代数を入れ、何らかの起点にしたかったのかもしれない。正嘉元年に向けて「～年」と注記することもできたであろう。そうしなかった理由も不明ではあるが、残り少なくなった代数を克服する論理を見い出せなかったのかもしれない。

以上のように、末法を悲観的に捉えずむしろ仏法繁栄を強調しながらも、次への展望を積極的に提示できなかった理由の一つとして百王思想があり、その代数が正嘉元年時点で終わりに近づいていたからではなかったか、という推測を述べておきたい。

（二）第二の仏法伝来

正嘉元年記載の第四の特質にもつながることであるが、最澄・円仁らの天台僧の評価が高いことである。本集で述べられる浄土教は智光・頼光あるいは永観らの南都浄土教もあるが、天台浄土教が主流となっており、真言宗に対しては空海も含めて扱いが冷淡である。巻八の締めくくりとして配列されている法然もいうまでもなく比叡山出身である。

最澄の話においては、論敵でもあった徳一の評価も高かった。さらに円仁は入唐し五台山において文殊の奇瑞を得たことが語られているが、法照が五台山で文殊により阿弥陀を求めるべきことを教授された巻五―七話と関連づけて考えるべきであろう。そこでは五台山は、「和漢其ノ境遠カラズ」とされていた。五台山と日本との間に境はない、という記述は円仁へのつながりの点でも注目してよい。

そして円仁の帰朝に際して中国の人々は、「我朝ノ仏法悉ク和尚ニ随ヒテ日域ニ去リユキヌ」と言ったとされる。もっとも、こうした表現は本集独自なものではない。早い時期の円仁伝である『日本三代実録』の卒伝には、「我国仏法既已滅尽。仏法随和尚東去。自今以後。若有求法者。必当向日本国也」とある〈貞観六年〈八六四〉正月十四日条〉。円仁伝においてこの部分は、円仁を賛嘆する上で欠かすことのできない要素として本集でも継承されたと考えられる。なお、円仁以後日本が仏法の発信源になることについては、本集においては後述のごとく源信伝において具体的に述べられることになる。末法時において残っていた教が、中国から持ち去られてしまい、それは取りも直さず日本における仏法の繁栄となる。円仁の功績はその点にあったから、「日本ノ一国帰依、大師ニ深カリキ」ということで、「大師ノ徳行殊ニ秀テ給ヘリ。既ニ濁世ノ法燈、末代福田ナリ」と称えられるのである。

本集で天台の評価が高い点に関して、さらにいくつかの点を補足しておきたい。巻七―一「我朝仏法王法ノ縁起由来」は和朝編の総論の位置にあるが、そこでの日本仏教略史は仏法伝来、聖徳太子による浄土弘通、最澄・空海による天台・真言の伝来と円仁による天台浄土の発展及び法然へ、という流れが語られる。そして、巻七の二以降で重要なのは、六の最澄と七の円仁、そして巻八―四の源信である。

最澄伝では、最澄は天台智顗が立てた法を弘通する役目を持った僧であり、それは智顗の予言どおり智顗死後二〇八年後の延暦二十三年（八〇四）に実現する。天台ばかりではなく、「伝教ハ是レ顕教密教将来祖師、真言天台伝燈ノ大師ナリ」と、真言も含めた将来の功績が述べられる。最澄伝では空海の入唐のことも触れられてはいるが、天台・真言将来が最澄に帰せられていることに注意したい。

円仁が中国の仏法をすべて日本にもたらしたかのような評価がされていたことは、前述した。その後の天台浄土教の大成者源信については、その『往生要集』の受容についての次の記述が注目されよう。括弧の文字は筆者の補足である。

大宋自リ宋土亦之受ル。寂照上人宋従リ書を送ツテ云ク、往生要集持用シテ国請寺ニ有リ。之ヲ弘メ之ヲ珍ス云云。〈有処ニ云ク、彼シヨニ四十余間ノ大ヒナル回廊ヲ作ツテ僧徒多ク要集ヲ談ス。先集ヲ高台（ニ）置（キ）南無大日本国源信如来云云〉。西朝弘法前代未タ聞カス。誠ニ是レ伝燈ノ師、如来ノ使ナリ。尤モ帰ス可ニ足レリ。

『往生要集』が中国で評判であったことを示す著名な逸話である。最澄・円仁・源信へと受け継がれた天台浄土教が、中国に逆輸入されて重んぜられたことが重要なのである。

以上の点で、九世紀における最澄及び円仁による中国からの天台・真言・浄土教の将来は、六世紀の仏法伝来に次ぐ第二の仏法伝来と位置付けられているともいえる。最澄・円仁らは極端にいえば中国の仏法を空にするまで持ち帰ったのであるから、中国は今度は日本から仏法を学ぶ立場になったのである。日本が仏法の発信源になったことが本集では源信伝において具体的に強調されているともいえる。源信は上代と中比の境目に位置するが、これらのことは全て上代の出来事でもあった。こうした点で本集において天台は日本仏教の新たな発展という点で重視され、正嘉元年の記載もそうした視点との関連で注目すべきと思われるのである。

日本への第二の仏法伝来という点では、異国の僧の来朝も注目されよう。菩提僧正の来朝はその一つである。その来朝の意義は既述のとおりであるが、加えて仏教発祥の地である天竺からの来朝は、天竺に残っていた教の日本への伝来を意味することになり、その点でもそこから正嘉元年までの期間が問題にされたと思われる。

その異国僧の来朝としては、鑑真の来朝も意義あるものであろう。鑑真は巻七・八ではなく、巻九―十三に「鑑真和尚事〈付布薩事〉」として配されている。本集の鑑真伝は鑑真の往生が語られない点で往生伝にはなっておらず、本集の中でも異質である。そこでは鑑真の役割について、来日を要請した栄叡の言葉として「仏法東流シテ我朝ニ留ム。法門有リ乍ラ伝ヘ教ユル人無シ」とある。鑑真は伝戒師として既に伝わっていた戒律の作法指導を行うことを要請されたのであり、新たな仏法を伝来したわけではない。栄叡の要請の言葉は本集独自のものではないが(17)、戒律を伝来し律宗の祖とされたのは結果論的なものであることを確認しておく必要があろう。したがって、鑑真の来朝（七五三年）は菩提僧正のそれ（七三六年）と同時代で二人の間には接触もあったのであるが、本集では菩提僧正に比して正嘉元年までの期間を示すほどの画期とは捉えていないことが知られる。

さて、話題が少々それたが、本集における天台僧の評価の高さは、撰者とされる住信の宗教的環境とも関連する。以前筆者は本集の円仁伝の背景として関東天台の成立と談義所の設立があり、そうした場で語られた円仁も含めた関東ゆかりの天台僧の事績の内容が反映されている可能性を推察した。[18] 住信の素性・経歴は未だ不明ながらも、談義・唱導僧的側面も有していたことが考えられている。また、最澄伝の中に取り入れられた徳一伝も、住信が常陸の僧であったがゆえに収集することが容易であった徳一伝承の反映とも考えられる。[19] 現存本集の本文には関東との結び付きを証するような部分はどこにも見られない[20]、と言い切れるのかどうかさらなる検討が必要であろう。また、「愚勧住信」という謙称を文字通りのものと受け止めてよいかどうか、その学問レベルも含めて再検討してみることも求められよう。

(三)　巻九の意義

正嘉元年記載が当初からのものか後補なのかのいずれかに関わらず、その記載巻が限られていることの意味は考えておく必要があろう。特に和朝編では巻七・八に限られていることである。巻七・八はいうならば日本浄土教に基本的な道筋をつけた高僧伝の集成である。そこでは、八〜九世紀に浄土教上の一つの画期が設定されており、そこを起点として仏法の功徳などが継続されていることが正嘉元年までの通算年記載により強調されていた。

ただ、正嘉元年までの年数記載はそうした功徳の継続が直線的に示されるのみで、確かなこととして確信させる証しを示しているわけではない。正嘉元年に至るまで功徳が継続していることを証明する巻が巻九なのではないかと思われる。

そこで、巻九に配列された話が属する時期を確認しておきたい。全二十五話のうち、登場人物の生没年や年号などにより時期が特定できる話は、次の二十一話である。括弧内には話の時期が特定し得る固有名詞などを入れておいた。

上代…五話

二〈藤原佐世〈?～八九八〉の妻〉・三〈増命〈八四三～九二七〉〉・十〈藤原仲平〈八七五～九四五〉・元空〉・十二〈桓武天皇〈七八一～八〇六〉・栄好〉・十三〈鑑真〈六八九～七六三〉〉

中比…十二話

一〈天禄三年〈九七二〉〉・六〈増誉〈一〇三二～一一一六〉〉・七〈堀河天皇〈一〇八六～一一〇七〉〉・十一〈明請の弟子静真、その弟子覚運〈?～一〇〇七〉・皇慶〈九七七～一〇四九〉〉・十四〈勧学会、九六四年開始〉・十五〈中比、平燈〈醍醐・朱雀朝〉〉・十六〈千観〈九一四～九六九〉〉・十七〈明賢〈十一世紀末〉、白河院〈一〇五三～一一二九〉〉・二十一〈中比〉・二十二〈中比〉・二十四〈中比・桓舜〈九七八～一〇五七〉〉・二十五〈長保三年〈一〇〇一〉〉

末世…四話

五〈源有仁〈一一〇三～一一四七〉〉・八〈藤原成通〈一〇九七～一一五九頃〉〉・十九〈長寛年間〈一一六三～一一六五〉〉・二十三〈藤原成通〈一〇九七～一一五九頃〉〉

時期不詳なのは、四・九・十八・二十の四話である。このうち四は和光同塵説話、十八は高野山の林慶上人の説話、二十は『今昔物語集』〈巻十九―十四〉でも著名な讃岐源太夫の悪人往生話である。四は本地垂迹及び和光同塵が進行していた時期、十八の林慶は伝未詳であるが高野山建立以後でかつ糸引如来信仰が行われていた時期、二十は悪人往生の話、という点で時期は推察し得る。すなわち、四・十八・二十話は、少なくとも平安期以降である中比から末世にかけての話としてよいであろう。

したがって純粋に時期が不明な話は第九話〈一門三賢〉のみということになる。この話は継母の慈悲と継母の連れ子及び前妻の子の孝〈以上三人の「賢」〉が時の王〈天皇ではない〉の心を動かし、二人の子が犯した殺人の罪が許された、という話である。時期を推測する固有名詞が無く、既に指摘されているように中国の孝子伝の色彩が強い話で、[21]そのことは「天皇」ではなく「王」と表記されていることにもうかがえる。また、往生伝にもなっていない。強いていえば、こうした慈悲と孝により、彼らは善所に赴くことができた、ということなのであろう。こうした点でもこの話は異質であるが、慈悲・孝などは中世において重んぜられていた徳目であったことに多少なりとも時代の臭いを嗅ぎとれないこともない。いずれにしても、今のところこの話の時期は特定し得ない。

以上のことより、巻九は二十五話中十九話が中比以降の話で、第二の仏法伝来期以降の話となる。また、上代の五話も最古が鑑真伝で、正嘉元年までの起点とされた事項以降の話であることが知られる。いうならば、巻九は第二の仏法伝来期である八～九世紀の画期以降正嘉元年時の末世に至るまでの間の道俗の往生者を集成した巻、といえよう。巻七（七話）・八（六話）に比して巻九が二十五話と和朝編の中でも話数が群を抜いている。それも、必ずしも巻七・八に収められていた折り目正しい高僧話ではなく、女人を含めた貴賤道俗の往生者の事例を多く収集することが意図されていたと思われる。そのことにより、巻七・八で記載した正嘉元年まで仏法が継続して繁栄していること、その功徳も一部の人々ではなく貴賤道俗に及んでいることを示すことにより、往生に確信と説得性をもたせようとしたのではないかと思われる。こうした点では巻九は巻七・八と連続性があり、それらを補完する巻といえよう。[22]

ただ、巻七・八を含めても、住信と同時代である末世の話が少ないのも一つの特色となる。独立した説話の人物で住信と生存年が重なるのは法然のみで、重なるとはいっても二年間ほどであるから、同時代人とはいい難い。前述のごとく「今」のことも語っているため、住信が独自に採集したであろう同時代説話は皆無であるとはいえないが、書承説話が大半ということになる。その点で関東出身の無住の『沙石集』と本集は対称的である。常陸という地域において典拠となる資料を住信がどのようにして入手したのかは、本集の成立とも絡む問題で、出典研究の意義はそこにあろう。

以上のように現存本集の部分的な検討においても、現存本集は一定の整合性を有していることが知られると思う。

おわりに

以上、本集における時代認識について「正嘉元年」記載の意味を探ることを中心に検討した。本集成立時期の見直しが提起されている中、正直論じ方が難しくなっている。本章で検討したことも今後の研究の進展次第では、修正が迫られることになるかもしれない。

本集で確認された歴史観などは、中世において広く見られるものである。末法を前提としながらも悲観的・下降史観的ではないことは本集のみの特色とはいえないが、五堅固説や百王思想など氷山の下に隠れていると思われる思想を加味することにより、本集の歴史観の特質に迫れるのでは、ということにも触れてみた。

本集をめぐる課題は尽きない。江戸期の現存本集を素材にせざるを得ない、という制約を抱えながらもその制約を克服していく研究が今後求められよう。

注

（1）　北海道説話文学研究会としての作業は中断状態であったが、出典調査は会員の一人であった高橋伸幸氏（一九九五年六月逝去）により精力的に進められていた。高橋伸幸「『私聚百因縁集』所収説話の出典と同話（一覧表）」（『国文学解釈と鑑賞』五十八―十二、一九九三年十二月）、同「説話集の出典〈その一〉―『私聚百因縁集』の出典に関する報告―」「説話集の出典〈その二〉―『天竺往生験記』追考―」（江本裕他編『講座日本の伝承文学』第四巻「散文文学〈説話〉の世界」所収、一九九六年、三弥井書店）。

（2）　南里みち子「『私聚百因縁集』に見る説話の成長について」（『福岡女子短大紀要』八、一九七四年十二月）。

（3）渡邊信和「私聚百因縁集」（本田義憲他編『説話集の世界Ⅱ―中世―〈説話の講座5〉』（一九九三年、勉誠社）。
（4）湯谷祐三①「『私聚百因縁集』と檀王法林寺蔵『枕中書』について」（名古屋大学『国語国文学』八十四、一九九九年七月）、同②「『私聚百因縁集』の成立時期―その法然門下についての記事と『内典塵露章』及び『天台名目類聚鈔』との関係から―」（愛知文教大学『比較文化研究』六、二〇〇四年九月）、同③「良定袋中書写『枕中書』所引『百因縁集抜書』―翻刻と解題―」（愛知文教大学『比較文化研究』七、二〇〇五年十一月）、同④「『私聚百因縁集』の成立時期（二）―『拾芥抄』『倭漢皇統編年合運』等へ及びたる『文献通考』の影響から―」（『名古屋大学外国語学部紀要』三十六、二〇〇九年二月）。
（5）湯谷注（4）の②④論文。
（6）湯谷注（4）の①③論文。
（7）湯谷注（4）の①論文。
（8）南里注（2）論文。
（9）高橋伸幸「『私聚百因縁集』『大経直談要註記』等の説話末尾に記載される割注の一種に付いて」（札幌大学女子短期大学部『紀要』四、一九八四年九月）。
（10）大森志郎「中世末世観としての百王思想」（同『日本文化史論考』所収、一九七五年、創文社）。
（11）早川庄八「平安時代における天皇の一断面―長元四年の斎王託宣事件をめぐって―」（初出は一九八三年、同『日本古代官僚制の研究』所収、一九八六年、岩波書店）。
（12）この問題に関しては拙稿「『沙石集』の末代意識について」参照（初出は一九七九年、拙著『日本中世の説話と仏教』所収、一九九九年、和泉書院）。
（13）高橋伸幸注（1）の第一論文。
（14）『平家打聞』本文（島原松平本）は黒田彰氏により翻刻されているが（矢野貫一・長友千代治編『日本文学説林』所収、一九八六年、和泉書院）、引用に際しては中世文学輪読会による訓読文を利用した（同会「訓読『平家打聞』（一）～（四）」〈『同志社国文学』三十四・三十六・三十七・三十九号、一九九一年三月～一九九三年十二月〉）。

(15) 真空（一二〇四～一二六八）・悟阿（?～一二八三）ら。
(16) 湯谷注（4）の②論文。
(17) 『続日本紀』の鑑真寂伝での栄叡らの要請の言葉は、「仏法東流、至於本国、雖有其教、無人伝授」とあり（天平宝字七年〈七六三〉五月戊戌）、戒律についての教えは既に伝来していることが前提とされている。他の鑑真伝（『唐大和上東征伝』、『三宝絵』下―五「布薩」など）でもこの部分は表記のされ方は別として、同じである。
(18) 拙著『日本中世の説話と仏教』一九四～一九五頁（一九九九年、和泉書院）。
(19) 本書第一編第三章。
(20) 湯谷注（4）の②論文。
(21) 上岡勇司「巻九第九話「一門三賢事」」（前掲『私聚百因縁集の研究』本朝編（上）所収）。
(22) 本書第二編第五章の三で、改めて和朝編の構想について補足しているので併せて参照されたい。

初出一覧

はじめに（新稿）

第一編

第一章　北海学園大学大学院文学研究科『年報新人文学』九（二〇一二年十二月）

第二章　新稿

第三章　大濱徹也編『東北仏教の世界』所収（二〇〇五年、有峰書店新社）。本書は池田英俊・大濱徹也氏を研究代表とした科学研究費補助金「基盤研究Ａ（1）東北仏教の社会的機能と複合的性格に関する調査研究」（二〇〇一～二〇〇四年）の研究成果報告書を書籍形式にしたもので、中身は報告書と同一である。

付　章　原題「利益衆生の足跡―土木事業の勧進―」（中尾堯編『旅の勧進聖　重源〈日本の名僧六〉』所収、二〇〇四年、吉川弘文館）。初出の掲載書に付されていた図などは省略した。

第二編

第一章　『アジア遊学』一二二（二〇〇九年五月、勉誠出版）。初出時に掲載されていた図などは省略した。

第二章　速水侑編『日本社会における仏と神』所収（二〇〇六年、吉川弘文館）

第三章　北海学園大学『人文論集』四十（二〇〇八年七月）

（『国文学年次別論文集』中古二〇〇八年版、『日本史学年次別論文集』古代二〇〇八年版に再録）
第四章　北海学園大学『人文論集』三十八（二〇〇八年三月）
（『国文学年次別論文集』中世二〇〇八年版、『日本史学年次別論文集』中世二〇〇八年版に再録）
第五章　平成二十二・二十三年度北海学園学術助成共同研究報告書（代表船岡誠）『新人文主義の位相―基礎的課題―』所収（二〇一一年三月）
第六章　駒澤大学『仏教文学研究』十三（二〇一〇年三月）

第三編
第一章　北海道印度哲学仏教学会『印度哲学仏教学』二十四（二〇〇九年十月）
第二章　北海学園大学大学院文学研究科『年報新人文学』八（二〇一一年十二月）
第三章　北海学園大学大学院文学研究科『年報新人文学』九（二〇一二年十二月）
第四章　原題「現存『私聚百因縁集』の時代認識」（北海学園大学『人文論集』四十六、二〇一〇年七月）

あとがき

本書に収められた論考では二〇〇四年のもの（第一編付章）が一番古い。しかし、前著『日本中世の説話と仏教』に続いて説話関係の論考を一書にまとめることになったきっかけは、第二編第二章の執筆（二〇〇六年）にあったように思われる。それは速水侑先生の古稀記念論文集に掲載した論考なのであるが、執筆を求められた時には何を論ずるべきか正直考えあぐねていた。結果、日本仏教を論ずるには神の問題は無視し得ないだろうという理屈を立て、多少苦し紛れに『今昔物語集』における神の問題をまとめてみた。その論考を契機に説話集における神の問題を取り扱った第二編収録の諸論考を執筆し得る道が開け、本書の骨格部分が形成されることとなった。

以後は中世説話集の構成などを検討した第三編の論考に関わる作業を中心に行うことにより、一書としての形が見えてきた。ただ、その時点では第一編に関わる論考が貧弱であったので、一書としての体裁を整えるため新稿を加えるなどの応急処置をしたわけである。第一編収録の論考は太子信仰を扱った卒論以来のテーマ（「説話・伝承の宗教史的意義」）を引きずったもので、本来は本書の中核に置かれるべきものであるが、不十分な所は他日に期したい。ただ、高僧・聖人らの伝承化の過程は紛れもない宗教史の一面である、という思いは今も変化はない。

初出一覧に記した執筆年をみれば、右に述べた経緯を理解していただけると思う。書名を「〜仏教世界」ではなく「〜宗教世界」としたのは神の問題を扱った論考を収めたからに過ぎず、真の「宗教世界」の究明には程遠い。その点では看板倒れになっていることを読者の方々にはお詫び申し上げたい。

本書で取り上げた説話集のうち、『私聚百因縁集』『宝物集』は北海道説話文学研究会で輪読したもので（あるいは継続中）、『今昔物語集』『古事談』『続古事談』『古今著聞集』などは勤務校の学部の演習で取り上げたものである。各論考はそうした場で作品を講読することにより、気が付いたり色々考えさせられたことをまとめたに過ぎない。その点で、私自身の関心につきあわさせるような形になった学生諸君には迷惑だったかもしれない。ただ、説話集は読み方により多様な関心を満たし得る適当な教材である、という思いから授業では継続して取り上げてきた。これまで少なからざる学生が説話集を主たる材料とした卒論を提出してきたことを思うと、一定程度彼らを啓発し得たのであろう。

論文を一書にまとめることの意義の一つとして、入手あるいは閲覧しづらい論文がまとめられる、ということがある。以前であれば入手しづらいものの筆頭が紀要や科研費等の報告書類に掲載された論文であった。しかし、近年は機関リポジトリーなどの流布により、少なくとも紀要類は閲覧・入手が容易になっている。したがって、紀要類に掲載した論文ばかりであると、一書にまとめる意味が以前より後退しつつあるのでは、と思い始めている。本書において紀要類掲載の論考は辛うじて半数以下であるので、何とか出版する意味を保ち得たと思っている。

本書収録の論考には北大中世史研究会、北海道印度哲学仏教学会などの発表の場や、執筆段階あるいは執筆後においていただいた貴重なご意見を可能な限り反映させている。特に執筆後の主な御指摘は本文中に記しておいた。ご教示いただいた方々に改めてお礼申し上げたい。論文を収録するに際しては、初出時の誤りを正し一書としての体裁を整えるために必要な最小限の手を加えたが、論旨などに変更はない。

学術書の刊行はいつの時代でも厳しいものがあるが、北海道説話文学研究会編『私聚百因縁集の研究』や拙著『日本中世の説話と仏教』以来の縁により、今回も和泉書院から刊行していただけることになった。お世話いただいた社主廣橋研三氏に、篤くお礼申し上げたい。

なお、本書は二〇一三年度北海学園大学学術助成金（総合研究、代表安酸敏眞）による刊行であることを付記しておく。

二〇一三年七月十六日

追塩千尋

索　　引

・上皇、法皇らは天皇として統一した。
・神の名はいくつかを除いて便宜的に神社の項に入れた。
・八幡は宇佐八幡と石清水八幡の区別がないかつけにくい場合、石清水八幡宮に分類した。
・同名異寺院であることを区別するため〈　〉で場所を示した。
・寺社の異称、付属施設類は立項の横の（　）にまとめて記した。

1. 人　　名

あ 行

さ 行

た 行

な 行

は 行

ま 行

や・ら・わ行

2. 寺社名

あ行

か行

さ 行

た 行

な 行

は 行

ま 行

や・ら行

3. 書名・経典名

あ 行

か 行

さ 行

た 行

な 行

は 行

ま 行

や・ら・わ行

■著者紹介

追塩千尋（おいしお ちひろ）

一九四九年　小樽生

一九七二年　北海道教育大学札幌分校卒業

一九七九年　北海道大学大学院文学研究科博士課程単位取得退学

一九八〇年　北海道大学文学部助手

一九八五年　北海道教育大学釧路分校助手

その後、同校講師・助教授・教授を経て

一九九九年　北海学園大学人文学部教授

博士（文学）

専攻　日本古代・中世仏教史

著書　『中世の南都仏教』（吉川弘文館）

『日本中世の説話と仏教』（和泉書院）

『中世南都の僧侶と寺院』（吉川弘文館）

『中世南都仏教の展開』（吉川弘文館）など

日本史研究叢刊　26

中世説話の宗教世界

二〇一三年一〇月三〇日初版第一刷発行

（検印省略）

著者　追塩千尋

発行者　廣橋研三

印刷・製本　シナノ

発行所　有限会社　和泉書院

大阪市天王寺区上之宮町七－六

〒五四三－〇〇三七

電話　〇六－六七七一－一四六七

振替　〇〇九七〇－八－一五〇四三

ISBN978-4-7576-0680-7 C3321

日本史史料叢刊

1 政基公旅引付 本文篇 研究抄録篇 索引篇 中世公家日記研究会編 一〇〇〇〇円

2 政基公旅引付 影印篇 中世公家日記研究会編 八〇〇〇円

3 新訂 吉記 本文編一 高橋秀樹編 七〇〇〇円

4 新訂 吉記 本文編二 高橋秀樹編 九〇〇〇円

5 新訂 吉記 本文編三 高橋秀樹編 九〇〇〇円

6 新訂 吉記 索引・解題編 高橋秀樹編 九〇〇〇円

（価格は本体価格）